Schriften zum Unternehmens- und Kapitalmarktrecht

herausgegeben von den Direktoren
des Instituts für Unternehmens- und Kapitalmarktrecht
der Bucerius Law School in Hamburg

Jörn Axel Kämmerer, Karsten Schmidt und Rüdiger Veil

8

Unternehmensrecht in der Reformdiskussion

Herausgegeben von
Rüdiger Veil

Mohr Siebeck

Rüdiger Veil, geboren 1966 in Limburg an der Lahn ist Inhaber des Alfried Krupp-Lehrstuhls für Bürgerliches Recht, Deutsches und Internationales Unternehmens- und Wirtschaftsrecht sowie geschäftsführender Direktor des Instituts für Unternehmens- und Kapitalmarktrecht an der Bucerius Law School, Hamburg.

ISBN 978-3-16-152519-3
ISSN 2193-7273 (Schriften zum Unternehmens- und Kapitalmarktrecht)

Die Deutsche Nationalbibliothek verzeichnet diese Publikation in der Deutschen Nationalbibliographie; detaillierte bibliographische Daten sind im Internet über *http://dnb.dnb.de* abrufbar.

Das Buch wurde von Gulde-Druck in Tübingen auf alterungsbeständiges Werkdruckpapier gedruckt und von der Buchbinderei Nädele in Nehren gebunden.

Vorwort

Das Unternehmensrecht hat seit 2009 gewaltige Reformen erlebt. Im November 2008 trat das Gesetz zur Modernisierung des GmbH-Rechts und zur Bekämpfung von Missbräuchen (MoMiG) in Kraft. Im August 2009 folgte das Gesetz zur Angemessenheit der Vorstandsvergütung (VorstAG) und im September desselben Jahres das Gesetz zur Umsetzung der Aktionärsrechterichtlinie (ARUG). Um diese Gesetze hat man teilweise mehrere Jahre gerungen. Vieles hätte man auch anders regeln, vor allem konsequenter reformieren können. Um nur zwei Beispiele zu nennen: Die Kapitalaufbringung in einer GmbH und Aktiengesellschaft hätte man grundlegend neu gestalten können. Das Anfechtungsrecht eines Aktionärs hätte man von einem Quorum abhängig machen können. Der Gesetzgeber hat sich aber anders entschieden und an den gesetzlichen Grundwertungen festgehalten. Nun ist es an der Zeit, die Reformen zu bewerten. Haben wir wirklich ein modernes Unternehmensrecht erhalten? Ein Unternehmensrecht, das ein besseres Schutzniveau bietet, die Unternehmen von unnötigen Kosten entlastet und das sich im Wettbewerb mit ausländischen Rechten behaupten kann?

Um diese Fragen zu beantworten, ist es nötig, den Details nachzuspüren. Zu vielen Auslegungsfragen haben sich bereits gefestigte Meinungen herausgebildet; manche Probleme hat der BGH sogar schon gelöst. Wir können uns heute zu manchen Regelungsbereichen bereits ein zuverlässiges Bild machen. Was allenfalls schemenhaft sichtbar wird, sind die Verschiebungen im Gesamtsystem. Am meisten bewegt die Frage, was das Insolvenzrecht leistet und welche Bedeutung die gesellschaftsrechtliche Haftung der Gesellschafter und Geschäftsführer in der Krise hat. Spannend ist auch, welche Auswirkungen die Reformen zur Hauptversammlung einer Aktiengesellschaft haben. Sollte sich die Präsenz auf Hauptversammlungen beträchtlich erhöhen, wird man dies im Konzern- und Übernahmerecht zu berücksichtigen haben.

Das 5. Hamburger Forum des Instituts für Unternehmens- und Kapitalmarktrecht (IUKR) der Bucerius Law School hat sich am 17. Juni 2011 mit diesen Themen intensiv beschäftigt. Den Auftakt bildete ein Referat von Herrn Dr. *Winfried Richardt*, METRO AG, über die Hauptversammlung in Zeiten des ARUG. Daran schloss sich ein Vortrag von Herrn Prof. Dr. *Rüdiger Veil*, Bucerius Law School Hamburg, über die Corporate Governance-Berichterstattung nach dem BilMoG an. Am Nachmittag fanden Workshops statt, in denen drei

Themenkomplexe in kleinen Gruppen vertieft wurden. Der erste Workshop, geleitet von Herrn Prof. Dr. Dr. h.c. mult. *Karsten Schmidt*, Bucerius Law School Hamburg, hatte die Konzernfinanzierung zum Gegenstand. Es referierten Herr Prof. Dr. *Christoph Thole*, Universität Tübingen, und Herr RA Prof. Dr. *Jochen Vetter*, Hengeler Mueller, München. Der zweite Workshop behandelte die Reformen der Anfechtungsklage und des Freigabeverfahrens. Die Diskussionsleitung hatte Herr Prof. Dr. *Rüdiger Veil*, Bucerius Law School Hamburg, inne. Die Vorträge wurden von Herrn Prof. Dr. *Carsten Schäfer*, Universität Mannheim, und Herrn RA Dr. *Christian Decher*, Freshfields Bruckhaus Deringer, Frankfurt/Main gehalten. Im dritten Workshop unter der Leitung von Herrn Prof. Dr. Dr. Dr. h.c. mult. *Klaus J. Hopt*, Max-Planck-Institut für ausländisches und internationales Privatrecht Hamburg, wurde über die Professionalisierung des Aufsichtsrats verhandelt. Es referierten Herr Prof. Dr. *Andreas Cahn*, Institute for Law and Finance, Universität Frankfurt/Main, und Frau RA *Daniela Weber-Rey*, Clifford Chance, Frankfurt/Main.

Wir danken sehr, dass die Referentin und die Referenten uns schriftliche Ausarbeitungen ihrer Vorträge für die Veröffentlichung zur Verfügung gestellt haben.

Die Last der redaktionellen Arbeit haben die wissenschaftliche Mitarbeiterin Frau *Juliane Jacobsen* und die beiden studentischen Mitarbeiter Herr *Daniel Schumacher* und Herr *Frederik Schuppmann* geschultert. Ich danke ihnen sehr herzlich für ihre sachkundige und engagierte Unterstützung.

Hamburg, im Juli 2012 Prof. Dr. Rüdiger Veil

Inhaltsübersicht

D. Professionalisierung des Aufsichtsrats

A. Grundfragen zur Corporate Governance

Hauptversammlungen in Zeiten des ARUG

*RA Dr. Winfried Richardt**

Inhaltsübersicht

I. Einleitung

Das ARUG setzt die EU-Aktionärsrechterichtlinie in deutsches Recht um. Es gilt seit 2009 und hat damit die meisten Aktiengesellschaften über nunmehr zwei Hauptversammlungssaisons begleitet. Eingangs seien noch einmal kurz wesentliche Ziele des ARUG in Erinnerung gerufen: Stärkung des Internet als Informations- und Teilhabemedium für die Aktionäre, erweiterte Nutzung elektronischer Medien für die Stimmrechtsausübung sowie die Begrenzung von Klagen und Beschleunigung des Freigabeverfahrens nach § 246a AktG.

Vor die Klammer gezogen ist in formeller Hinsicht festzuhalten, dass das ARUG sowohl Regelungen enthält, die unmittelbar gelten – etwa zum Fristenregime –, als auch solche, die der Umsetzung durch die Satzung bedürfen, hier insbesondere die Briefwahl sowie die elektronische Teilnahme an der Hauptversammlung. Im Bereich der durch die Satzung umzusetzenden Regelungen wiederum ist ein erheblicher Teil des Instrumentariums fakultativ. Dies führte in der Praxis – da in der Regel nur eine Hauptversammlung im Jahr durchgeführt wird – zu einer zeitlich „verzögerten" Umsetzung des ARUG in die Praxis.

---

* Der Beitrag fasst die Überlegungen eines im Rahmen des Fünften Hamburger Forum am 17. Juni 2011 gehaltenen Referats zusammen. Er behandelt das Thema „Hauptversammlungen in Zeiten des ARUG".

In den Hauptversammlungssaisons 2011 und 2011 wurden die Hauptversammlungen unter Geltung des ARUG durchgeführt. Praktische Erfahrungen wurden gesammelt, satzungsrelevante Themen umgesetzt. Später verfestigten sich Verfahrensweisen. Fakultative Elemente des ARUG wie die Briefwahl oder die elektronische Teilnahme an der Hauptversammlung wurden erstmals genutzt.

Zur Entstehung des Gesetzes sei auch erwähnt, dass in den gleichen Zeitraum das Inkrafttreten des VorstAG fiel, das einige bedeutsame Änderungen auch mit Auswirkung auf die Hauptversammlung enthält. Hier ist insbesondere die Einführung des Vergütungsvotums durch die Hauptversammlung – „Say on Pay" – zu nennen.

II. Einberufung der Hauptversammlung und Ergänzung der Tagesordnung

Das ARUG enthält eine Reihe von Änderungen im Zusammenhang mit der Einberufung der Hauptversammlung.

Bisherige Angaben wie Firma, Sitz etc. werden beibehalten. Die Tagesordnung wird zum formalen Bestandteil der Einberufung. § 121 Abs. 3 Satz 2 AktG formuliert explizit, dass „zudem" die Tagesordnung anzugeben ist.

Bei börsennotierten Gesellschaften sind gemäß § 121 Abs. 3 Satz 3 AktG eine Reihe ergänzender Angaben aufzunehmen, die nachfolgend im Überblick dargestellt werden. Nach Satz 3 Nr. 1 sind die Voraussetzungen für die Teilnahme und die Ausübung des Stimmrechts sowie ggf. der Nachweisstichtag und dessen Bedeutung anzugeben. Nr. 2 verlangt die Angabe des Verfahrens für die Stimmabgabe (durch Bevollmächtigte einschließlich des Hinweises auf Vollmachtsformulare und die Möglichkeit zur elektronischen Übermittlung des Nachweises über die Bestellung eines Bevollmächtigten sowie zur Briefwahl und elektronischen Teilnahme). Nach Nr. 3 sind die Rechte der Aktionäre nach § 122 Abs. 2, § 126 Abs. 1, §§ 127, 131 Abs. 1 AktG anzugeben. Schließlich ist nach Nr. 4 die Internetseite, über die die Informationen nach § 124a AktG zugänglich sind, anzugeben.

Einige Aspekte der Neuerungen zu den Einberufungsregelungen wurden im Referat exemplarisch dargestellt.

So gehört zur Angabe des Nachweisstichtages die Angabe eines konkreten Datums als Nachweisstichtag für den Anteilsbesitznachweis. Zu den Erläuterungen zählt die Information darüber, dass der Nachweisstichtag keine Sperre für die Verfügung über Aktien enthält sowie die Angabe, dass für die Teilnahme an der Hauptversammlung einschließlich der Stimmrechtsausübung der Aktienbesitz zum Nachweisstichtag maßgeblich ist. Erwerb und Veräußerung von Aktien nach dem Nachweisstichtag wirken sich nicht auf die Berechtigung zur Teilnahme und die Ausübung des Stimmrechts als Aktionär auf der jeweils anstehenden Hauptversammlung aus.

Zu den Angaben zu Rechten der Aktionäre gehört das Recht zur Ergänzung der Tagesordnung gemäß § 122 Abs. 2 AktG, das Recht, (Gegen-)Anträge zu stellen (§ 126 Abs. 1 AktG) und Wahlvorschläge zu unterbreiten (§ 127 AktG) sowie das Auskunftsrecht (§ 131 Abs. 1 AktG). Die Angaben können sich auf die Fristen für die Ausübung der Rechte beschränken, wenn in der Einberufung im Übrigen auf weitergehende Erläuterungen auf der Internetseite der Gesellschaft verwiesen wird (§ 121 Abs. 3 Satz 3 Nr. 3 2. Hs. AktG).

Eine Lösungsmöglichkeit für die Praxis ist die „ausführliche" Beschreibung der Aktionärsrechte, also nicht die bloße Fristenangabe, in der Einberufung und den Mitteilungen nach § 125 AktG sowie die ergänzende Wiedergabe des Gesetzeswortlauts der jeweiligen Vorschriften auf der Internetseite der Gesellschaft. Dass auf die Verfügbarkeit der Internetseite der Gesellschaft zu achten ist, muss nicht eigens erwähnt werden.

Die Einberufung der Hauptversammlung ist in den Gesellschaftsblättern bekannt zu machen. Nach § 25 AktG ist dies in jedem Fall der elektronische Bundesanzeiger. Weitere Blätter oder elektronische Informationsmedien kommen hinzu, wenn die Satzung dies – fakultativ – vorsieht.

Bei börsennotierten Gesellschaften, die nicht ausschließlich Namensaktien ausgegeben haben und die Einberufung den Aktionären nicht unmittelbar nach § 121 Abs. 4 Satz 2 und 3 AktG übersenden, ist die Einberufung nach § 121 Abs. 4a AktG spätestens zum Zeitpunkt der Bekanntmachung solchen Medien zur Veröffentlichung zuzuleiten, bei denen davon ausgegangen werden kann, dass sie die Information in der gesamten Europäischen Union verbreiten; diese sei hier als „Medienbündel" bezeichnet.

Schließlich sind die Veröffentlichungen auf der Internetseite der Gesellschaft nach dem durch das ARUG eingeführten § 124a AktG – Inhalt der Einberufung, zugänglich zu machende Unterlagen etc. – zugänglich zu machen.

Nach § 122 Abs. 2 AktG können Aktionäre, deren Anteile zusammen den zwanzigsten Teil des Grundkapitals oder den anteiligen Betrag von 500.000 € erreichen, verlangen, dass Gegenstände auf die Tagesordnung gesetzt und bekannt gemacht werden; verwiesen wird hierbei auf § 122 Abs. 1 AktG (Einberufung auf Verlangen einer Minderheit). Die Bekanntmachung erfolgt in gleicher Weise wie die Einberufung selbst; dies schließt auch ggf. die Zuleitung an das Medienbündel ein. Die Frist für den Zugang des Verlangens beträgt mindestens 24 Tage, bei börsennotierten Gesellschaften mindestens 30 Tage vor der Hauptversammlung.

Abschließend wurde zu dem Kapitel Einberufung und Ergänzung der Tagesordnung über Erfahrungen aus der Praxis berichtet. Die Zuleitung an das Medienbündel stellte die Praxis nicht vor große Probleme. Ferner war es keine materielle Neuerung, die Tagesordnung zugleich mit der Einberufung bekannt zu machen; dies erfolgte auch schon bisher.

Die Angaben „hinter der Tagesordnung“, insbesondere die Teilnahmebedingungen, die Voraussetzungen für die Ausübung des Stimmrechts, das Verfahren für die Stimmabgabe etc. sind entsprechend den Regularien des ARUG anzupassen bzw. zu ergänzen, etwa um die Angaben zu bestimmten Rechten der Aktionäre. Hier hat sich in der Praxis ein gewisser Standard entwickelt.

Der Versand der Mitteilungen nach § 125 AktG unterlag zeitlich bzw. von der Abwicklung her insoweit einer Änderung, als dass der Ablauf der Tagesordnungsergänzungsfrist abgewartet wird.

III. Internet als Informationsmedium

Das nächste Kapitel des Vortrags behandelte das Internet als Informationsmedium insbesondere für die Aktionäre, aber aufgrund seiner öffentlichen Zugänglichkeit – vorbehaltlich geschützter Bereiche – für die gesamte interessierte Öffentlichkeit, vor allem auch potentielle Investoren. Bereits in den letzten Jahren war eine deutliche Zunahme der Bedeutung und Nutzung des Internet auch im Zusammenhang mit der Hauptversammlung zu verzeichnen. Dies lag sicherlich auch an rechtlichen Gegebenheiten – etwa Vorgaben oder fakultative Elemente nach dem Aktienrecht und auch gemäß dem Deutschen Corporate Governance Kodex. Als grundlegende gesetzliche Änderung hierzu mag man historisch das Gesetz zur Namensaktie und zur Erleichterung der Stimmrechtsausübung (NaStraG) aus dem Jahr 2001 begreifen. Natürlich spielen auch faktische Gegebenheiten eine erhebliche Rolle, d.h. vor allem die hohe Akzeptanz der Nutzung des Internet.

Zur besseren Übersicht über die per Internet verfügbaren Unterlagen lassen sich folgende Regelungen anführen: Zunächst der durch das ARUG neu eingeführte § 124a AktG zu Veröffentlichungen auf der Internetseite der Gesellschaft, ferner § 175 AktG, der das Zugänglichmachen von Unterlagen im Vorfeld der Hauptversammlung regelt, § 176 AktG über das Zugänglichmachen von Unterlagen in der Hauptversammlung, schließlich besondere Auslagepflichten z.B. nach §§ 293f, 293g AktG für Unternehmensverträge oder Auslagepflichten in Bezug auf Maßnahmen nach dem UmwG.

Nach § 124a AktG zugänglich zu machende Informationen bei börsennotierten Gesellschaften (ohne dass an dieser Stelle auf die Einzelheiten der Regularien eingegangen werden kann) sind:

- der Inhalt der Einberufung (Nr. 1),
- eine Erläuterung, wenn zu einem Gegenstand der Tagesordnung kein Beschluss gefasst werden soll (Nr. 2) – in der Praxis betrifft dies vor allem die

Vorlage von Abschlussunterlagen –, wobei dies auch gilt, wenn ein Tagesordnungspunkt teilweise „beschlusslos" ist,
- die der Hauptversammlung zugänglich zu machenden Unterlagen, z.B. nach §§ 176, 293g AktG (Nr. 3),
- die Gesamtzahl der Aktien und Stimmrechte im Zeitpunkt der Einberufung (Nr. 4),
- Vollmachts- und Briefwahlformulare (Nr. 5),
- Verlangen zur Ergänzung der Tagesordnung (§ 124a Satz 2 AktG),
- Gegenanträge nach § 126 Abs. 1 AktG und Wahlvorschläge nach § 127 AktG (hierzu ist anzumerken, dass diese auch schon bisher zugänglich zu machen waren, eingeführt durch das Transparenz- und Publizitätsgesetz (TransPuG) aus 2002/2003),
- weitergehende Erläuterungen zu den Rechten der Aktionäre nach §§ 122 Abs. 2, 126 Abs. 1, 127, 131 Abs. 1 auf der Internetseite der Gesellschaft (§ 121 Abs. 3 Satz 3 Nr. 3 AktG).

Die Entwicklung der Vorschriften über die Auslegung – bzw. das Zugänglichmachen – von Unterlagen, häufig als Pflichtauslagen bezeichnet, zeigt den teilweisen Wandel von der Auslage in Papierform hin zu einem (elektronischen) Zugänglichmachen. So schreibt einerseits § 175 Abs. 2 Satz 1 AktG die Auslage der Jahresabschlussunterlagen vor. Nach Satz 2 ist auf Verlangen jedem Aktionär eine Abschrift zu erteilen. Andererseits genügt dies aber nicht mehr; denn nach § 124a AktG müssen u.a. die der Versammlung zugänglich zu machenden Unterlagen über die Internetseite der Gesellschaft zugänglich sein. Nach § 175 Abs. 2 Satz 4 AktG entfällt u.a. die Auslagepflicht nach § 175 Abs. 2 Satz 1 AktG, wenn die dort bezeichneten Dokumente über die Internetseite der Gesellschaft zugänglich sind. Die Formulierung zeigt, dass diese Vorschrift etwas älter ist als der durch das ARUG eingeführt § 124a AktG. Conclusio: Eine Auslage der Abschlussunterlagen in Papierform, wie sie dem traditionellen Bild entspricht, ist weder erforderlich noch hinreichend. Bei dieser Gelegenheit sei erwähnt, dass nicht mehr gestattet ist, die Aufstellungen des Anteilsbesitzes nach § 285 Nr. 11, 11a HGB für den Einzelabschluss und § 313 Abs. 2 HGB für den Konzernabschluss – diese können gerade bei größeren Konzernen ein erhebliches Volumen einnehmen – in einer separaten Aufstellung vorzunehmen; § 287 HGB, der diese Möglichkeit vorsah, wurde durch das BilMoG aufgehoben.

Der Wandel setzt sich in der Hauptversammlung fort. War früher eine Vorlage erforderlich, so ist es heute ein Zugänglichmachen. Für die Abschlussunterlagen sei auf § 176 Abs. 1 AktG verwiesen. Auch wenn häufig nach wie vor die Unterlagen für die Hauptversammlung auch in Papierform bereitgehalten werden, so ist doch eine ausreichende Zahl von Internetterminals bereitzuhalten.

Was sind die wesentlichen Rechtsfolgen bei einer etwaigen Verletzung dieser Vorschriften? Ein Verstoß gegen § 124a AktG führt als solcher nicht zur Anfechtbarkeit, § 243 Abs. 3 Nr. 2 AktG. Allerdings begründet ein Verstoß etwa gegen gesonderte Veröffentlichungspflichten nach §§ 126, 127 AktG die Anfechtbarkeit nach allgemeinen Regeln.

Zu den Erfahrungen in der Praxis: Die Einstellung der Pflichtauslagen auf die Internetseite war bereits lange vor dem ARUG gelebte Praxis, schon allein vor dem Hintergrund von Ziff. 6.8 Deutscher Corporate Governance Kodex, der verlangt, dass von der Gesellschaft veröffentlichte Informationen auch über die Internetseite der Gesellschaft zugänglich sind. Ebenfalls bereits vor dem ARUG bestand die Befreiungsmöglichkeit in Bezug auf die Auslagepflichten nach § 175 Abs. 2 Satz 4 AktG. Wenngleich eine Auslage in Papierform nach wie vor üblich ist, so kann die Befreiungsmöglichkeit doch zumindest im Anfechtungsprozess hilfreich sein. Da das Zugänglichmachen aber nicht nur eine Befreiungsmöglichkeit begründet, sondern über mehrere Vorschriften mehr und mehr zur Pflicht wird, empfiehlt es sich, die Verfügbarkeit der Unterlagen im Internet mit geeigneten Mitteln zu überwachen. Es bleibt die Frage, ob die völlige Umstellung auf „papierlose" Pflichtauslagen kommen wird. Jedenfalls für die nähere Zukunft erscheint dies zweifelhaft.

IV. Fristen

Das ARUG wird häufig und zu Recht mit dem Informations- und Kommunikationsmedium Internet in Verbindung gebracht. Es enthält aber auch weitere Regelungskomplexe. So wurden bestehende Fristenregelungen angepasst. Hierbei handelt es sich weniger um wesentliche materielle Änderungen, sondern es wurde das Ziel verfolgt, Unsicherheiten bei der Fristberechnung zu klären und die Berechnung von Fristen zu harmonisieren.

Grundsätzliche Elemente sind

- die Berechnung in Tagen,
- die Berechnung von der Hauptversammlung „rückwärts",
- das Nichtmitzählen des jeweiligen Ereignistages und des Tages der Hauptversammlung sowie
- der Entfall der Regelung, dass das Ende einer Frist von einem Sonn- oder Feiertag auf einen anderen Tag verlegt wird.

Die zentrale Frist ist sicherlich die Einberufungsfrist, die ggf. um die Anmeldefrist – wenn die Satzung eine Anmeldung vorsieht – verlängert wird. Die Anmeldefrist sowie die Frist für den Nachweis des Anteilsbesitzes beträgt nun grundsätzlich mindestens sechs Tage vor der Hauptversammlung. Die Frist für das Verlangen zur Ergänzung der Tagesordnung beträgt 24 Tage bei nichtbörsennotierten Gesellschaften und 30 Tage bei börsennotierten Gesellschaften. Die Fristenregelung zum Versand der Mitteilungen nach § 125 AktG wurde ebenfalls geändert. War sie früher „vorwärts“ ab der Einberufung zu berechnen, so hat die Mitteilung heute mindestens 21 Tage vor der Hauptversammlung zu erfolgen; die Berechnung erfolgt also ebenfalls von der Versammlung an zurückgerechnet. Die Satzungen der Gesellschaften enthielten diese Fristenregelungen vor dem ARUG nachvollziehbarer Weise nicht, so dass sie – gerade in Bezug auf die Anmeldefrist – im Zuge der Einführung des ARUG umgestellt wurden.

In der Praxis wurden in der Tat Unklarheiten – so beim Record Date – beseitigt. Die mit der Vorbereitung der Hauptversammlung betrauten Personen mussten sich sicherlich zunächst daran gewöhnen, dass eine Frist auch an einem Sonn- oder Feiertag enden kann und ggf. organisatorische Vorkehrungen treffen. Die bereits angesprochenen Satzungsanpassungen erfolgten teilweise als Vorratsbeschlüsse der Hauptversammlung und teilweise im Nachgang zum Inkrafttreten des ARUG.

V. Mitteilungen an die Aktionäre

Das nächste Kapitel beschreibt wieder eine Umstellung von Papierform auf elektronische Medien. Diesmal sind die Mitteilungen der Einberufung nach § 125 AktG betroffen. War es bislang üblich, die Mitteilungen nach § 125 Abs. 2 AktG in Papierform zu versenden und nach § 128 AktG ebenso weiterzugeben, so kann seit dem ARUG sowohl die Mitteilung nach § 125 Abs. 2 AktG als auch die Übermittlung – bisher: Weitergabe – durch die Kreditinstitute an die Aktionäre auf den Weg elektronischer Kommunikation beschränkt werden, wenn die Satzung dies vorsieht.

Mit diesen Vorschriften werden gleich drei Rechtsbeziehungen geregelt: die zwischen Gesellschaft und Aktionär, die zwischen Gesellschaft und Kreditinstitut und die zwischen Kreditinstitut und ihrem Depotkunden, also wiederum dem Aktionär. Das wesentliche Ziel der geänderten Vorschriften liegt auf der Hand: Es sind Kosteneinsparungen.

Der Gesetzgeber ging bei § 125 Abs. 2 AktG davon aus, dass die Mitteilung bereits bisher elektronisch erfolgen konnte, da der Begriff der „Mitteilung“ an keine spezifische Form geknüpft sei. In diesem Zusammenhang verweist die Begründung des Regierungsentwurfs ausdrücklich auf § 30b Abs. 3 Nr. 1 lit. d) WpHG, der eine Einwilligung in die elektronische Form verlangt oder das Fehlen eines Widerspruchs nach Bitte um Zustimmung. In § 128 Abs. 1 AktG wurde der Begriff der „Weitergabe“ durch „Übermittlung“ ersetzt; offenbar war das Verständnis, dass man „weitergeben“ wohl nur etwas kann, das in physischer Form vorliegt. § 128 Abs. 1 Satz 2 AktG enthält den Zusatz, dass bei einer Beschränkung auf den Weg elektronischer Kommunikation das Kreditinstitut auch aus anderen Gründen nicht zu mehr verpflichtet ist. Hierdurch soll deutlich gemacht werden, dass das Kreditinstitut auch z. B. aus geltendem Auftragsrecht oder aufgrund von Sonderbedingungen nicht zu einer Versendung an den Aktionär in Papierform verpflichtet ist. Dies zeigt, dass hier das Aktienrecht auch die Vertragsbeziehung zwischen Kreditinstitut und Depotkunden regelt.

Es fragt sich, ob unbeschadet einer satzungsmäßigen und anfechtungssicheren Regelung eine allgemeine Akzeptanz eines elektronischen Versandes besteht. Auch wenn dies heute bezweifelt werden mag, kann doch mit einiger Sicherheit gesagt werden, dass der Anteil eines elektronischen Versandes in der Zukunft steigen wird. Vielleicht genügt es auch manchem Aktionär, wenn er sich auf dem Bildschirm einen Überblick über die Agendapunkte einer Hauptversammlung verschaffen kann.

VI. Briefwahl

Damit gelangte der Vortrag zu einem der Kernpunkte des ARUG, der Briefwahl. Sie ist rechtsdogmatisch ein echtes Novum im deutschen Aktienrecht, sieht sie doch eine direkte Stimmabgabe durch den abwesenden Aktionär auch im Vorfeld der Hauptversammlung vor. Sedes materiae ist § 118 Abs. 2 AktG. Der Deutsche Corporate Governance Kodex greift sie in seiner Ziff. 2.3.3 Satz 2 auf. Die Briefwahl ist fakultativ durch die Satzung regelbar. Hier wiederum ist alternativ zu einer unmittelbaren inhaltlichen Regelung eine Ermächtigung an den Vorstand möglich.

Die Briefwahl ist vom Grundsatz her aus den Parlamentswahlen bekannt und mag daher vom Konstrukt her den Aktionären eher eingängig sein als die Bevollmächtigung eines weisungsgebundenen Vertreters, der dann das Stimmrecht des Aktionärs in der Hauptversammlung ausübt.

Damit ist die Briefwahl einerseits abzugrenzen zum von der Gesellschaft benannten Stimmrechtsvertreter gemäß § 134 Abs. 3 Satz 5 AktG und andererseits zum Online-Stimmrecht gemäß § 118 Abs. 1 Satz 2 AktG; auf letzteres wird noch zurückzukommen sein.

Die Zuständigkeit zur Regelung der Briefwahl liegt beim Vorstand, soweit die Satzung ihn hierzu ermächtigt und nicht selbst eine Regelung trifft. Es ist zu bestimmen, welcher Weg zu wählen ist – schriftlich, elektronische Kommunikation –, welche Voraussetzungen für die Briefwahl gegeben sein müssen und innerhalb welchen Zeitraums die Briefwahl möglich ist. Das Anmeldeerfordernis wiederum richtet sich nach der hierfür vorgesehenen Satzungsregelung.

Nachfolgend seien einige praxisrelevante Fragen im Zusammenhang mit der Briefwahl herausgegriffen.

In welchem Zeitraum ist eine Briefwahl möglich? Als Praxisvorschlag für den Beginn seien 14 Tage vor der Hauptversammlung genannt, auch weil zu dieser Zeit die Frist zur Veröffentlichung von Gegenanträgen und Wahlvorschlägen abgelaufen ist und sich der Aktionär so ein Bild über die Tagesordnung, etwaige Ergänzungsverlangen sowie (zu veröffentlichende) Ankündigungen von Gegenanträgen und Wahlvorschlägen machen kann. Es stellt sich weiter die Frage, wann der Zeitraum für eine Briefwahl endet, insbesondere, ob eine Briefwahl bis in die Hauptversammlung hinein zulässig ist. Dafür sprechen zwei Gesichtspunkte: Zum einen sieht § 118 Abs. 2 AktG keine Beschränkung in dieser zeitlichen Hinsicht vor, und zum anderen erschiene es systematisch wenig sachgerecht, die Briefwahl zeitlich im Vergleich zu einer Bevollmächtigung des von der Gesellschaft benannten Stimmrechtsvertreters zu „benachteiligen".

Ein Widerruf der per Briefwahl abgegebenen Stimmen ist im Rahmen der allgemeinen Regelungen möglich, also unter Beachtung von § 130 Abs. 1 Satz 2 BGB; danach wird die Willenserklärung nicht wirksam, wenn dem anderen vorher oder gleichzeitig ein Widerruf zugeht. Ist ein solcher Widerruf bei einer Briefwahl mittels klassischem „Brief" noch denkbar, ist er bei elektronischer Übermittlung – an die der BGB-Gesetzgeber nicht denken konnte – nicht möglich. Um hier Schwierigkeiten für die Praxis zu vermeiden, empfiehlt es sich, die Möglichkeit eines nachträglichen Widerrufs ausdrücklich zu regeln.

Ein „Briefwahlgeheimnis" etwa in dem Sinne, dass bei der Auswertung der Stimmen die Identität des Briefwählers nicht erkennbar sein dürfe, ist nach Ansicht des Verfassers nicht anzuerkennen. Dies liegt daran, dass die Stimmabgabe des Briefwählers ebenso wie die des in der Hauptversammlung präsenten Aktionärs jederzeit – etwa im Rahmen einer Anfechtungsklage über erreichte Beschlussmehrheiten – nachvollziehbar und einem konkreten Aktionär zuzuordnen sein muss. Ebenso wenig ergibt sich aus Sicht des Verfassers umgekehrt eine Veröffentlichungspflicht der im Vorfeld der Hauptversammlung eingegangenen Briefwahlstimmen. Mögen dadurch auch etwaige Mehrheiten theoretisch vor der Hauptversammlung erkennbar sein, so schreibt das Gesetz doch keine entsprechende Veröffentlichung vor. Hinzu kommt die Möglichkeit, dass Briefwahlstimmen auch – siehe oben – ggf. widerrufen werden können. Auch bei einer Bevollmächtigung des von der Gesellschaft benannten Stimmrechtsvertreters lässt sich – aufgrund der Weisungsgebundenheit – ein Stimmverhalten bereits im Vorfeld der Hauptversammlung erkennen; aber auch hier besteht keine Pflicht, eingegangene Weisungen vor der Hauptversammlung mitzuteilen.

In der Hauptversammlung gilt: Der Briefwähler ist kein Teilnehmer der Hauptversammlung. Dementsprechend ist er auch nicht in das Teilnehmerverzeichnis aufzunehmen. Aber: Die Briefwahlstimmen und die Stimmen der präsenten Aktionäre sind für die Beschlussfeststellung zusammenzurechnen, um das zutreffende Beschlussergebnis zu erhalten.

Es bleibt die Frage nach den (Fehler-)Folgen im Zusammenhang mit einer Briefwahl nach der Hauptversammlung, insbesondere die Frage einer Beschlussanfechtung. Eine Anfechtungsbefugnis nach § 245 Nr. 1 AktG besteht nicht; denn hier wird ein in der Hauptversammlung erschienener Aktionär vorausgesetzt – der der Briefwähler gerade nicht ist –, der zudem gegen den Beschluss Widerspruch zu Protokoll erklärt hat. Eine Anfechtungsbefugnis nach § 245 Nr. 2 und 3 AktG – u. a. wegen nicht ordnungsgemäß einberufener Hauptversammlung – ist dagegen denkbar. Die Anfechtung kann jedoch nicht auf die durch eine technische Störung verursachte Verletzung von Rechten, die etwa nach § 118 Abs. 2 AktG auf elektronischem Wege wahrgenommen worden sind, gestützt werden, es sei denn, der Gesellschaft ist Vorsatz oder grobe Fahrlässigkeit vorzuwerfen; die Satzung kann einen strengeren Verschuldensmaßstab bestimmen (§ 243 Abs. 3 Nr. 1 AktG).

Wie ist die Briefwahl in der Praxis angekommen und angenommen worden? Zunächst haben sehr viele Gesellschaften eine Regelung zur Briefwahl in ihre Satzungen aufgenommen. Üblicherweise handelt es sich hierbei um eine Ermächtigung an den Vorstand, die sich wiederum in der Regel eng am Gesetzeswortlaut orientiert. Während in der ersten Hauptversammlungssaison nach Inkrafttreten des ARUG die Briefwahl nur vereinzelt vorgesehen wurde, so wird sie doch im DAX und künftig auch in den weiteren Marktsegmenten mehr und mehr umgesetzt. Es bleibt die Frage nach einem Nebeneinander von Proxy Voting, also der Abstimmung durch den von der Gesellschaft benannten Stimmrechtsvertreter, der Briefwahl und der noch zu erläuternden elektronischen Stimmabgabe im Rahmen einer Online-Teilnahme an der Hauptversammlung. Alle drei Arten der Willensäußerung sind elektronisch über das Internet möglich; sie können rechtlich auch nebeneinander vorgesehen werden. Es fragt sich allerdings, ob die Briefwahl gegenüber dem Proxy Voting für den Aktionär praktisch entscheidende Vorteile bringt. In beiden Fällen sitzt er vor dem Bildschirm und kreuzt elektronisch bei den Punkten der Tagesordnung das gewünschte Stimmverhalten an. Ob er beim Absenden auf „Vollmacht und Weisungen erteilen" oder „Stimmen abgeben" klickt, mag ihm in vielen Fällen gleichgültig sein bzw. häufig wird er sich über den Unterschied in der rechtlichen Konstruktion keine großen Gedanken machen, da er in beiden Fällen im Endeffekt das gleiche Ziel erreicht: die Abgabe seiner Stimmen. Von daher erscheint es – jedenfalls für die mittelfristige Zukunft – für die Praxis erwägenswert, wenn dem Aktionär eines von mehreren von den Voraussetzungen und in der Wirkung gleichwertigen Instrumentarien angeboten werden sollte.

VII. Online-Teilnahme an der Hauptversammlung

Nach § 118 Abs. 1 Satz 2 AktG kann die Satzung regeln, dass die Aktionäre auch ohne Anwesenheit an deren Ort und ohne einen Bevollmächtigten teilnehmen und Rechte im Wege elektronischer Kommunikation ausüben können, sog. Online-Teilnahme. Auch dies ist ein Novum im deutschen Aktienrecht. Die Formulierung zeigt die Wurzeln der Regelungen über die Teilnahme an der Hauptversammlung. Es ist die Teilnahme durch den am Ort der Hauptversammlung als einer konkreten räumlichen Gegebenheit anwesenden Aktionär, und wenn schon nicht durch diesen, dann doch durch einen Vertreter. So ist denn auch die seit Jahren bestehende Regelung zum von der Gesellschaft benannten Stimmrechtsvertreter zu verstehen: Wollte der Aktionär – vor Inkrafttreten des ARUG – seine Stimmen in einer bestimmten Weise ausgeübt wissen, ohne in der Hauptversammlung physisch anwesend zu sein, konnte er dies nicht durch eine Stimmabgabe im Vorfeld oder während der Hauptversammlung „von ferne" tun, sondern bedurfte einer Person, die in der Hauptversammlung anwesend ist und als Vertreter seine Stimmen für ihn weisungsgebunden abgibt. Bereits die Begrifflichkeit der „Erteilung von Vollmacht und Weisungen an einen Vertreter" zeigt, dass es sich zwar für Personen, die mit Fragen der Hauptversammlung befasst sind, um ein gewohntes Instrument handelt, für einen Aktionär aber, der seine Stimmen abgeben möchte, ohne anwesend zu sein, um ein eher kompliziert klingendes Konstrukt handelt, siehe bereits die Ausführungen zur Briefwahl.

Zurück zur Online-Teilnahme: Die Satzung kann eine unmittelbare und abschließende inhaltliche Regelung treffen. Sie kann aber auch den Vorstand ermächtigen, eine Online-Teilnahme vorzusehen. Mischlösungen, d. h. Rahmenvorgaben in der Satzung und die Eröffnung eines Handlungsspielraums für den Vorstand innerhalb dieses Rahmens, sind nach Ansicht der Verfassers zulässig. Denn zum einen zeigt die Formulierung des § 118 Abs. 1 Satz 2 AktG, dass der Gesetzgeber einen möglichst weiten Handlungsspielraum eröffnen wollte. Und zum anderen wäre nicht einsichtig, warum zwar sowohl eine abschließende Satzungsregelung als auch eine sehr weite Ermächtigung bzgl. des Ob und Wie zulässig ist, eine eingeschränkte Ermächtigung mit einigen durch die Satzung gesetzten Eckpunkten dagegen nicht zulässig sein sollte.

Praxisrelevant bei der Online-Teilnahme erscheinen zunächst vor allem die elektronische Ausübung des Stimmrechts und ggf. auch die Möglichkeit einer elektronischen Einsichtnahme in das Teilnehmerverzeichnis. Weiterhin denkbar – und hier deutet sich ein qualitativer Sprung an – sind die Einräumung des Rederechts, des Auskunftsrechts sowie des Antragsrechts im Rahmen einer Online-Teilnahme.

So stellt sich die Frage nach einer sinnvollen Ausgestaltung und Begrenzung der ausübbaren Rechte. Der rechtliche Ansatzpunkt für die Begrenzung ist die durch den Gesetzgeber vorgesehene Möglichkeit, dass Rechte auch „teilweise" im Rahmen der Online-Teilnahme ausübbar sein können. Dies betrifft weniger das Stimmrecht als vielmehr die oben genannten weiteren Rechte des Aktionärs in der Hauptversammlung.

An dieser Stelle können nur einige allgemeine Diskussionspunkte aufgeworfen werden. So ist theoretisch etwa an eine Begrenzung auf eine bestimmte Anzahl von Wörtern beim Rederecht zu denken; der „Redebeitrag" wäre per E-Mail oder Internetdialog zu übermitteln und – es fragt sich, durch wen – zu verlesen. Es fragt sich, ob die Einrichtung eines Quorums oder einer bestimmten Haltedauer von Aktien zulässig ist, da gerade in Bezug auf das Quorum zu bedenken ist, dass es sich bei den Aktionärsrechten wie dem Auskunftsrecht um Individualrechte eines jeden – einzelnen – Aktionärs handelt. Weiter fragt sich, wie etwaige Ordnungsmaßnahmen bei online ausgeübten Rechten erfolgen und durchgesetzt werden können. Sicherlich sind einige Ordnungsmaßnahmen mit Blick auf den Online-Teilnehmer nicht denkbar, was lange „Redebeiträge" und ausführliche Fragenkataloge anbetrifft, dagegen sehr wohl.

So zeigt sich gerade in Bezug auf das Auskunftsrecht, dass die unbeschränkte Einräumung zwar rechtlich möglich, in der Praxis jedoch schwer durchführbar erscheint. Dogmatischer Ansatz für eine Beschränkung ist neben dem Begriff „teilweise" in § 118 Abs. 1 Satz 2 AktG die nach Maßgabe von § 131 Abs. 2 Satz 2 AktG mögliche zeitlich angemessene Beschränkung des Rede- und Fragerechts durch den Versammlungsleiter.

Eine sinnvolle Ausgestaltung – von Begrenzung ist hier noch gar nicht die Rede – beginnt bereits bei der Frage, wie die übrigen, also in der Hauptversammlung anwesenden Aktionäre, sowohl über die gestellten Fragen als auch über die erteilten Auskünfte informiert werden, ohne dass sich eine „Parallel-Hauptversammlung" entwickelt.

Eine Begrenzung etwa des Fragerechts auf eine bestimmte Anzahl von Fragen pro Aktionär wäre ggf. ein Ansatz. Es bleibt die Frage, wie mit Nachfragen umzugehen ist. Diese können entweder aus einer Rüge des Aktionärs, die Frage sei zumindest teilweise nicht beantwortet worden (dann dürfte Auskunft in jedem Fall zu erteilen sein), oder aus Folgefragen, die aus der Antwort herrühren, begründet sein. Dieser Aspekt betrifft nur den einzelnen Aktionär. Es stellen sich weitere Fragen nach dem Verhältnis der Auskunft begehrenden Aktionäre untereinander, und zwar sowohl der physisch präsenten wie auch der online teilnehmenden; so drängt sich die Überlegung einer „virtuellen Rednerliste" auf. Was dagegen die Erteilung der Auskunft angeht, so richtet sich dies weiterhin nach § 131 AktG: Auskunftsverpflichteter ist der Vorstand.

Verlässt man die Überlegungen, wie bisher in der Praxis nicht oder kaum erprobte online ausübbare Rechte handzuhaben sind oder sein können, ist auf die Bestimmungen zur Online-Teilnahme im Vorfeld der Hauptversammlung einzugehen. In der Einberufung sind insbesondere Bestimmungen zum Verfahren anzugeben, welche Rechte online ausübbar sein sollen, ob diese Rechte ganz oder teilweise ausgeübt werden können – hier empfiehlt sich ggf. auch eine Negativabgrenzung in Zweifelsfällen –, welcher Weg der elektronischen Kommunikation zu nutzen ist, welche Voraussetzungen gegeben sein müssen und innerhalb welchen Zeitraums von den Online-Rechten Gebrauch gemacht werden kann.

In der Hauptversammlung ist der Online-Teilnehmer im Gegensatz zum Briefwähler „erschienen“; er ist also in das Teilnehmerverzeichnis aufzunehmen.

Die Anfechtbarkeit von Hauptversammlungsbeschlüssen durch den Online-Teilnehmer richtet sich danach, ob die übrigen Voraussetzungen – die Teilnehmereigenschaft ist gegeben – vorliegen. Ohne auf die Einzelheiten einzugehen, sei an dieser Stelle darauf hingewiesen, dass wie bei der Briefwahl die Anfechtung nicht im Zusammenhang mit einer technischen Störung nach näherer Maßgabe des § 243 Abs. 3 Nr. 1 AktG begründet werden kann.

Die Online-Teilnahme hat die Praxis bislang noch weniger durchdrungen als die Briefwahl, obwohl die Online-Teilnahme von ihrer rechtlichen Konstruktion her das modernere und umfassendere Instrument ist, das auch mit weiteren Bausteinen – den einzelnen ausübbaren Rechten – weiter ausgebaut werden kann. Erste Praxiserfahrungen mit Schwerpunkt auf der Online-Ausübung des Stimmrechts liegen allerdings bereits vor. Gerade in Bezug auf das Stimmrecht lässt sich allerdings wieder fragen, welches die praktischen Vorteile einer Online-Stimmrechtsausübung gegenüber der Briefwahl und gegenüber dem Proxy Voting sind. Die Einrichtung eines Online-Stimmrechts erscheint aus Sicht des Verfassers vor allem dann sinnvoll, wenn man das Angebot darüber hinaus ausbauen möchte und auf ein einheitliches rechtliches – und ggf. auch technisches – System zurückgreifen möchte. Gerade was diesen Ausbau anbetrifft, wird es aber auch in der Zukunft noch eine Reihe von Fragen zur rechtlichen, organisatorischen und technischen Umsetzbarkeit geben.

VIII. Say on Pay – das Vergütungsvotum

Das Vergütungsvotum wurde nicht durch das ARUG, sondern durch das VorstAG eingeführt. Die Einführung fiel aber in die gleiche Zeit wie das ARUG und beschäftigte daher die Gesellschaften wie die Aktionäre ebenso wie das ARUG. Auch hier findet sich wie bei mancher Regelung des ARUG sowohl eine systematische Neuerung als auch eine Regelung, deren Umsetzung fakultativ ist. Die systematische Neuerung liegt darin, dass die Hauptversammlung der börsennotierten Gesellschaft über die Billigung des Systems zur Vergütung der Vorstandsmitglieder beschließen kann. Eine solche Billigung des durch den Aufsichtsrat festgelegten Vergütungssystems sah das deutsche Aktienrecht bislang nicht vor. Beschlussgegenstand ist also das System zur Vergütung der Vorstandsmitglieder, nicht dagegen die einzelne Vergütung oder eine Komponente. Der Beschluss – auch dies durchaus ungewöhnlich – begründet weder Rechte noch Pflichten, weder positiv noch negativ.

Mit dem Beschlussgegenstand lehnt sich der Gesetzgeber an die Vorschriften des § 289 Abs. 2 Nr. 5 HGB und Ziff. 4.2.5 Deutscher Corporate Governance Kodex an, also an die dort genannten Grundzüge des Vergütungssystems bzw. den Vergütungsbericht. Beschlussinhalt ist die Billigung des Vergütungssystems, also ein „Ja“ oder ein „Nein“ und keine inhaltliche Ausgestaltung desselben. Schon gar nicht Gegenstand ist die Festlegung der Vergütung; dies bleibt in der Kompetenz des Aufsichtsrats. Die Information der Aktionäre folgt allgemeinen Regeln. § 120 Abs. 4 AktG statuiert keine eigenständigen Informationspflichten, macht also insbesondere keine neuen eigenständigen Pflichtauslagen erforderlich. Dies bedeutet, dass es zunächst bei der Empfehlung des Deutschen Corporate Kodex bleibt; nach dessen Ziff. 4.2.3 soll der Vorsitzende des Aufsichtsrats die Hauptversammlung über die Grundzüge des Vergütungssystems und deren Veränderung informieren. Ferner gilt das Auskunftsrecht der Aktionäre nach § 131 Abs. 1 AktG.

Ein Thema in der Praxis – zumindest in der Hauptversammlungssaison, in der § 120 Abs. 4 AktG erstmals angewendet wurde – war das Quorum des § 122 Abs. 2 AktG, mit dem eine Aktionärsminderheit verlangen kann, dass das Vergütungsvotum auf die Tagesordnung gesetzt und bekannt gemacht wurde. Dies war auch insoweit ein rechtlich bemerkenswerter Aspekt, als dass das Vergütungsvotum nicht als Annex zur Entlastung verstanden werden kann, über den in der Hauptversammlung „bekanntmachungsfrei“ entschieden werden könnte. Die – obligatorischen – Entlastungsbeschlüsse und das – fakultative – Vergütungsvotum stehen vielmehr nebeneinander.

Auf der Rechtsfolgenseite ist zu bemerken, dass der Hauptversammlungsbeschluss über das Vergütungssystem nicht anfechtbar ist. Eine Nichtigkeit ist zwar nach allgemeinen Regeln theoretisch denkbar. Es fragt sich allerdings – unbeschadet der Frage des (fehlenden) Rechtsschutzbedürfnisses –, was die Rechtsfolgen eines nichtigen Beschlusses sein sollen, wenn doch schon der Beschluss selbst weder Rechte noch Pflichten begründet. Die (fehlenden) Rechtsfolgen gelten sowohl positiv als auch negativ. So bleibt nach § 120 Abs. 4 Satz 2 2. Hs. AktG die Verantwortlichkeit des Aufsichtsrats nach § 87 AktG bestehen.

In der Praxis wurde insbesondere in der Hauptversammlungssaison 2010 das Für und Wider diskutiert, etwa unter den Stichworten eines positiven unternehmenspolitischen Signals einerseits und einem geringen rechtlichen Nutzen sowie einer gewissen Systemfremdheit andererseits. In der damaligen Hauptversammlungssaison setzten die im DAX notierten Gesellschaften das Vergütungsvotum ganz überwiegend auf die Tagesordnung. Die Diskussionsbreite und -tiefe auf den jeweiligen Hauptversammlungen waren wohl durchaus unterschiedlich. Die Beschlüsse hatten unabhängig davon in der Regel hohe Annahmequoten. In der darauf folgenden Hauptversammlungssaison fand sich das Vergütungsvotum bei einer Reihe von Gesellschaften ebenfalls wieder auf der Tagesordnung. Hintergrund dürften vielfach materielle Änderungen im Vergütungssystem gewesen sein.

IX. Anfechtungsklagen und Freigabeverfahren

In Bezug auf Beschlussmängelstreitigkeiten hat das ARUG einige Einzelregelungen getroffen und insbesondere Änderungen am Freigabeverfahren vorgenommen. Zunächst wurde in § 121 Abs. 3 AktG ein erweiterter Pflichtenkatalog in Bezug auf die Einberufung aufgenommen. Ebenso wurden die Pflichten bzgl. der Protokollierung erweitert. Gleichzeitig wurde auf der Rechtsfolgenseite ein Nichtigkeitsgrund in Bezug auf § 121 Abs. 3 AktG auf dessen Satz 1 beschränkt, siehe § 241 Nr. 1 AktG. Nach § 241 Nr. 2 AktG ist ein Beschluss nichtig, wenn er nicht nach § 130 Abs. 1 und 2 Satz 1 und Abs. 4 AktG beurkundet ist. Die Begrenzung der Anfechtbarkeit in bestimmten Fällen einer technischen Störung für die gesetzlich genannten Fälle wurde bereits oben bei Briefwahl und elektronischer Teilnahme an der Hauptversammlung angesprochen; sie gilt auch für die Fälle der Bevollmächtigung nach § 134 Abs. 3 AktG auf elektronischem Wege.

Bei der Zustellung von Anfechtungsklagen hat der Gesetzgeber mit dem ARUG die Möglichkeit der Einsichtnahme durch die Gesellschaft bereits vor Zustellung eröffnet (§ 246 Abs. 3 Satz 5 AktG).

Die durch das UMAG eingeführten Regelungen zum Freigabeverfahren wurden durch das ARUG modifiziert. Wesentliche Änderungen im Freigabeverfahren sind: Der Freigabebeschluss ergeht, wenn der Kläger nicht binnen einer Woche nach Zustellung des Antrags durch Urkunden nachgewiesen hat, dass er seit Bekanntmachung der Einberufung einen anteiligen Betrag von mindestens 1.000 Euro hält. Ebenfalls ergeht ein Freigabebeschluss nach § 246a AktG, wenn das alsbaldige Wirksamwerden des Hauptversammlungsbeschlusses vorrangig erscheint, weil die vom Antragsteller dargelegten wesentlichen Nachteile für die Gesellschaft und ihre Aktionäre nach freier Überzeugung des Gerichts die Nachteile für den Antragsgegner überwiegen, es sei denn, es liegt eine besondere Schwere des Rechtsverstoßes vor. Schließlich ergeht ein Freigabebeschluss bei unzulässiger oder offensichtlich unbegründeter Klage. Das Freigabeverfahren wurde bei den Oberlandesgerichten angesiedelt.

Corporate Governance-Berichterstattung nach dem BilMoG – eine empirische Analyse der Publizitätspflichten und Reformvorschläge –

*Prof. Dr. Rüdiger Veil und Bettina Sauter**

Inhaltsübersicht

* Wir danken der studentischen Mitarbeiterin Lena Templer für die wertvolle Zusammenstellung der zahlreichen Dokumente und engagierte Mitarbeit bei deren Auswertung.

I. Einführung

Die Corporate Governance-Berichterstattung hat durch das Bilanzrechtsmodernisierungsgesetz (BilMoG) neue Konturen erlangt. Zum einen hat der Gesetzgeber die aktienrechtlichen Vorgaben zur Abgabe der Entsprechenserklärung geändert. Vorstand und Aufsichtsrat müssen nun gemäß § 161 AktG jährlich angeben, warum sie Empfehlungen des Kodex nicht folgen. Zum anderen hat der Gesetzgeber ein neues Berichtsformat eingeführt: die Erklärung zur Unternehmensführung (EzU). Anliegen dieses Beitrags ist es, diese Reformen zu bewerten. Dies soll in fünf Schritten geschehen. Zunächst wird kurz die Entwicklung im Bereich der Corporate Governance-Berichterstattung reflektiert (II.). Danach erfolgt ein Überblick zu den verschiedenen Formaten der Corporate Governance-Berichterstattung (III.), der die Grundlage bildet für die anschließende Analyse der unternehmensexternen Berichterstattung über Fragen der Corporate Governance. Auf dem Prüfstand steht das neue Berichtsformat der Erklärung zur Unternehmensführung (IV.). Zu guter Letzt wird aufgezeigt, wie die Corporate Governance-Berichterstattung in Zukunft ausgestaltet werden sollte (V.).

II. Rechtsentwicklungen

Seit 40 Jahren ist die Europäische Union darum bemüht, europaweit geltende Regelungen zur Organisationsverfassung von Unternehmen zu schaffen. Der erste Vorstoß erfolgte im Jahre 1972. Die von der Kommission vorgeschlagene, auf Aktiengesellschaften beschränkte Strukturrichtlinie[1] konnte jedoch trotz mehrerer, zuletzt im Jahre 1991 erfolgter Modifizierungen[2] nicht verabschiedet werden. Seitdem beschränkt sich die Kommission auf Einzelaspekte der Unternehmensverfassung.[3] Die konzeptionelle Grundlage für ihre Regelungsinitiativen bildet der Aktionsplan vom 21. Mai 2003 zur Modernisierung des Gesellschaftsrechts und Verbesserung der Corporate Governance in der Europäischen

[1] Vorschlag einer fünften Richtlinie zur Koordinierung der Schutzbestimmungen, die in den Mitgliedstaaten den Gesellschaften im Sinne des Artikels 58 Abs. 2 des Vertrages im Interesse der Gesellschafter sowie Dritter hinsichtlich der Struktur der Aktiengesellschaft sowie der Befugnisse und Verpflichtungen ihrer Organe vorgeschrieben sind, ABl. Nr. C 131 vom 13. 12. 1972, S. 49 ff.

[2] Dritte Änderung des Vorschlags für eine Fünfte Richtlinie des Rates über die Struktur der Aktiengesellschaft sowie die Befugnisse und Verpflichtungen ihrer Organe vom 20. November 1991, ABl. Nr. C 321 vom 12. 12. 1991, S. 9 ff.

[3] Vgl. *Habersack*, NZG 2004, 1, 3.

Union,[4] der auf den im November 2002 unterbreiteten Vorschlägen der High Level Group of Company Law Experts[5] beruht.

Die Kommission lehnte es im Aktionsplan ab, einen europäischen Corporate Governance Kodex zu schaffen.[6] Stattdessen nahm sie sich vor, die Offenlegungspflichten in Bezug auf die Unternehmensleitung und -überwachung börsennotierter Gesellschaften zu erhöhen.[7] Sie ist dieser Aufgabe mit der Richtlinie vom 14. Juni 2006 nachgekommen.[8] Die Mitgliedstaaten mussten bis spätestens zum 5. September 2008 Gesellschaften, deren Wertpapiere zum Handel an einem geregelten Markt zugelassen sind, verpflichten, jährlich im Lagebericht eine Erklärung zu bestimmten Aspekten der Corporate Governance aufzunehmen.[9]

Das europäische Recht umreißt den notwendigen Inhalt des Corporate Governance-Statements nur schlagwortartig: So muss die Erklärung zumindest einen Verweis auf den Unternehmensführungskodex enthalten, dem die Gesellschaft unterliegt bzw. den sie freiwillig anwendet, und zu den Unternehmensführungspraktiken, die die Gesellschaft über die Anforderungen des nationalen Rechts hinaus anwendet. Die Erklärung hat ferner Angaben zu enthalten über die Zusammensetzung und Arbeitsweise der Verwaltungs-, Leitungs- und Aufsichtsorgane und ihrer Ausschüsse.

Diese vom deutschen Gesetzgeber in § 289a HGB nahezu eins-zu-eins umgesetzten Vorgaben sind sehr abstrakt. Der Begriff des Unternehmensführungskodex wird weder in der Richtlinie noch in einem anderen europäischen Rechtsakt definiert. Nichts Anderes gilt für die Unternehmensführungspraktiken. Es handelt sich dabei um einen weder auf europäischer noch nationaler Ebene vorgeprägten juristischen Terminus. Damit wird die Frage aufgeworfen, über was

---

[4] Aktionsplan, abrufbar unter: http://ec.europa.eu/internal_market/company/modern/index_de.htm (Abruf vom 06. 08. 2012).

[5] Bericht der Hochrangigen Expertengruppe auf dem Gebiet des Gesellschaftsrechts über moderne gesellschaftsrechtliche Rahmenbedingungen in Europa vom 4. 11. 2002, abrufbar unter: http://ec.europa.eu/internal_market/company/modern/index_de.htm (Abruf vom 06. 08. 2012).

[6] Vgl. Aktionsplan, (Fn. 4), S. 13. Sie begründete dies damit, dass bereits die OECD auf eine Harmonisierung der Corporate Governance hinwirke und die meisten Kodizes in den Mitgliedsstaaten in einem hohen Maße übereinstimmen würden. Ein europäischer Kodex sei daher nicht besonders nützlich. Vgl. Aktionsplan, (Fn. 4), S. 14. Dies erscheint auch aus heutiger Sicht zutreffend. Nach *Bachmann*, WM 2011, 1301, 1310 ist ein Trend zur Konvergenz der Corporate Governance-Standards in Europa festzustellen.

[7] Vgl. Aktionsplan, (Fn. 4), S. 15.

[8] Richtlinie 2006/46/EG des Europäischen Parlaments und des Rates vom 14. Juni 2006 zur Änderung der Richtlinien des Rates 78/660/EWG über den Jahresabschluss von Gesellschaften bestimmter Rechtsformen, 83/349/EWG über den konsolidierten Abschluss, 86/635/EWG über den Jahresabschluss und den konsolidierten Abschluss von Banken und anderen Finanzinstituten und 91/674/EWG über den Jahresabschluss und den konsolidierten Abschluss von Versicherungsunternehmen, ABl. Nr. L 224 vom 16. 8. 2006, S. 1.

[9] § 46a Jahresabschlussrichtlinie i. d. F. nach der Richtlinie 2006/46/EG.

genau die Unternehmen berichten sollen und wie die neuen Publizitätspflichten sich in das geltende System der Corporate Governance-Berichterstattung einfügen.

III. Übersicht zu den Formaten der Corporate Governance-Berichterstattung im deutschen Recht

Die Berichterstattung über Fragen der Corporate Governance erfolgt zum einen unternehmensintern zwischen den Organen einer Aktiengesellschaft, also Vorstand, Aufsichtsrat und Hauptversammlung. Dagegen hat die unternehmensexterne Berichterstattung die Kommunikation des Unternehmens gegenüber der Öffentlichkeit, insbesondere den Anlegern, zum Gegenstand. Beide Formen der Berichterstattung haben Berührungspunkte. So rekurrieren die unternehmensexternen Berichte teilweise auf die Informationen der unternehmensinternen Berichte.

1. Unternehmensinterne Berichterstattung

a) Vorstand und Aufsichtsrat (§ 90 AktG)

Der Vorstand hat dem Aufsichtsrat periodisch Informationen zur Verfügung zu stellen.[10] Diese Regelberichte betreffen Informationen über die Geschäftspolitik und Unternehmensplanung, die Rentabilität des Unternehmens, den Gang der Geschäfte sowie über Geschäfte von erheblicher Bedeutung.[11] Darüber hinaus muss der Vorstand dem Aufsichtsrat auf dessen Verlangen Bericht erstatten über sonstige Angelegenheiten der Gesellschaft, ihre rechtlichen und geschäftlichen Beziehungen zu verbundenen Unternehmen sowie über geschäftliche Vorgänge bei diesen Unternehmen.[12] Der Aufsichtsrat soll dadurch die in die Lage versetzt werden, seine Überwachungsfunktion, die ein zentrales Element der Corporate Governance einer Aktiengesellschaft bildet, wahrzunehmen.[13] Deshalb hat der Vorstand unbedingte Offenheit bei der Berichtspflicht walten zu lassen.[14]

---

[10] Vgl. § 90 Abs. 2 AktG.

[11] Vgl. § 90 Abs. 1 S. 1 Nr. 1–4 AktG.

[12] Vgl. § 90 Abs. 3 AktG.

[13] Vgl. *Raiser/Veil*, Recht der Kapitalgesellschaften, 5. Aufl. 2010, § 14 Rn. 5; *Krieger/Sailer-Coceani*, in: K. Schmidt/Lutter, AktG, 2. Aufl. 2010, § 90 Rn. 1, 36; *Fleischer*, in: Spindler/Stilz, AktG, 2. Aufl. 2010, § 90 Rn. 1.

[14] *Raiser/Veil*, Recht der Kapitalgesellschaften, § 14 Rn. 5.

b) Aufsichtsrat und Hauptversammlung (§ 171 Abs. 2 AktG)

Auch zwischen dem Aufsichtsrat und der Hauptversammlung bestehen Informationspflichten. So hat der Aufsichtsrat der Hauptversammlung über das Ergebnis seiner Prüfung zu berichten,[15] in welcher Art und in welchem Umfang er die Geschäftsführung der Gesellschaft geprüft hat und, bei börsennotierten Gesellschaften, welche Ausschüsse er gebildet hat und wie oft der Aufsichtsrat und seine Ausschüsse getagt haben.[16] Daneben hat er zum Ergebnis der Abschlussprüfung Stellung zu nehmen[17] und darüber zu berichten, ob Einwendungen gegen die Prüfung zu erheben sind und ob er den Jahresabschluss billigt.[18]

In welchem Ausmaß und welcher Detailtiefe der Aufsichtsrat zu berichten hat, bestimmt das Gesetz nicht. Die ältere aktienrechtliche Literatur hatte dem Aufsichtsrat insoweit ein weites Ermessen eingeräumt. Mittlerweise sind Rechtsprechung und Literatur strenger und verlangen eine ausführliche sowie detaillierte Berichterstattung, die auf eine Gesamtrechtfertigung der Aufsichtsratstätigkeit gegenüber der Hauptversammlung hinausläuft.[19]

2. Unternehmensexterne Berichterstattung

a) Erklärung nach § 161 AktG zu den Empfehlungen des DCGK

Vorstand und Aufsichtsrat einer börsennotierten Aktiengesellschaft müssen gemäß § 161 Satz 1 AktG jährlich erklären, dass den Empfehlungen der Regierungskommission Deutscher Corporate Governance Kodex entsprochen wurde und wird oder welche Empfehlungen nicht angewendet wurden (comply or explain). Der DCGK gibt die wesentlichen gesetzlichen Vorschriften zur Leitung und Überwachung deutscher börsennotierter Gesellschaften wieder.[20] Außerdem enthält er in Form von Empfehlungen und Anregungen jährlich aktualisierte international und national anerkannte Standards guter und verantwortungsvoller Unternehmensführung. Die Empfehlungen und Anregungen sind rechtlich unverbindlich; Vorstand und Aufsichtsrat können es auch ablehnen, ihnen zu entsprechen, müssen dies aber begründen.

Dem skizzierten Modell unternehmensexterner Berichterstattung liegt die Vorstellung zugrunde, dass Kapitalmärkte gute Corporate Governance durch

---

[15] Vgl. § 171 Abs. 2 S. 1 AktG.

[16] Vgl. § 171 Abs. 2 S. 2 AktG.

[17] Vgl. § 171 Abs. 2 S. 3 AktG.

[18] Vgl. § 171 Abs. 2 S. 4 AktG.

[19] *Drygala*, in: K. Schmidt/Lutter, AktG (Fn. 13), § 171 Rn. 14; *Kropff*, in: MünchKomm AktG, 2. Aufl. 2003, § 171 Rn. 146.

[20] Dies dient dazu, vor allem ausländischen Investoren die deutsche Unternehmensverfassung vertraut zu machen und die Besonderheiten und Vorzüge des dualistischen Führungssystems zu verdeutlichen. Vgl. *Raiser/Veil*, Recht der Kapitalgesellschaften, 5. Aufl. 2010, § 13 Rn. 34.

einen höheren Preis der Aktien bewerten. Vorstand und Aufsichtsrat müssten daher einen Anreiz haben, sich zu möglichst effizienten Corporate Governance-Praktiken zu bekennen.[21] Empirische Forschungen zeigen allerdings, dass sich ein besonders hohes Maß an effizienter Corporate Governance nicht notwendig in höheren Börsenkursen niederschlägt.[22] Für die hohe Befolgungsrate[23] gibt es andere Gründe. Zum einen haben wiederholt Politiker darauf hingewirkt, dass sich Vorstand und Aufsichtsrat auch zu für sie heiklen Empfehlungen, wie beispielsweise der Transparenz ihrer Vergütungen, bekannt haben. Zum anderen haben die Zivilgerichte entschieden, dass Hauptversammlungsbeschlüsse anfechtbar sind, wenn Vorstand und Aufsichtsrat falsche Erklärungen abgeben.[24]

b) Corporate Governance-Bericht im Geschäftsbericht (Ziff. 3.10 DCGK)

Vorstand und Aufsichtsrat sollen nach Ziff. 3.10 DCGK jährlich im Geschäftsbericht über die Corporate Governance des Unternehmens berichten. Es handelt sich nicht um eine gesetzliche Pflicht, sondern um eine Empfehlung. Der Kodex selbst etabliert kein eigenständiges Berichtsformat. Vielmehr rekurriert er auf den von Gesellschaften oftmals freiwillig veröffentlichten Geschäftsbericht, in dem sich die Unternehmen präsentieren, ohne dabei an gesetzliche Vorgaben gebunden zu sein.[25]

Der Inhalt dieses Berichts wird vom Kodex nur ausschnittsweise festgelegt. Gefordert wird die Erläuterung eventueller Abweichungen von den Empfehlungen des Kodex. Ferner kann der Bericht auch zu den Kodexanregungen Stellung nehmen. Darüber hinaus nennt der Kodex einige Themen, die im Corporate Governance-Bericht behandelt werden sollen: die Zielsetzung des Aufsichtsrats in Bezug auf eine dem Kodex entsprechende Zusammensetzung (Ziff. 5.4.1 DCGK); die individuelle Vergütung des Vorstandes (Ziff. 4.2.5 DCGK) und des Aufsichtsrats (Ziff. 5.4.6 DCGK); der Aktienbesitz der Organe (Ziff. 6.6 DCGK); Aktienoptionsprogramme und ähnliche wertpapierori-

---

[21] Dies gilt vor allem dann, wenn Vorstandsmitglieder auch Aktienoptionen als Vergütung erhalten und auf diese Art und Weise selbst davon profitieren, dass sich „good corporate governance" in einem hohen Börsenkurs widerspiegelt.

[22] Vgl. *Nowak/Rott/Mahr*, ZGR 2005, 252; andere empirische Studien weisen immerhin auf eine schwache Evidenz für den Zusammenhang zwischen dem Grad der Erfüllung des DCGK und dem Unternehmenserfolg hin, vgl. *Bassen/Kleinschmidt/Prigge/Zöllner*, Corporate Governance und Unternehmenserfolg – Empirische Befunde zur Wirkung des Deutschen Corporate Governance Kodex, DBW 66 (2006), 375 ff.; kritisch daher *Hefendehl*, JZ 2006, 119, 123 f.

[23] Vgl. *von Werder*, in: Ringleb/Kremer/Lutter/von Werder, Kodex-Kommentar, 4. Aufl. 2010, Rn. 1639 ff. mit zahlreichen statistischen Angaben.

[24] Vgl. BGH v. 16. 2. 2009 – II ZR 185/07, BGHZ 180, 9 ff.; OLG München v. 6. 8. 2008 – 7 U 5628/07, ZIP 2009, 133; KG v. 9. 6. 2008 – 2 W 101/07, AG 2009, 118.

[25] *Von Werder*, in Ringleb/Kremer/Lutter/v. Werder, Kommentar zum Deutschen Corporate Governance Kodex (Fn. 23), Rn. 537.

entierte Anreizsysteme (Ziff. 7.1.3 DCGK). Die Literatur will es bei diesen Themen nicht bewenden lassen. Sie argumentiert, die Bedeutung des Corporate Governance-Berichts liege in der Darstellung der gesamten Governance-Situation.[26] Deshalb seien auch nicht explizit vom Kodex adressierte Aspekte aufzunehmen.[27]

c) Anhang und Lagebericht (insbesondere §§ 285, 289 HGB)

Einen wichtigen Beitrag zur Verbesserung der Corporate Governance leistet auch das Kapitalmarktbilanzrecht. Im Anhang (§§ 284, 285 HGB) und Lagebericht (§ 289 HGB) sind eine ganze Reihe von Angaben zu machen, die einen Bezug zur Corporate Governance aufweisen und auch vom DCGK andressiert werden. So sind im Anhang[28] und Lagebericht[29] die Organbezüge und Vergütungssysteme offenzulegen, wie dies auch in Ziff. 4.2.4 und 4.2.5 bzw. 5.4.6 DCGK empfohlen wird. Ferner ergänzt die Beschreibung des rechnungslegungsbezogenen Kontroll- und Risikosystems nach § 289 Abs. 5 HGB die in Ziff. 4.1.4 DCGK angelegte Vorstandspflicht zur Schaffung eines solchen Systems.[30] Auch die bereits erwähnte formale Bestätigung der Entsprechenserklärung in § 285 Nr. 16 HGB lässt sich in die Reihe der Corporate Governance-relevanten Inhalte des Bilanzrechts eingliedern.

Die neuste Errungenschaft im Bereich der Corporate Governance-Berichterstattung ist die durch das BilMoG in Umsetzung des Art. 46a der Abänderungsrichtlinie eingeführte Erklärung zur Unternehmensführung (EzU). Der deutsche Gesetzgeber verfolgte das Ziel, die Vorgaben des europäischen Rechts schonend – „eins zu eins“ – umzusetzen.[31] Börsennotierte Aktiengesellschaften müssen eine Erklärung zur Unternehmensführung in den Lagebericht aufnehmen, die dort einen gesonderten Abschnitt bildet.[32] In die EzU sind aufzuneh-

---

[26] *Von Werder*, in Ringleb/Kremer/Lutter/v. Werder, Kommentar zum Deutschen Corporate Governance Kodex (Fn. 23), Rn. 539a.

[27] *Von Werder*, in Ringleb/Kremer/Lutter/v. Werder, Kommentar zum Deutschen Corporate Governance Kodex (Fn. 23), Rn. 539a.

[28] § 285 Nr. 9 HGB.

[29] § 289 Abs. 2 Nr. 5 HGB.

[30] Die Berichtspflicht dient der Umsetzung des Art. 46a lit. c) der Abänderungsrichtlinie und ist damit Teil der von der Europäischen Kommission angestrebten Vereinheitlichung der Corporate Governance-Transparenz. Wegen der in der Abänderungsrichtlinie in Art. 46a Abs. 2 für diesen Bereich angeordneten Prüfungspflicht, hat der deutsche Gesetzgeber diese Inhalte in den Lagebericht integriert.

[31] RegE Begr. BilMoG, BT-Drucks. 16/10067, S. 1.

[32] Vgl. § 289a Abs. 1 HGB. Alternativ kann die EzU auch in einem eigenständigen Bericht auf der Internetseite veröffentlicht werden (§ 289 Abs. 1 S. 2 HGB). Dann muss der Lagebericht eine Bezugnahme auf die Internetseite enthalten (§ 289 Abs. 1 S. 3 HGB). Auch in diesem Fall ist aber die EzU als Teil des Lageberichts zu sehen, *Kozikowski/Röhm-Kottmann*, in: Beck'scher Bilanz-Kommentar, 7. Aufl. 2010, § 289a Rn. 9; *Claussen*, in: Kölner Komm Rechnungslegung, 2011, § 289a Rn. 14.

men (i) die Erklärung gemäß § 161 AktG; (ii) relevante Angaben zu Unternehmensführungspraktiken, die über die gesetzlichen Anforderungen hinaus angewendet werden; (iii) eine Beschreibung der Arbeitsweise von Vorstand und Aufsichtsrat sowie der Zusammensetzung und Arbeitsweise von deren Ausschüssen.

3. Fazit

Die unternehmensexterne Berichterstattung ermöglicht es den Aktionären, die Praxis der Unternehmensführung und -kontrolle in der Gesellschaft nachzuvollziehen und sich ein Bild von ihrer Wirksamkeit zu machen. Auch die unternehmensexterne Berichterstattung in Gestalt des vom DCGK empfohlenen Corporate Governance-Berichts (CG-Berichts) und der Erklärung zur Unternehmensführung (EzU) verfolgt dieses Ziel. Es ist unschwer zu erkennen, dass sich die beiden letzteren Berichtsformate inhaltlich teilweise überschneiden.[33] Dies gibt Anlass, die EzU genauer unter die Lupe zu nehmen.

IV. Erklärung zur Unternehmensführung (EzU)

1. Grundfragen

Weder der europäische noch der deutsche Gesetzgeber haben den notwendigen Inhalt einer EzU konkretisiert. Blickt man in die Praktikerliteratur, offenbart sich große Ratlosigkeit. Was genau im Bericht über die „Unternehmensführungspraktiken" und die „Arbeitsweise des Vorstands und Aufsichtsrats" auszuführen ist, wird nicht erklärt. Allein für einen Aspekt wird eine Hilfestellung gegeben. So sollen sich bezüglich des Aufsichtsrats nähere Spezifizierungen aus den Empfehlungen der Europäischen Kommission vom 15. Februar 2005 zu den Aufgaben von nicht geschäftsführenden Direktoren bzw. – Aufsichtsratsmitgliedern börsennotierter Gesellschaften sowie zu den Ausschüssen des Verwaltungs- bzw. Aufsichtsrats[34] ergeben.[35] Nach Ansicht von *Claussen* entscheidet „im Zweifel ... der Vorstand, was unter § 289 Abs. 2 Nr. 3 HGB fällt."[36] Ähnlich resignierend äußert sich *Bachmann*. Die Norm weise „so viele unbestimmte Rechtsbegriffe auf, dass eine eindeutige Grenzziehung zwischen anzugebenden und nicht anzugebenden Praktiken nicht immer möglich" sei.[37]

---

[33] *Von Werder*, in: Ringleb/Kremer/Lutter/v. Werder, Kommentar zum Deutschen Corporate Governance Kodex (Fn. 23), Rn. 540.

[34] ABl. EU Nr. L 52 S. 51.

[35] RegE Begr. BilMoG, BT-Drucks. 16/10067, S. 78; *Kozikowski/Röhm-Kottmann*, in: Beck'scher Bilanz-Kommentar (Fn. 32), § 289a Rn. 23 ff.

[36] *Claussen*, in: Kölner Komm Rechnungslegung (Fn. 32), § 289a Rn. 28.

[37] *Bachmann*, ZIP 2010, 1517, 1520; ähnlich kritisch *Böcking/Eibelshäuser*, Der Konzern

Vor diesem Hintergrund fragt sich, wie die Unternehmen ihre Berichtspflichten erfüllen: Wie gestalten sie die EzU? Worüber berichten sie? Um Antwort auf diese Fragen zu erhalten, haben wir die Informationen ausgewertet, die von den im DAX 30 enthaltenen Aktiengesellschaften für das Geschäftsjahr 2010 im Laufe des Jahres 2011 veröffentlicht wurden.[38] Im Folgenden werden die wesentlichen Ergebnisse der Analyse zusammengefasst.

2. Berichtsformate und -umfang

Festzuhalten ist zunächst, dass 22 von 30 DAX-Unternehmen den Corporate Governance-Bericht nach Ziff. 3.10 DCGK mit der EzU nach § 289a HGB verknüpft hatten. Beispiel: „Der Vorstand berichtet zugleich für den Aufsichtsrat gemäß § 289a HGB und gemäß Ziff. 3.10 DCGK über wichtige Aspekte der Unternehmensführung."

Hinsichtlich des Umfangs der EzU hat sich ein disparates Bild ergeben: Die EzU war in den 30 DAX-Unternehmen zwischen 1 Seite und 15 Seiten lang. Häufig verwiesen die Gesellschaften auf andere Dokumente und Berichte, wie beispielsweise auf (i) die Satzung, (ii) die Geschäftsordnung, (iii) Unternehmenskodizes oder (iv) den im Geschäftsbericht enthaltenen CG-Bericht nach Ziff. 3.10 DCGK.[39] Soweit Verweise erfolgten, wurden die verwiesenen Informationen teilweise in der EzU zusammengefasst.

Das Verhältnis zwischen den Angaben über die „Praktiken der Unternehmensführung" und der „Beschreibung der Arbeitsweise von Vorstand und Aufsichtsrat" lag zwischen 1:3 und 1:4. Dieser Schwerpunkt dürfte auch darauf zurückzuführen sein, dass die Gesellschaften sich ganz offenbar nicht darüber im Klaren waren, was unter gesetzlich nicht geforderten Unternehmensführungspraktiken zu verstehen ist.

3. Inhalt

Der Inhalt der Berichte war gleichfalls sehr unterschiedlich. Bemerkenswert ist zunächst, dass 3 von 30 DAX-Unternehmen keinen Abschnitt über die „Beschreibung der Unternehmensführungspraktiken" verfasst hatten. Sodann fiel auf, dass eine stattliche Anzahl – 11 von 30 DAX-Unternehmen – sich nicht an der von § 289 Abs. 2 Nr. 1 bis 3 HGB vorgezeichneten Struktur orientiert hatten, in die EzU (Nr. 1) die Erklärung gemäß § 161 AktG, (Nr. 2) Angaben zu

---

2009, 563, 569 („Es ist fraglich, ob dieser Auslegungsspielraum, den der Gesetzgeber ermöglicht, nicht zu weit gefasst ist.").

[38] Einen anderen Ansatz haben *Weber/Velte*, DStR 2011, 1141–1147 gewählt, indem sie von (potenziellen) Investoren wissen wollten, welche Corporate Governance-Inhalte für diese wichtig sein.

[39] Eine Gesellschaft hatte sich darauf beschränkt, Verweise zu andernorts veröffentlichten Informationen zusammenzustellen.

den Unternehmensführungspraktiken und (Nr. 3) eine Beschreibung der Arbeitsweise von Vorstand und Aufsichtsrat aufzunehmen. Stattdessen hatten sie eine andere Reihenfolge gewählt oder die Angaben zu Nr. 2 und Nr. 3 miteinander vermischt. Vereinzelt war es gar nicht möglich, die Angaben zu einer der drei Berichtskategorien zuzuordnen. Schließlich hatte eine Gesellschaft in Gestalt eines Vergütungsberichts Ausführungen über die gesetzlichen Anforderungen hinaus gemacht.

Die übrigen 19 DAX-Unternehmen orientierten sich an der von § 289a Abs. 2 HGB vorgezeichneten Struktur. Klare und übersichtliche Gliederungen, teilweise weitere Untergliederungen sowie textliche Hervorhebungen erleichterten den Zugang zu den Informationen. Mitunter erfolgte eine Bezugnahme auf § 289a HGB und weitere gesetzliche Vorschriften, so dass die Bedeutung der Informationen einfach erschlossen werden konnte.

4. Aussagegehalt und Informationswert

a) Angaben zu Unternehmensführungspraktiken

In die EzU sind gemäß § 289a Abs. 2 Nr. 2 HGB „relevante Angaben zu Unternehmensführungspraktiken" aufzunehmen, „die über die gesetzlichen Anforderungen hinausgehen". Mit dieser Kategorie des Berichts hatten die meisten Gesellschaften erhebliche Probleme. Bemerkenswert ist zunächst, dass 8 von 30 Gesellschaften Angaben über ihr Risikomanagement machten, obwohl dies gesetzlich nicht gefordert ist.[40] Eine Gesellschaft machte ausschließlich Angaben zur (gesetzlich zwingenden) Compliance, anstatt über ihre (gesetzlich nicht geforderten) Unternehmensführungspraktiken zu berichten.

Unter der Rubrik „Unternehmensführungspraktiken" fanden sich meist detaillierte Ausführungen zur Compliance. So bildete das Compliance-Programm bei 21 von 30 DAX-Unternehmen der Schwerpunkt der Angaben zu den Unternehmensführungspraktiken. Teilweise hatten die Gesellschaften ein sehr enges Verständnis der Compliance, denn sie begnügten sich damit, Angaben zur Kapitalmarkt-Compliance zu machen. Darüber hinaus ermöglichten es Gesellschaften, ihre (meist konzernweit maßgeblichen) Verhaltensrichtlinien abzurufen. Diese Verhaltensrichtlinien gingen i. d. R. über klassische Compliance-Themen hinaus und beschäftigten sich mit allgemeinen Grundsätzen wie beispielsweise Respekt, Toleranz und Offenheit.

Ein zweites Thema bildeten moralische Standards im Arbeits- und Sozialbereich. So bekannten sich 11 von 30 DAX-Unternehmen u. a. zu Menschenrechten, zum Verbot der Zwangsarbeit, zu ökologischen Standards und zur so-

---

[40] Die Angaben zum Risikomanagement müssen bereits gemäß § 289 Abs. 2 Nr. 2 a) HGB im Lagebericht gemacht werden. § 289 Abs. 5 HGB verlangt von kapitalmarktorientierten Gesellschaften darüber hinaus die Beschreibung des rechnungslegungsbezogenen Risikomanagementsystems.

zialen Verantwortung gegenüber Mitarbeitern. Dabei nahmen sie teilweise Bezug auf internationale Abkommen und Erklärungen.

Schließlich schilderten einige Gesellschaften spezifische Aspekte der für sie maßglichen Corporate Governance. So wurde u. a. über die Besonderheiten der Rechtsformen KGaA und SE berichtet. Auch waren in einer als SE verfassten Gesellschaft Ausführungen über die Mitbestimmung durch Beteiligungsvereinbarung anzutreffen.

b) Beschreibung der Arbeitsweise von Vorstand und Aufsichtsrat

In die EzU sind ferner gemäß § 289 Abs. 2 Nr. 2 HGB eine Beschreibung der Arbeitsweise von Vorstand und Aufsichtsrat sowie der Zusammensetzung und Arbeitsweise von deren Ausschüssen aufzunehmen. Mit diesem Teil des Berichts hatten die Unternehmen in der Regel weniger Probleme. Da die Informationen sich teilweise aus der unternehmensinternen Berichterstattung ergeben, hatten einige Gesellschaften schlicht auf den inhaltlich teilweise deckungsgleich Bericht des Aufsichtsrats nach § 171 Abs. 2 AktG verwiesen. Auch im Anhang wird gemäß § 285 Nr. 10 HGB über die Mitglieder des Vorstands und Aufsichtsrats Auskunft gegeben, so dass einige Gesellschaft darauf Bezug nahmen.

Zur Arbeitsweise des Vorstands finden sich in der Regel knappe Zusammenfassungen der Geschäftsordnungen dieses Organs und eine Angabe der gebildeten Ressorts. Ferner hatten 5 von 30 DAX-Unternehmen Angaben zu Vorstandsausschüssen gemacht; sie gingen auch darauf ein, dass und warum keine Ausschüsse eingerichtet sind. Bemerkenswert ist, dass bei 8 von 30 DAX-Unternehmen konkrete Angaben zur Sitzungsfrequenz zu finden sind.[41] Solche Informationen geben Auskunft über die tatsächliche Arbeitsweise und erlauben es Aktionäre und Anleger, die Corporate Governance-Strukturen zu beurteilen.

Noch ausführlicher berichteten die EzU über die Arbeitsweise des Aufsichtsrats und der Ausschüsse. Bei 17 von 30 DAX-Unternehmen erfolgten substantielle Ausführungen zur Empfehlung nach Ziff. 5.4.1 DCGK[42], teilweise auch zum Stand der Umsetzung dieser Empfehlung. Bei 11 Unternehmen finden sich darüber hinaus Angaben zur vereinbarten Sitzungsfrequenz des Aufsichtsrats, bei 6 sogar zur tatsächlichen Sitzungsfrequenz des Aufsichtsrats und bei 3 Unternehmen auch zu den Ausschüssen, davon in 2 Unternehmen sogar zur Teilnahmequote.[43]

---

[41] Die beiden EzU beschränkten sich allerdings darauf, die Sitzungsfrequenz abstrakt anzugeben, wie beispielsweise „in der Regel zweimal/Monat".

[42] Nach Ziff. 5.4.1 DCGK soll der Aufsichtsrat für seine Zusammensetzung konkrete Ziele benennen, die unter Beachtung der unternehmensspezifischen Situation die internationale Tätigkeit des Unternehmens, potentielle Interessenkonflikte, eine festzulegende Altersgrenze für Aufsichtsratsmitglieder und Vielfalt (Diversity) berücksichtigen.

[43] In diesen Fällen erfolgten aber keine namentlichen Nennungen, sondern prozentuale Angaben.

5. Fazit

Die Empirie vermittelt ein disparates Bild über die Praxis der unternehmensexternen Berichterstattung über Fragen der Corporate Governance. Bei etwa 1/3 der DAX-Gesellschaften muss die Qualität der EzU als defizitär beurteilt werden. Dies ist nicht verwunderlich. Denn die unionsrechtlich vorgegebenen gesetzlichen Anforderungen an eine EzU sind vieldeutig. Der Gesetzgeber hat es versäumt, die abstrakten Anforderungen an die Berichterstattung zu konkretisieren. Und die Praxisliteratur gibt den Unternehmen wenig Hilfestellung.

Andererseits offenbart die empirische Analyse, dass ein Bericht über Corporate Governance sinnvoll sein kann. Als wenig informativ erweisen sich diejenigen Berichte, die sich auf eine Beschreibung der gesetzlichen Anforderungen beschränken. Im Fokus eines Berichts sollte die Praxis der Corporate Governance einer börsennotierten Gesellschaft sein.[44] Ferner kann es sinnvoll sein, über Themen zu berichten, die sich aus der besonderen Organisationsform einer Gesellschaft ergeben.[45]

V. Perspektiven für die weitere Rechtsentwicklung

1. Notwendigkeit der Entwicklung einer kohärenten Corporate Governance-Berichterstattung

Der vom DCGK empfohlene CG-Bericht und die gesetzlich angeordnete EzU verfolgen dieselben Zwecke. Ihre Inhalte überschneiden sich zwar nur teilweise.[46] Dies schließt es aber nicht aus, die beiden Berichte miteinander zu verschmelzen.[47] Die Praxis hat dies bereits vorweggenommen: Ein großer Teil der DAX-Gesellschaften erfüllt seine Verpflichtungen durch einen einzigen Bericht.[48] Bei einer Reform der Berichtsformate sollte auch der Standort der Berichtspflicht über Fragen der Corporate Governance hinterfragt werden.[49] Das Kapitalmarktbilanzrecht ist keineswegs der „geborene“ Ort für Publizitätspflichten über gesellschaftsrechtliche Themen.[50] Sachlich überzeugender wäre

[44] Ähnlich auch das Ergebnis der Befragung von Investoren durch *Weber/Velte*, DStR 2011, 1141, 1146, wonach die Umfrageteilnehmer der Berichterstattung über die Art und Weise des Zusammenwirkens von Vorstand und Aufsichtsrat eine große Bedeutung beigemessen haben.

[45] In einer SE ergeben sich bereits kraft Gesetzes Besonderheiten der Corporate Governance. Es ist sinnvoll, wenn eine Gesellschaft darauf eingeht und dabei auch auf die Besonderheiten der Mitbestimmung aufmerksam macht. Siehe dazu bereits oben IV.4.a).

[46] *Bachmann*, ZIP 2010, 1517, 1518; a.A. *Strieder*, BB 2009, 1002, 1003–1004.

[47] Vgl. auch *Bachmann*, ZIP 2010, 1517, 1518.

[48] Siehe oben IV.2.

[49] *Bachmann*, ZIP 2010, 1517, 1518; *Böcking/Eibelshäuser*, Der Konzern 2009, 563, 570.

[50] Die Reform erfordert ein kohärentes Vorgehen auf europäischer Regelungsebene. Denn die EzU hat ihren Rechtsgrund in der Richtlinie 2006/46/EG. Diese Richtlinie ordnet an,

es, die Berichtspflicht in das kapitalmarktrechtliche Transparenzregime einzubetten.

2. Konkretisierung des Berichtsinhalts

Die von den DAX-Gesellschaften veröffentlichten EzU unterscheiden sich inhaltlich ganz erheblich voneinander. Dies ist eine zentrale Erkenntnis der rechtstatsächlichen Analyse der im Jahr 2011 publizierten Berichte und wirft die Frage auf, ob der Berichtsinhalt konkreter gesetzlich geregelt werden sollte. Aus informationsökonomischer Sicht sprechen gewichtige Gründe dafür. Der Gesetzgeber kann mit der Standardisierung der Informationspflichten zur Reduktion von Transaktionskosten beitragen. Normen, die den Informationsinhalt, die Informationsqualität und das Veröffentlichungsmedium vereinheitlichen, vermeiden eine kostenintensivere Standardisierung über den Marktprozess, verbessern die Vergleichbarkeit der bereitgestellten Informationen und reduzieren Auswertungskosten.[51]

Eine gesetzliche Konkretisierung müsste nicht zwingend durch den europäischen Gesetzgeber erfolgen. Auch der nationale Gesetzgeber könnte dies leisten. Zwar wirft eine mitgliedstaatliche Regelung immer das Problem auf, dass die Vorschriften über die Regeln des europäischen Rechts hinausgehen könnten. Die Vorgaben der Richtlinie 2006/46/EG über eine Berichterstattung zu Corporate-Governance-Angelegenheiten zielen aber bloß auf eine Mindestharmonisierung der Regime ab. Nationale konkretisierende Bestimmungen wären daher nicht dem Vorwurf der Europarechtswidrigkeit ausgesetzt.

Eine andere Frage ist, ob sich wirklich der Gesetzgeber der Standardisierung annehmen sollte. Die konkretisierenden Regeln müssten nicht unbedingt rechtsverbindlich sein, um den Zweck einer einheitlichen Berichterstattung sicherzustellen. In Betracht kommt auch, dass die Konkretisierung einem privaten Normgeber anvertraut wird, wie beispielsweise der *Kodex-Kommission* oder einer dem *Deutschen Rechnungslegungs Standards Committee* vergleichbaren Institution.

Auf die Details einer Corporate-Governance-Berichterstattung kann hier nicht eingegangen werden. Es soll aber ein zentraler Aspekt herausgestellt werden, der für die Ausgestaltung des Berichtsinhalts essentiell ist: Die Information über Fragen der Corporate Governance richtet sich an die Aktionäre und Anleger.[52] Ihnen soll es ermöglicht werden, die Entwicklung, Leistung und

---

dass die EzU einen gesonderten Abschnitt im Lagebericht bilden muss (vgl. Art. 46a Abs. 1 Satz 2).

[51] Vgl. *Walz*, ZfbF Sonderheft 32 (1993), 85, 94 f.; zusammenfassend *Brinckmann*, in: Veil, Europäisches Kapitalmarktrecht, 2011, § 12 Rn. 14–23.

[52] Davon scheint auch der europäische Gesetzgeber auszugehen. Vgl. Erwägungsgrund 10 Richtlinie 2006/46/EG: „In dieser Erklärung sollten den Aktionären zumindest leicht zugängliche Schlüsselinformationen ... gegeben werden."

Lage der Gesellschaft zu beurteilen.[53] Vorzugswürdig ist es, von einem verständigen Anleger auszugehen. Die gesamten kapitalmarktrechtlichen Transparenzregeln legen einen verständigen Anleger als Adressat der publizierten Informationen zugrunde.[54] Anhand der Maßstabsfigur des verständigen Anlegers sollte auch der Inhalt des Corporate Governance-Berichts ausgestaltet werden.

3. Enforcement

Das europäische Recht macht den Mitgliedstaaten keine konkreten Vorgaben, wie diese die Regeln über die EzU durchsetzen sollten.[55] Auch der deutsche Gesetzgeber scheint sich mit diesem Thema nicht beschäftigt zu haben. Er hat allein festgelegt, dass der Abschlussprüfer sich nicht mit der der EzU zu beschäftigen hat.[56] Aus diesem Grund greift auch das Enforcement-Verfahren nach § 342b HGB nicht, denn es ist nach dem Willen des Gesetzgebers akzessorisch zur Abschlussprüfung ausgestaltet.[57] Dennoch sind in Ausnahmekonstellationen Sanktionen denkbar. So können Vorstände und Aufsichtsräte sich wegen falscher Angaben strafbar machen.[58] Ferner kommt in Betracht, dass Aktionäre gegen einen Entlastungsbeschluss der Hauptversammlung Anfechtungsklage erheben mit dem Argument, der Vorstand habe die EzU nicht ordnungsgemäß erstellt.[59] Schließlich ist es vorstellbar, dass Anleger gegen die Gesellschaft Schadensersatzansprüche wegen einer fehlerhaften EzU geltend machen.[60] Als Rechtsgrundlage für einen haftungsrechtlichen Anlegerschutz kommt derzeit allerdings nur das Deliktsrecht in Betracht, das für eine erfolgreiche Klage hohe Hürden aufstellt.[61] Im Ergebnis ist daher die gesetzliche Pflicht zur Aufnahme einer EzU in den Lagebericht praktisch nahezu sankti-

[53] Vgl. Erwägungsgrund 10 Richtlinie 2006/46/EG.

[54] Vgl. *Veil*, in: Veil, Europäisches Kapitalmarktrecht, 2011, § 8 Rn. 31.

[55] Die Richtlinie 2006/46/EG begnügt sich mit der Vorgabe an die Mitgliedstaaten, Sanktionen für Verstöße gegen die Vorschriften festzulegen und alle zu ihrer Anwendung erforderlichen Maßnahmen zu treffen. Die vorgesehenen Sanktionen müssen wirksam, verhältnismäßig und abschreckend sein (Art. 60a).

[56] Vgl. § 317 Abs. 2 S. 3 HGB: Die Angaben nach § 289a HGB sind nicht in die Prüfung einzubeziehen. Nach *Kozikowski/Röhm-Kottmann*, in: Beck'scher Bilanz-Kommentar (Fn. 32), § 289a Rn. 30 soll der Abschlussprüfer aber prüfen, ob die EzU erstellt und veröffentlicht wurde.

[57] BT-Drucks. 15/3421, S. 13 f.; *Velte/Weber*, StuB 2011, 256, 260.

[58] Vgl. §§ 331 Nr. 1 und 334 Abs. 1 Nr. 3 HGB; zur Anwendbarkeit dieser Normen vgl. *Bachmann*, ZIP 2010, 1517, 1521, 1526.

[59] Vgl. *Bachmann*, ZIP 2010, 1517, 1523–1525.

[60] Vgl. *Bachmann*, ZIP 2010, 1517, 1526.

[61] Nach § 826 BGB müsste ein Anleger allerdings eine vorsätzliche sittenwidrige Schädigung nachweisen. Dies erscheint bezüglich einer EzU kaum vorstellbar. Zweifelhaft wäre vor allem, wie ein Anleger beweisen soll, dass der Markt die Aktien der Gesellschaft wegen der fehlerhaften Information unzutreffend bewertet hat (Differenzschaden) bzw. dass er die Aktien nicht erworben hätte, wenn die EzU fehlerfrei erstellt worden wäre (Naturalrestitution).

onslos. Dies dürfte auch ein Grund dafür sein, dass sich die Anfang 2011 veröffentlichten EzU der DAX-Gesellschaften ganz beträchtlich voneinander unterscheiden.

Die gegenwärtige Rechtslage überzeugt nicht und sollte daher reformiert werden. Eine wirksame Sanktion muss nicht notwendig in der Möglichkeit für Aktionäre bestehen, Hauptversammlungsbeschlüsse anzufechten. Vorzugswürdig ist es, sich an ähnliche Berichtsformate anzulehnen und die für diese gefundenen Lösungen nutzbar zu machen. So könnte man sich an dem im Kapitalmarktbilanzrecht bereits beschrittenen Weg orientieren und, parallel zur Deutsche Prüfstelle für Rechnungslegung,[62] eine Deutsche Prüfstelle für Corporate Governance-Berichterstattung etablieren.[63] Eine staatliche Aufsicht, wie beispielsweise durch die BaFin, wäre allerdings nicht zwingend geboten und erscheint auch nicht angemessen. Denn Informationen über die Corporate Governance einer börsennotierten Gesellschaft haben nicht die gleiche Bedeutung wie Finanzinformationen.

Wie das Enforcement-Verfahren konzeptionell ausgestaltet sein sollte, kann hier nur skizziert werden. Wichtig wäre schon aus verfassungsrechtlichen Gründen, dass die Prüfstelle eine gesetzliche Legitimationsbasis erhielte. Ferner sollte vorgesehen werden, dass die Prüfstelle stichprobenartig und auf Anzeigen hin tätig würde. Eine flächendeckende Kontrolle aller Corporate Governance-Statements wäre praktisch nicht möglich und auch in der Sache nicht geboten. Schließlich müsste gewährleistet werden, dass festgestellte Fehler, sofern sie wesentlich sind, öffentlich bekanntgemacht werden. Weitergehende Sanktionen dürften nicht erforderlich sein. Die von der Deutsche Prüfstelle für Rechnungslegung gemachten Erfahrungen zeigen, dass ein Naming and Shaming eine beachtliche disziplinierende Kraft entfalten kann.

4. Fazit

Der europäische Gesetzgeber hat sich 2008 aus guten Gründen des Themas der Corporate Governance-Berichterstattung angenommen. Informationen über die „gelebte" Unternehmensleitung und -kontrolle können für Aktionäre und Anleger wertvoll sein, um die Entwicklung und Lage der Gesellschaft zu beur-

---

[62] Ziel des in § 342b HGB normierten Enforcement-Verfahrens soll es sein, präventiv Unregelmäßigkeiten in der Rechnungslegung zu vermeiden und reaktiv entstandene Unregelmäßigkeiten aufzudecken und die Kapitalmärkte zu informieren, um das Vertrauen der Anleger zu stärken. Das Verfahren baut auf den Mechanismus der Selbstkontrolle: Die Deutsche Prüfstelle für Rechnungslegung (DPR) ist eine privatrechtlich organisierte Einrichtung in Form eines eingetragenen Vereins, dem mittels Vertrages mit dem BMJ die entsprechenden Prüfungsaufgaben übertragen wurden. Erst auf einer zweiten Stufe greift die staatliche Bundesanstalt für Finanzdienstleistung (BaFin) in das Prüfverfahren ein. Eine solche staatliche Kontrolle wäre für die Corporate Governance-Berichterstattung nicht notwendig.

[63] A. A. insofern *Velte/Weber*, StuB 2011, 256, 260f., die für eine Ausweitung und Neuausrichtung des derzeitigen Enforcement-Verfahrens plädieren.

teilen. Die aufgrund unionsrechtlicher Vorgaben eingeführten Berichtspflichten sind aber noch nicht der Weisheit letzter Schluss. Bei einer Reform sollte zum einen sichergestellt werden, dass eine kohärente Berichterstattung erfolgt. Dazu empfiehlt es sich, den vom DCGK empfohlenen Corporate Governance-Bericht und die von §289a HGB verlangte Erklärung zur Unternehmensführung zu einem einzigen Bericht weiterzuentwickeln. Die Pflicht zur Information der Anleger über Fragen der Corporate Governance sollte in das System der gesellschafts- und kapitalmarktrechtlichen Publizitätspflichten eingebettet werden. Zum anderen sollte eine wirksame Kontrolle der Berichterstattung erfolgen. Eine staatliche Aufsicht erscheint nicht notwendig. Stattdessen könnte eine privatrechtlich organisierte Überprüfung erfolgen. Eine Prüfstelle würde die Berichte stichprobenartig kontrollieren und wesentliche Fehler nach Anhörung der betroffenen Gesellschaft öffentlich bekanntmachen.

B. Konzernfinanzierung

Die insolvenzrechtlichen Gefahren für Konzernfinanzierungsmodelle – die vergessene Flanke des MoMiG*

*Prof. Dr. Christoph Thole***

Inhaltsübersicht

I. Einführung

Die Konzernfinanzierung hat die Gesellschaftsrechtswissenschaft in den vergangenen Jahren und insbesondere im Zuge der MoMiG-Reform intensiv bewegt. Namentlich das Problem der konzerninternen Darlehensvergabe und der

---

* Die Vortragsform wurde weitgehend beibehalten. Eine Parallelfassung ist mit freundlicher Genehmigung in ZInsO 2011, 1425 erschienen.

** Dipl.-Kfm., Tübingen.

Sicherheitenbestellung und damit verbunden speziell auch das Cash-Pooling sind beleuchtet worden, und zwar sowohl für downstream- als auch für upstream-Situationen. Das besondere Augenmerk dieses Beitrags soll allerdings weniger auf den bekannten Fragen des Kapitalschutzes liegen. Es gilt die relevanten Sachfragen vielmehr auch von einer insolvenzrechtlichen Seite zu beleuchten. Das rechtfertigt sich m.E. schon dadurch, dass bei sämtlichen relevanten Urteilen der jüngeren Zeit – Cash Pool I[1] und II[2], MPS[3], Qivive[4] – die Prozesse von Insolvenzverwaltern angestrengt worden waren, die die Verwaltung der Gesellschaft übernommen hatten. Das aber zeigt, dass nicht allein ein Blick auf die hergebrachten Schutzkonzepte des Gesellschaftsrechts wie etwa die Kapitalaufbringung und -erhaltungsvorgaben, sondern auch ein genauer Blick auf die Institute des Insolvenzrechts erforderlich ist, wobei besonders auf die Insolvenzanfechtung Acht zu geben ist. Das ist auch deshalb erforderlich, weil sich die wissenschaftliche Auseinandersetzung mit der Konzernfinanzierung bisher fast ausschließlich auf den Kapitalschutz konzentriert hat,[5] anstatt auch die funktionalen Äquivalente des Insolvenzrechts einschließlich der allgemeinen Anfechtungstatbestände in den Blick zu nehmen.

II. Das Schutzprogramm der Kapitalaufbringung und – erhaltung

Gleichwohl muss die Betrachtung der MoMiG-Reformen zumindest mit einem kurzen Blick auf die Kapitalerhaltung beginnen. Hier ist mit der Aussage in § 30 Abs. 1 S. 2 GmbHG und § 57 Abs. 1 S. 3 AktG zu beginnen. Diese Vorgaben haben es sich bekanntlich zum Ziel gemacht, ein ökonomisch sinnvolles Cash-Pooling zu ermöglichen. Es wurde die Rückkehr zur bilanziellen Betrachtungsweise angestrebt,[6] weil danach die durch einen vollwertigen Gegenleistungs- oder Rückgewähranspruch gedeckten Leistungen der Gesellschaft nicht zu einem Verstoß gegen die Kapitalerhaltung führen.

Die Rückkehr zur bilanziellen Betrachtungsweise und die angestrebte Klärung der offenen Fragen zum Cash Pooling und zu upstream-Darlehen sind

---

[1] BGH v. 16. 1. 2006 – II ZR 76/04, BGHZ 166, 8, NJW 2006, 1736.
[2] BGH v. 20. 7. 2009 – II ZR 273/07, BGHZ 182, 103, NJW 2009, 3091.
[3] BGH v. 1. 12. 2008 – II ZR 102/07, BGHZ 179, 71, NJW 2009, 850.
[4] BGH v. 16. 2. 2009 – II ZR 120/07, BGHZ 180, 38, NJW 2009, 2375.
[5] Jeweils beschränkt auf das Gesellschaftsrecht und § 135 InsO *Altmeppen*, ZIP 2006, 1025; *Altmeppen*, NZG 2010, 361 und 401; *Bayer*, in: FS Lutter, 2000, S. 1011; *Habersack*, in: FS Schaumburg, 2009, S. 1291; *Krieger*, in: Schneider/Assmann, Handbuch der Konzernfinanzierung, 1998, § 4, S. 80ff.; *Maier-Reimer*, Gesellschaftsrecht in der Diskussion, 2005, VGR 2006, S. 127ff.; *Mülbert/Leuschner*, NZG 2009, 281; *Saenger*, in: FS Westermann, 2008, S. 1381; *Schäfer*, BB 2006, 5; *Spindler*, ZHR 171 (2007), 245; *Vetter*, Gesellschaftsrecht in der Diskussion, 2002, VGR 2003, S. 69; *Wessels*, ZIP 2006, 1702; *Wilhelmi*, WM 2009, 1917.
[6] Begr. RegE MoMiG, BT-Drs. 16/6140, S. 41.

freilich nur zu einem Teil konsequent umgesetzt; es herrschen hier einige Missverständnisse vor. Erstens lässt sich die schon vor der *November*-Entscheidung[7] anerkannte Ausnahme, nach der ab dem Eintritt in die Unterbilanz die Dispositionsfreiheit der Gesellschaft stärker eingeschränkt ist, weiter aufrechterhalten. Schon bisher war anerkannt, die bilanzielle Betrachtungsweise und die Anknüpfung an den Jahresabschluss seien nur zugunsten der Gesellschaft bei der Ermittlung der entstehenden oder bestehenden Unterbilanz anzuwenden, nicht dagegen zugunsten des Gesellschafters, der deshalb bei bestehender Unterbilanz keinen Gegenstand zu Buchwerten erwerben dürfe, ohne die stillen Reserven zu vergüten.[8] Was *Stimpel* prononciert als „Befreiung vom handelsbilanziellen Denken" angesprochen hat, nämlich, dass es ab Unterbilanz nicht nur den bilanziellen Gesamtwert des Vermögens zu bewahren gilt, sondern vielmehr jedes Geschäft zu verhindern ist, dem keine angemessene, gleichwertige Gegenleistung gegenüber steht,[9] gilt auch nach dem MoMiG fort. Das ist mittlerweile anerkannt und wird von der Gesetzesbegründung gestützt;[10] teilweise wird dies auch aus dem Deckungsgebot des § 30 Abs. 1 S. 2 GmbHG abgeleitet.[11]

Diese Ausnahme lässt sich freilich nur halten, wenn man bei der Vollwertigkeitsprüfung nicht danach fragt, wie sich die Gegenleistung bilanziell niederschlägt, denn sonst wäre der Verkauf zu Buchwerten ein bilanzneutraler Aktivtausch. Im Grunde muss man nicht erst das Deckungsgebot bemühen, sondern kann die Unbedenklichkeit der Leistung schon aus dem Begriff der verbotenen Auszahlung in § 30 Abs. 1 S. 1 GmbHG ableiten.[12]

Aus der Unbeachtlichkeit des bilanziellen Niederschlags folgt im Übrigen für das GmbH-Recht, dass der häufig gelehrte Satz, eine Auszahlung an den Gesellschafter sei verboten, wenn dadurch eine Unterbilanz *hergestellt* oder *vertieft* wird,[13] so schon immer nicht richtig ist und war, denn bei Verkauf zu Buchwerten oder der Weggabe werthaltiger, von vornherein nicht aktivierter Werte wird die ihrerseits handelsbilanziell ermittelte Unterbilanz ja gerade nicht vertieft.

---

[7] BGH v. 24. 11. 2003 – II ZR 171/01, BGHZ 157, 72, NJW 2004, 1111.

[8] *Altmeppen*, in: Roth/Altmeppen, GmbHG, 6. Aufl. 2009, § 30 Rn. 12, 77; *Hueck/Fastrich*, in: Baumbach/Hueck, GmbHG, 19. Aufl. 2010, § 30 Rn. 20; *Heidinger*, in: Michalski, GmbHG, 2. Aufl. 2010, § 30 Rn. 51 ff.; *Hommelhoff*, in: Lutter/Hommelhoff, GmbHG, 17. Aufl. 2009, § 30 Rn. 12.

[9] *Stimpel*, in: FS 100 Jahre GmbHG, 1992, S. 337, 338 ff.

[10] *Altmeppen*, ZIP 2009, 49, 50; *Habersack*, in: FS Schaumburg, 2009, S. 1291, 1301; *Vetter*, in: Goette/Habersack, Das MoMiG in Wissenschaft und Praxis, 2009, Rn. 4.63, 4.66; *Spliedt*, ZIP 2009, 149, 150; a. A. *Drygala/Kremer*, ZIP 2007, 1289, 1293.

[11] *Winter*, DStR 2007, 1484, 1487.

[12] Vgl. *Vetter*, in: Goette/Habersack, Das MoMiG in Wissenschaft und Praxis (Fn. 10), Rn. 4.63, 4.66.

[13] *Hommelhoff*, in: Lutter/Hommelhoff, GmbHG (Fn. 8), § 30 Rn. 13, 26, 28; *Heidinger*, in: Michalski, GmbHG (Fn. 8), § 30 Rn. 27; *H. P. Westermann*, in: Scholz, GmbHG, 10. Aufl. 2010, § 30 Rn. 13 a. E., 20.

Die Rückkehr zur bilanziellen Betrachtungsweise erfolgt also gar nicht in Reinform,[14] sondern beschränkt sich darauf, dass die Gegenleistung überhaupt anzusetzen ist; darüber hinaus legt sie nur den Maßstab für die Bewertung der Gegenleistung oder des Rückgewähranspruchs fest. Die Vollwertigkeitsprüfung nach § 30 Abs. 1 S. 2 GmbHG, § 57 Abs. 1 S. 3 AktG ist demnach nach bilanziellen Grundsätzen vorzunehmen; die Einbringlichkeit der Rückforderung darf nicht zweifelhaft sein. Maßgeblich sind insoweit die allgemeinen Bilanzierungsgrundsätze und damit die Frage, ob die Gegenforderung noch zum Nennwert angesetzt werden darf. Mit Blick auf das Cash-Pooling und die dort geleisteten Darlehen wird man sagen können, dass weder die Teilnahme am Cash-Management als solches noch die Gefahren des Dominoeffekts und der Doppelgefährdung bei Weiterleitung des Darlehens durch den Betreiber oder das Klumpenrisiko und ebensowenig wie eine fehlende Verzinsung die Vollwertigkeit des Darlehensrückzahlungsanspruchs notwendigerweise ausschließen.[15] Upstream-Darlehen und Cash-Pool-Teilnahme führen daher nur im Einzelfall zum Verstoß nach § 30 Abs. 1 S. 1 GmbHG; insoweit gelten die allgemeinen Maßgaben.

Zweitens, die bilanzielle Betrachtung in diesem Sinne ist möglicherweise im faktischen Konzern der AG nicht aufrechtzuerhalten. Der BGH scheint zwar im MPS-Urteil davon auszugehen, dass die §§ 311, 317 AktG Vorrang vor § 57 AktG genießen, dass aber zugleich die Beurteilung der Leistungen gleichen Maßstäben unterliegt und dass bei dem Nachteilsausgleich nach § 311 Abs. 2 AktG womöglich eine bilanzielle Betrachtung gilt.[16] Gesichert ist insoweit, dass sowohl im faktischen AG-Konzern als auch bei der GmbH upstream-Darlehen und Cash-Pooling dann unbedenklich sind, wenn der Rückzahlungsanspruch in seiner Durchsetzbarkeit keinen Zweifeln unterliegt. Im Schrifttum sind allerdings die möglicherweise missverständlichen Ausführungen des BGH mit Recht bereits auf Widerstand gestoßen, weil der von § 311 AktG bezweckte Außenseiterschutz und der Schutz der Gläubiger der abhängigen Gesellschaft nicht von dem bilanziellen Niederschlag abhängig sein könnten. Ein Nachteil sei auch bei Vollwertigkeit im bilanzrechtlichen Sinne etwa wegen Auswirkungen auf die Liquiditätslage nicht ausgeschlossen; § 311 AktG verlange uneingeschränkte Bonität der Muttergesellschaft.[17] Die Aktivierbarkeit des Rückzahlungsanspruchs ist damit wohl eine notwendige, aber keine hinreichende Bedingung, um einen Nachteilsausgleichsanspruch nach § 311 Abs. 2 AktG auszuschließen. Man kann dann nur auf zweiter Stufe, wenn man § 57 AktG an-

---

[14] Richtig *Altmeppen*, ZIP 2009, 49, 50; *Habersack*, in: FS Schaumburg, 2009, S. 1291, 1301.

[15] Vgl. *Spliedt*, ZIP 2009, 149, 150f.

[16] BGH v. 1.12. 2008 – II ZR 102/07, BGHZ 179, 71, NJW 2009, 850, 852 Tz. 13; a. A. *Altmeppen*, NZG 2010, 401, 402; *Kropff*, NJW 2009, 814, 815.

[17] *Altmeppen*, NZG 2010, 401, 402; *Kropff*, NJW 2009, 814, 815.

wendbar lässt, prüfen, ob der Ausgleichsanspruch nach § 311 Abs. 2 AktG seinerseits ein Gegenleistungsanspruch im Sinne des § 57 AktG ist, der möglicherweise nach Maßgabe der bilanziellen Betrachtung nicht vollwertig ist. Dann scheidet zwar nicht § 311 Abs. 2 AktG, wohl aber der Verstoß gegen § 57 AktG und § 30 GmbHG aus. Nach allem ist die Rückkehr zur bilanziellen Betrachtungsweise keineswegs so eindeutig und umfassend, wie man dies nach den Reformdiskussionen glauben sollte.[18]

Unproblematisch erscheint insoweit auf den ersten Blick nur der Vertragskonzern. Hier sollen die Vorschriften der § 30 GmbHG, § 57 AktG generell suspendiert sein, und durch den Verlustausgleichsanspruch des § 291 Abs. 3 AktG kompensiert sein. Das ist rechtspolitisch zwar fragwürdig, weil – so der Einwand im Schrifttum – der Verlustausgleichsanspruch nicht den Kapitalschutz bei nicht vertragsgemäßen Leistungen aus den Angeln heben könne.[19] Die jetzt hM meint aber, auf die Rechtmäßigkeit der Weisung komme es nicht mehr an.[20] Es wird de lege lata allerdings vertreten, dass die Privilegierung nur greife, solange der Verlustausgleichsanspruch vollwertig sei.[21] Folgt man dem, so erweist sich die Durchsetzbarkeit des Verlustausgleichs und damit die Bonität der Muttergesellschaft auch beim Vertragskonzern als beachtlich. Die Schwierigkeiten der Prüfung der Vollwertigkeit bleiben daher auch in diesem Fall virulent.

III. Das insolvenzrechtliche Schutzprogramm, insbesondere die Insolvenzanfechtung

Was allerdings bisher unberücksichtigt geblieben ist und auch in der Literatur weitgehend ignoriert wird, ist die Frage, ob nicht dem Cash-Pooling und der Konzernfinanzierung aus dem Insolvenzrecht eine viel größere Gefahr droht. Die im *November*-Urteil angelegte gegenständliche Betrachtungsweise ist dem Insolvenzrecht und namentlich der Insolvenzanfechtung schon immer eigen gewesen. Es sind zunächst zwei Vorbemerkungen angebracht.

1. Keine Übertragbarkeit der Wertungen des Kapitalschutzes

Die eben vorgestellten Änderungen des Kapitalschutzes drängen erstens zu der Frage, ob die Wertung des Gesetzgebers, die in § 30 Abs. 1 S. 2 GmbHG und

---

18 Richtig *Habersack*, in: FS Schaumburg, 2009, S. 1291, 1301.

19 *Altmeppen*, NZG 2010, 361, 363.

20 *Habersack*, in: FS Schaumburg, 2009, S. 1291, 1297 ff. (aber kritisch); *Pentz*, in: FS K. Schmidt, 2009, S. 1265, 1268; *Winkler/Becker*, ZIP 2009, 2361, 2365 f.; ähnl. *Hommelhoff*, in: Lutter/Hommelhoff, GmbHG (Fn. 8), § 30 Rn. 48; *Hueck/Fastrich*, in: Baumbach/Hueck, GmbHG (Fn. 8), § 30 Rn. 44; *Bormann/Urlichs*, GmbHR 2008, Sonderheft MoMiG, 37, 47.

21 *Altmeppen*, NZG 2010, 361, 363.

§ 57 Abs. 1 S. 3 AktG Eingang gefunden hat, auch auf die Insolvenzanfechtung in dem Sinne zu übertragen ist, dass eine Leistung mit gleichwertiger Gegenleistung generell ausgenommen und im Vertragskonzern die Anfechtung suspendiert wäre. Dem ist indessen richtigerweise nicht so. Der BGH hat schon 1998 ausgesprochen, dass eine upstream-Besicherung zwar kapitalerhaltungsrechtlich einwandfrei sein, aber der Insolvenzanfechtung unterliegen könne.[22] Die Insolvenzanfechtung greift erst, wenn die Gesellschaft in Insolvenz gefallen ist und damit der worst case schon eingetreten ist; ihr Blick ist retrospektiv. Die Insolvenzanfechtung ist das Masseanreicherungsinstrument par excellence, das gerade auch auf den Schutz vor Liquiditätsabzug gerichtet ist. Sie hat in einzelnen Tatbeständen die mittelbare Gläubigerbenachteiligung zur Voraussetzung, die schon definitionsgemäß auch dann zum Tragen kommen kann, wenn sich die gegenseitigen Leistungen zunächst ausgeglichen gegenüberstehen, also keine unmittelbare Benachteiligung gegeben ist. Die mittelbare Benachteiligung beurteilt sich aber nach dem Zeitpunkt der letzten mündlichen Verhandlung des Anfechtungsprozesses,[23] so dass sie im Regelfall schon darin liegen kann, dass die Liquidität abgeflossen ist. Damit ist zugleich gesagt, dass auch im Vertragskonzern das Bestehen des Verlustausgleichanspruchs nicht schon als solches eine Benachteiligung der Gläubiger der abhängigen Gesellschaft ausschließt; eine bilanzielle Betrachtungsweise ist der Insolvenzanfechtung fremd. Daher ist auch, was bisher kaum erörtert wird, die in § 30 Abs. 1 S. 2 GmbHG getroffene Wertung nicht unmittelbar auf die Insolvenzanfechtung übertragbar.

Auch im Übrigen überlagert das Konzernrecht nicht die Insolvenzanfechtung; freilich wäre dies womöglich ein Thema für die bald anstehenden Reformen zu einem Konzerninsolvenzrecht. Bis dahin bleibt es im Rahmen der Anfechtung bei einer Einzelbetrachtung der jeweiligen Gesellschaften; eine Zurechnung von Rechtshandlungen kraft Konzernierung gibt es (noch) nicht.[24] Sie liefe in der Sache auch auf eine fragwürdige substantive consolidation hinaus.[25]

---

[22] Im Erg. BGH v. 19. 3. 1998 – IX ZR 22/97, NJW 1998, 2592, 2594.

[23] Statt aller BGH v. 10. 12. 1962 – VIII ZR 192/61, WM 1963, 269; BGH v. 24. 9. 1996 - IX ZR 190/95, NJW 1996, 3341, 3342, st. Rspr.; *Hirte*, in: Uhlenbruck, InsO, 13. Aufl. 2010, § 129 Rn. 128.

[24] Ansätze aber bei *Wenner/Schuster*, ZIP 2008, 1512, 1516.

[25] Dazu im US-Recht *Baird*, in: S. Worthington, Commercial Law and Commercial Practice, 2003, S. 565, 574 f.; Leading cases sind: In re Augie/Restivo Baking Co., 860 F.2d 515, 518 (2d Cir. 1988); In re Bonham, 229 F.3d 750, 764 (9th Cir. 2000); In re WorldCom, Inc., 2003 Bankr. LEXIS 1401, 102 ff. (Bankr. D. N. Y. 2003).

2. Unterscheidung nach den verschiedenen Rechtshandlungen

Zweitens ist im Rahmen der Insolvenzanfechtung, ähnlich wie bei der Kapitalerhaltung sauber zwischen den möglicherweise anfechtbaren Rechtshandlungen zu unterscheiden. Beim echten Cash-Pooling ist demgemäß zu unterscheiden zwischen der Darlehensvergabe an den Betreiber des Zentralkontos, d. h. idR die Muttergesellschaft, und der Rückzahlung des Darlehens, sowie der downstream-Darlehensvergabe durch den Betreiber und der Tilgung des Darlehens.

Außerdem sind Besicherungen gesondert zu prüfen. Im Cash-Pool werden insbesondere Sicherheiten für die Absicherung des Kontokorrentsaldos der konzernfinanzierenden Bank praktisch aktuell. Das ist rechtlich gesehen eine Besicherung des Kredits der Betreibergesellschaft, also eine upstream-Besicherung, auch wenn es im Kern um die Besicherung von Krediten an die anderen Poolteilnehmer geht. Bei handelsbilanzieller Betrachtung ist die Besicherung unbedenklich, solange ein vollwertiger Rückgriffsanspruch gegen den Gesellschafter besteht, weil dann die Besicherung nicht zu passivieren ist.[26] Das gilt auch für den Fall der Unterbilanz, wenn man nicht weiterhin der Ausnahme von der handelsbilanziellen Betrachtung für diesen Fall folgen will. Im Ergebnis bleibt hier aber neben der Kapitalerhaltung gleichwohl noch Raum für eine mögliche Insolvenzanfechtung; darauf ist sogleich zurückzukommen.

IV. Die Insolvenzanfechtung in upstream-Situationen

Will man jetzt die Konzernfinanzierung an der Insolvenzanfechtung messen, so sind anhand der verschiedenen Konstellationen folgende Grundsätze zu entwickeln.

1. Die upstream-Darlehensvergabe

Die Darlehensvergabe an die Mutter, auch im Rahmen eines Cash-Pools, kann theoretisch einem Anfechtungsrisiko nach § 134 InsO ausgesetzt sein, wenn es sich um eine unentgeltliche Leistung handelt; die Frage ist nur teilweise geklärt. Man kann sich nicht mit der Feststellung begnügen, das Darlehen sei keine Schenkung im eigentlichen Sinne. § 134 InsO geht über Schenkungen i.S.d. § 516 BGB hinaus.[27] Hier ist zum Ausschluss der Unentgeltlichkeit zunächst nach dem objektiven Wert einer Gegenleistung zu fragen, die von der Mutter

---

[26] BGH v. 18.6. 2007 – II ZR 86/06, BGHZ 173, 1, 11, ZIP 2007, 1705; *Thole*, Gläubigerschutz durch Insolvenzrecht, 2010, S. 563 m. w. N.

[27] Ausführlich *Thole*, KTS 2011, 219ff.

nicht notwendigerweise in das Vermögen des Darlehensgebers ausgereicht werden muss.[28]

Lässt man solche Gegenleistungen an Dritte zunächst außen vor, so muss man wohl auch bei § 134 InsO unterscheiden: Ein verzinstes Darlehen ist grundsätzlich entgeltlich. Bei einem unverzinslichen Darlehen ist es schwieriger. Fehlt es an einer Verzinsung, kann man in dem Rückgewähranspruch noch den Zufluss eines Gegenwertes erkennen. Dann kann allerdings das Geschäft gleichwohl noch eine teilweise unentgeltliche Leistung sein, wenn dieser Gegenwert nicht an den Wert der Auszahlung heranreicht und das Geschäft als freigebiges bezweckt ist.[29] Das bloße eigene wirtschaftliche Interesse an der Darlehensvergabe durch die Tochter ist nach allgemeiner Auffassung mit Recht nicht ausreichend, um die Leistung zu einer entgeltlichen zu machen. Frühere, teils missverständlich formulierte Rechtsprechung ist durch die neuere Rechtsprechung des BGH überholt.[30] Insbesondere reicht ein Konzerninteresse nicht schon generell aus, um die Entgeltlichkeit zu begründen. Es muss allerdings für eine teilweise unentgeltliche Leistung das Geschäft nach der Parteiauffassung als freigebiges gewollt sein; was sich wohl nur darlegen lässt, wenn beispielsweise schon absehbar war, dass der Rückforderungsanspruch nicht durchgesetzt werden sollte.

Man kann freilich bei einem unverzinslichen Darlehen in der Zinsfreiheit eine unentgeltliche Zuwendung gerade des Zinsvorteils sehen, und zwar unabhängig davon, ob ein Dritter in der konkreten Situation Zinsen verlangt hätte.[31] Dann wäre diese Leistung insoweit anfechtbar, wenn es später zur Insolvenz der Tochter kommt.

Mag § 134 InsO hinsichtlich der Darlehensvaluta ausscheiden, bleibt eine Anfechtung nach § 133 Abs. 2 InsO denkbar. Danach sind innerhalb von zwei Jahren vor dem Eröffnungsantrag geschlossene entgeltliche Verträge zwischen dem Schuldner und einer nahestehenden Person anfechtbar, soweit die Insolvenzgläubiger des Schuldners durch den Vertrag unmittelbar benachteiligt werden. Die Anfechtung ist ausgeschlossen, wenn der Anfechtungsgegner darlegt,

---

[28] BGH v. 3. 3. 2005 – IX ZR 441/00, BGHZ 162, 276, 282, NJW 2005, 1867; BGH v. 30. 3. 2006 – IX ZR 84/05, NJW-RR 2006, 1136, NZI 2007, 403, 404, Rn. 16; zust. im Erg. *Bork*, in: Bork, Handbuch des Insolvenzanfechtungsrechts, 2006, Kap. 6 Rn. 63; anders noch BGH v. 15. 4. 1964 – VIII ZR 232/62, BGHZ 41, 298, 300, NJW 1964, 1960.

[29] BGH v. 29. 11. 1990 – IX ZR 29/90, BGHZ 113, 98, 102, NJW 1991, 560; BGH v. 28. 2. 1991 – IX ZR 74/90, BGHZ 113, 393, 397, NJW 1991, 1610; BGH v. 3. 3. 2005 – IX ZR 441/00, BGHZ 162, 276, 281, NJW 2005, 1867; BGH v. 24. 6. 1993 – IX ZR 96/92, ZIP 1993, 1170, 1173 (Hauptzweck des Geschäfts Freigebigkeit); BGH v. 21. 1. 1999 – IX ZR 429/97, NJW 1999, 1033; *Kreft*, in: HK, InsO, 5. Aufl. 2008, § 134 Rn. 9; *Hirte*, in: Uhlenbruck, InsO (Fn. 23), § 134 Rn. 39.

[30] BGH v. 1. 6. 2006 – IX ZR 159/04, ZIP 2006, 1362, 1363; anders noch BGH v. 19. 3. 1998 – IX ZR 22/97, NJW 1998, 2592, 2599 (insoweit nicht in BGHZ 138, 291). Dazu ausf. *Thole* (Fn. 26), S. 473 ff.

[31] *Hirte*, ZInsO 2004, 1161, 1162 f.

dass ihm bei Vertragsschluss ein Gläubigerbenachteiligungsvorsatz des Schuldners nicht bekannt war. Es wird damit sowohl dieser Vorsatz als auch die Kenntnis des Anfechtungsgegners vermutet.[32] Die Voraussetzungen dieser Anfechtungsregel sind recht eng gezogen. Eine unmittelbare Benachteiligung liegt nur vor, wenn der Rückgewähranspruch der Tochter gegen die Mutter schon bei Vertragsschluss nicht werthaltig ist oder infolge des Vertragsschlusses schon in diesem Zeitpunkt weitere Nachteile für das Vermögen des Schuldners eintreten. Insofern gelten hier vergleichbare Maßstäbe wie bei § 30 Abs. 1 S. 2 InsO, wenngleich ohne zwingende Rücksicht auf eine handelsbilanzielle Betrachtung.

2. Upstream-Besicherungen

Ein weiteres schwieriges Umfeld sind die upstream-Besicherungen. Hier ist insbesondere § 134 InsO von Interesse. Der IX. Zivilsenat hat in seiner sog. Cash-Pool-Entscheidung von 2006, die nicht zu verwechseln ist mit den Cash-Pool I und II-Entscheidungen des II. Senats, festgestellt, dass solche Besicherungen von Verbindlichkeiten der Mutter nach § 134 InsO ggf. anfechtbar sein können; ein eigenes wirtschaftliches Interesse reiche als solches nicht aus, um die Entgeltlichkeit zu begründen.[33] Aber auch insoweit liegt wie immer im Anfechtungsrecht der Teufel im Detail:

Zunächst ist die Besicherung eines eigenen Kredits der Tochtergesellschaft ebenso wenig wie die Zahlung auf eigene Schuld eine unentgeltliche Leistung, auch dann nicht, wenn die Besicherung erst nach Begründung der Schuld erfolgt.[34]

Anders ist es aber bei Tilgung und Besicherung fremder Schulden. Besichert die Tochter die Darlehens- bzw. Kontokorrentverpflichtung der Mutter gegenüber der Bank, kann darin zunächst eine unentgeltliche Leistung an die Bank liegen. Allerdings kommt es nicht darauf an, ob eine oder eben keine Gegenleistung der Bank an die Tochter selbst ausgereicht wird. Die Gegenleistung kann richtigerweise auch darin liegen, dass das Darlehen an die Mutter ausgezahlt wird; das bloße Stehenlassen durch die Bank genügt nach der Rechtsprechung des BGH aber nicht.[35] Ebensowenig genügt das bloß wirtschaftliche Interesse der Tochter an der Darlehensvergabe an die Mutter oder sonstige Konzerngesellschaften; auch nicht bei dahingehender Verpflichtung der leistenden Gesellschaft.[36] Demnach ist stets entscheidend, ob die Bank ein Vermögensopfer er-

---

[32] *Thole* (Fn. 26), S. 523; a. A. *Hirte*, in: Uhlenbruck, InsO (Fn. 23), § 133 Rn. 31.

[33] BGH v. 1. 6. 2006 – IX ZR 159/04, ZIP 2006, 1362, 1363.

[34] BGH v. 15. 3. 1972 – VIII ZR 159/70, BGHZ 58, 240, 243, WM 1972, 471, 472; BGH v. 12. 7. 1990 – IX ZR 245/89, BGHZ 112, 136, 138 f., NJW 1990, 2626; BGH v. 22. 7. 2004 – IX ZR 183/03, NZI 2004, 623, 626.

[35] BGH v. 1. 6. 2006 – IX ZR 159/04, NJW-RR 2006, 1281; dazu unten V.

[36] BGH v. 30. 3. 2006 – IX ZR 84/05, ZIP 2006, 957.

bringt, das nicht notwendigerweise in das Vermögen des Leistenden zurückfließen muss.

Geht es darum, dass eine Konzerngesellschaft eine Schuld der Mutter gegenüber der Bank ausgleicht, muss indes besonders die Rechtsprechung des IX. Zivilsenats des BGH zur Tilgung fremder Schuld zu beachtet werden: Tilgt danach eine Konzerngesellschaft eine Schuld der Mutter oder einer Schwestergesellschaft gegenüber dem Gläubiger, so handelt es sich in der Regel um eine entgeltliche Leistung an den Gläubiger, weil der Gläubiger damit seinen Zahlungsanspruch einbüßt. Anders ist es aber, wenn der Zahlungsanspruch schon nicht mehr werthaltig war, weil die Forderungsschuldnerin bereits insolvenzreif war.[37] Dann gibt der Gläubiger mit Verlust des Zahlungsanspruchs ja wirtschaftlich gesehen nichts auf. Daher greift hier die Schenkungsanfechtung ein. Entsprechendes gilt, wenn die Bank von der Mutter nach bereits erfolgter Darlehensvergabe eine Sicherheit verlangen kann und dieser Nachbesicherungsanspruch durch die Tochter befriedigt wird. War der Besicherungsanspruch nicht mehr werthaltig, so ist die Bestellung der Sicherheit für den Gläubiger diesem gegenüber eine unentgeltliche Leistung.

Zumindest rechtlich interessant ist zugleich die Frage, ob der Insolvenzverwalter der Tochter die Gestellung der Sicherheit auch gegenüber der Mutter bzw. dem Insolvenzverwalter der Mutter, also dem Hauptschuldner anfechten kann, was wirtschaftlich allerdings nur dann Sinn macht, wenn die Mutter nicht insolvent ist. Hier ist nicht entscheidend, dass der Sicherungsvertrag ggf. mit der Bank zustandekommt. Das schließt nicht aus, dass auch eine Leistung an den Darlehensnehmer vorliegt, der ja nur wegen der Sicherheit weiteren Kredit erhält. Ein sicherer Ausschluss ergäbe sich hier nur, wenn die Tochter für die Gestellung der Sicherheit eine angemessene Avalprovision erhielte oder zumindest einen werthaltigen Rückgriffsanspruch,[38] im Übrigen würde wieder das allgemeine wirtschaftliche Interesse an einer Besicherung zugunsten der Konzernmutter nicht ausreichen.

Im Fall des echten Cash-Poolings kann man allerdings überlegen, ob nicht der Umstand, dass auf der Grundlage des Cash-Management-Vertrags gehandelt wird und dieser eine Sicherheitenbestellung vorsieht, die Leistung zu einer entgeltlichen Leistung macht, weil und wenn damit eine eigene entgeltliche Verpflichtung zur Sicherheitenbestellung getilgt wird. Der Verlust dieses Anspruchs auf Besicherung stellt sich auf Seiten der Betreibergesellschaft in der Tat als Vermögensopfer dar. M. E. ändert sich daran nichts dadurch, dass der Cash-Management-Vertrag ein bloßer Rahmenvertrag ist. Dann bleibt nur zu fragen,

---

[37] BGH v. 4. 3. 1999 – IX ZR 63/98, BGHZ 141, 97, 100, NJW 1999, 1549; BGH v. 3. 3. 2005 – IX ZR 441/00, BGHZ 162, 276, 279f., NJW 2005, 1867; BGH v. 15. 12. 1982 – VIII ZR 264/81, ZIP 1983, 32, 33; BGH v. 30. 3. 2006 – IX ZR 84/05, ZIP 2006, 957, 958; BGH v. 16. 11. 2007 – IX ZR 194/04, BGHZ 174, 228, 231 Tz. 8f., NJW 2008, 655.

[38] *Hirte*, ZInsO 2004, 1161, 1162.

ob dieser Vertrag selbst nach § 133 Abs. 2 InsO als entgeltlicher Vertrag anfechtbar ist; das hängt wiederum davon ab, ob der Vertrag das Vermögen der Tochter schon bei Vertragsschluss nachteilig belastet und ferner davon, dass die Vermutung des Benachteiligungsvorsatzes und der Kenntnis davon nicht widerlegt wird.

3. Tilgung des Darlehens der Tochter durch die Mutter

Das bringt in einem weiteren Schritt zu der Frage, ob Anfechtungsgefahren drohen, wenn die Muttergesellschaft die ihr von der Tochter ausgereichten Darlehen tilgt. Hier greifen nur die Vorschriften der allgemeinen Deckungsanfechtung der §§ 130, 131 InsO mit der engen Suspektsperiode von drei Monaten vor dem Eröffnungsantrag, nicht aber die besondere Deckungsanfechtung des § 135 InsO, der voraussetzen würde, dass die Tochter Gesellschafterin der Mutter ist; § 135 InsO ist also für die downstream-Situationen relevant. Denkbar bleibt für die Anfechtung der Rückzahlung allenfalls die Vorsatzanfechtung des § 133 Abs. 1 InsO, weil der Gläubigerbenachteiligungsvorsatz zu vermuten ist, wenn eine inkongruente Deckung vorliegt;[39] das würde voraussetzen, dass die Mutter das von der Tochter gewährte Darlehen vor Fälligkeit oder anders als durch die geschuldete Zahlung tilgt. Davon könnte man vielleicht ausgehen, wenn die Ausreichung neuer Liquidität an die Tochter mit den Forderungen der Tochter verrechnet wird und kein Anspruch der Tochter auf Schaffung der Verrechnungslage bestand, also auf Auszahlung des neuerlichen Darlehens. Letzteres ist aber im Cash-Pooling wegen des Rahmenvertrags der Fall, so dass dann insoweit eher eine kongruente Deckung vorliegt.

V. Die Insolvenzanfechtung in downstream-Situationen

Damit gilt es, sich nun den downstream-Situationen anzunehmen. Hier ist man natürlich sofort im Dunstkreis dessen, was früher das Eigenkapitalersatzrecht war, jetzt bei § 135 InsO. Die downstream-Situationen haben bisher weniger Aufmerksamkeit erfahren.

1. Darlehensvergabe durch die Mutter

Was die Darlehensvergabe durch die Mutter angeht, so greift § 30 GmbHG nicht ein. Ist das Darlehen bei Eröffnung des Insolvenzverfahren über die Tochter noch nicht zurückgezahlt, so handelt es sich bei dem Rückforderungsan-

---

[39] BGH v. 30. 9. 1993 – IX ZR 227/92, BGHZ 123, 320, 326, NJW 1993, 3267; BGH v. 27. 5. 2003 – IX ZR 169/02, BGHZ 155, 75, 84, NJW 2003, 3347; zusammenfassend BGH v. 8. 12. 2005 – IX ZR 182/01, ZIP 2006, 290, 293.

spruch um eine nachrangige Insolvenzforderung i.S.d. §39 Abs. 1 Nr. 5 InsO. Das ist im Wesentlichen unproblematisch.

2. Rückzahlung des Darlehens der Mutter durch die Tochter

a) §135 InsO

Als spannender erweist sich die Beurteilung der Rückzahlung des Darlehens durch die Tochter an die Mutter. Das ist streng genommen eine upstream-Leistung nach erfolgtem downstream-Darlehen. Lässt man das Cash-Pooling hier zunächst außen vor, so bedingt der Verzicht auf das Merkmal der Krise in §135 InsO im Grundsatz, dass die Rückzahlung eines Gesellschafterdarlehens unabhängig von der Kreditwürdigkeit des Darlehensnehmers bei Darlehensvergabe anfechtbar ist, wenn es innerhalb eines Jahres vor dem Eröffnungsantrag zur Rückzahlung kommt.

Anderes gilt, wenn der Kredit von der Gesellschaft insolvenzfest besichert worden ist. Zwar sind absonderungsberechtigte Gläubiger gleichfalls Insolvenzgläubiger, bei voller Sicherung aus dem Vermögen des Darlehensnehmers fehlt es aber an einer Gläubigerbenachteiligung i.S.d. §129 InsO.[40] Freilich mag die nachträgliche Besicherung der bestehenden Darlehensschuld ihrerseits nach §135 Abs. 1 Nr. 1 InsO anfechtbar sein.

b) Anwendbarkeit des §96 Abs. 1 Nr. 3 InsO bei Verrechnung im Cash-Pool?

Nimmt man jetzt das Cash-Pooling hinzu, so ist im insolvenzrechtlichen Schrifttum bereits der Todesstoß für das Cash-Pooling wegen unbeherrschbarer Haftungsrisiken perhorresziert worden. Sedes materiae ist hier nicht allein §135 InsO, sondern zugleich die §§94ff. InsO. Die im Rahmen des Cash-Pooling vorgenommene Verrechnung sei nach §96 Abs. 1 Nr. 3 InsO eo ipso unwirksam.[41] Nach den §§94ff. InsO sind Aufrechnungen auch nach Verfahrenseröffnung zulässig, wenn die Aufrechnungslage schon vorher bestand; §96 Abs. 1 Nr. 3 InsO besagt, dass die Aufrechnung ohne weiteres, ohne Notwendigkeit einer Anfechtung durch den Verwalter unwirksam ist, wenn die Aufrechnungslage anfechtbar hergestellt wurde. Die wohl h.M. wendet allerdings die Vorschrift mit Recht auch auf Aufrechnungen vor Eröffnung an, die dann mit Eröffnung eo ipso unwirksam werden;[42] dafür spricht u.a. die Parallelwertung in §88 InsO. Nun wird wie folgt im Schrifttum argumentiert: Hat die Tochter zunächst Liquidität aus dem Cash-Pool erhalten und kommt es

---

[40] *Hirte*, in: Uhlenbruck, InsO (Fn. 23), §129 Rn. 100 m.z.N.

[41] *Klinck/Gärtner*, NZI 2008, 457, 459f.

[42] BGH v. 9.10. 2003 – IX ZR 28/03, ZIP 2003, 2370, 2371; BGH v. 28.9. 2006 – IX ZR 136/05, BB 2006, 2654, 2655f.; wie hier *Jacoby*, in: Bork, Handbuch des Insolvenzanfechtungsrechts (Fn. 28), Kap. 16 Rn. 7; a.A. *Gerhardt*, KTS 2004, 195, 199f.; *Ries*, ZInsO 2005, 848, 851ff., 852; *Zenker*, NZI 2006, 16, 18ff.

dann zu Abbuchungen der Mutter bei der Tochter, so bewirke dies zunächst nach Maßgabe der Cash-Pool-Abrede noch keine Befriedigung der Ansprüche der Mutter, wohl aber führe dies zu Ansprüchen der Tochter und damit zu einer Aufrechnungs- bzw. Verrechnungslage. Dies aber stelle sich als Sicherheit zugunsten der Mutter dar, und damit als eine Besicherung ihrer Rückzahlungsansprüche i. S. d. § 135 Abs. 1 Nr. 1 InsO . Wohl gemerkt gilt hier die Suspektsperiode von zehn Jahren vor dem Eröffnungsantrag.

Diese Auffassung ist zurückzuweisen. Richtig ist zwar, dass die Aufrechnungslage einen Sicherungscharakter aufweist. Daraus kann man indes noch nicht viel ableiten, denn sonst müsste man konsequenterweise eine Aufrechnungslage auch im Übrigen wie eine Sicherheit behandeln und den Aufrechnungsberechtigten ggf. gar als Absonderungsberechtigten einordnen.[43] Zudem ist im Rahmen des § 96 Abs. 1 Nr. 3 InsO zunächst gerade zu prüfen, ob die Verrechnungslage anfechtbar hergestellt wird. Man muss also eigentlich die Anfechtbarkeit hier unabhängig von dem Ergebnis, also der Verrechnungslage, prüfen und kann streng genommen nicht die Anfechtung damit begründen, dass die Verrechnungslage eine Besicherung i. S. d. § 135 Abs. 1 Nr. 1 InsO ist. Das ist freilich noch ein überwindbarer Einwand, weil es bei § 96 Abs. 1 Nr. 3 InsO bei Lichte besehen um eine Gleichstellung der Herstellung der Aufrechnungslage mit der Deckungsanfechtung, also darum, die *Herstellung* der Aufrechnungslage bereits wie eine Erfüllung der Forderung zu behandeln.[44] Dementsprechend konzentriert sich die Diskussion bei § 96 Abs. 1 Nr. 3 InsO um die Frage, ob § 130 InsO oder § 131 InsO anzuwenden ist, wobei dort eben nicht nach Befriedigung oder Besicherung unterschieden wird.[45] Bei § 135 InsO ist es nur deshalb schwieriger, weil das Gesetz in systemwidriger Weise zwischen Besicherung und Befriedigung unterscheidet. Gerade deshalb aber, weil die Herstellung der Aufrechnungslage bei § 96 Abs. 1 Nr. 3 InsO schon als Deckung und letztlich als Erfüllung behandelt wird, spricht mehr dafür, die Regelung über die Befriedigung und damit § 135 Abs. 1 Nr. 2 InsO mit der kürzeren Jahresfrist anzuwenden, wie im Schrifftum auch mit Recht herausgearbeitet worden ist.[46]

c) Anwendbarkeit des Bargeschäftsprivilegs, § 142 InsO?

Schwierigkeiten wirft dann nur noch die Frage auf, ob das Bargeschäftsprivileg des § 142 InsO auf Geschäfte zwischen Gesellschaft und Gesellschaftern und damit auf den Fall des § 135 InsO anwendbar ist. Schon jetzt ist die Rechtspre-

[43] Verneinend die allg. M.; vgl. statt aller nur *Häsemeyer*, Insolvenzrecht, 4. Aufl. 2003, Rn. 19.02.

[44] Vgl. *Häsemeyer*, Insolvenzrecht (Fn. 43), Rn. 19.15; zur Erfüllungsäquivalenz *Windel*, KTS 2000, 215, 220ff., 225.

[45] Näher *Brandes*, in: MünchKomm InsO, 2. Aufl. 2008, § 96 Rn. 29.

[46] Im Erg. auch *Hamann*, NZI 2008, 667, 669.

chung großzügig, wenn es um kurzfristige Kreditgewährungen durch den Anfechtungsgegner geht; § 142 InsO gilt nicht mehr wie früher nur für reine Zug-um-Zug-Geschäfte.[47] Wohlgemerkt kommen Bargeschäfte bei einem schlichten, ggf. längerfristigen Darlehen naturgemäß nicht in Betracht. Ein potentieller Anwendungsbereich des § 142 InsO ergibt sich allenfalls bei den denkbaren und im Einzelnen sehr umstrittenen Erweiterungen über die wirtschaftlich entsprechenden Rechtshandlungen; etwa bei bestimmten Austauschgeschäften, Nutzungsüberlassungen, Sale- und Lease-Back-Geschäften oder bei den eben diskutierten Verrechnungen im Cash-Pool.[48]

Im Schrifttum wird die Anwendbarkeit von § 142 InsO von einer wachsenden Zahl von Stimmen gleichwohl schon von vornherein verneint. Das Argument lautet, das Privileg passe aus Wertungsgründen nicht auf die besondere und enge Beziehung von Gesellschaft und Gesellschafter.[49] M. E. geht das fehl. Seit die Rechtsprechung inkongruente Deckungen und damit die Anfechtung nach § 131 InsO aus dem Anwendungsbereich des § 142 InsO ausgenommen hat,[50] ist dem § 142 InsO eine Unterscheidung nach verschiedenen Fallgestaltungen nicht mehr fremd. Mit der gegenüber den §§ 130, 131 InsO verschärften Fassung des § 135 InsO ist der besonderen Position des Gesellschafters hinreichend Rechnung getragen. Wenn die Auffassung vertreten wird, aufgrund seiner Mitgliedschaft habe der Gesellschafter ab Beginn der Insolvenzkrise die Pflicht, Einwirkungen auf das Gesellschaftsvermögen zu unterlassen,[51] so ist es gerade die zu klärende Frage, ob diese Pflicht auch Bargeschäfte erfasst oder eben nicht.

Die maßgebliche Frage kann daher nicht diejenige nach einer apriorischen Verneinung des § 142 InsO unter Hinweis auf die Gesellschafterbeziehung sein. Stattdessen wäre zu entscheiden, ob § 142 InsO deshalb nicht eingreift, weil die von § 135 InsO erfasste Rückzahlung der Gesellschafterhilfe einer inkongruenten Deckung gleichzuachten ist. Das ließe sich bejahen, wenn man auf die Nachrangigkeit der Forderung nach § 39 Abs. 1 Nr. 5 InsO abstellte und die Ansicht verträte, der Gesellschafter habe wegen der Nachrangigkeit seiner Forderungen nie Anspruch auf die Deckung gehabt. Auf diese Weise wäre jedoch

[47] BGH v. 17. 11. 1958 – II ZR 224/57, BGHZ 28, 344, 347, NJW 1959, 147; BGH v. 21. 12. 1977 – VIII ZR 255/76, BGHZ 70, 177, 184 f., NJW 1978, 758; BGH v. 26. 1. 1977 – VIII ZR 122/75, NJW 1977, 718; *Hirte*, in: Uhlenbruck, InsO (Fn. 23), § 142 Rn. 14.

[48] Zum sachlichen Anwendungsbereich des § 39 InsO und des § 135 InsO statt vieler *Stodolkowitz/Bergmann*, in: MünchKommInsO (Fn. 45), § 135 Rn. 63 ff. m.N.

[49] *Haas/Dittrich*, DStR 2001, 623, 629 f.; *Haas*, Gutachten zum 66. DJT, 2006, S. E 73; *ders.*, ZInsO 2007, 617, 624; tendenziell *Dahl*, in: Michalski, GmbHG (Fn. 8), Anh II §§ 32 a/b aF Rn. 54; ausführlich dagegen *Thole* (Fn. 26), S. 371 ff.

[50] BGH v. 30. 9. 1993 – IX ZR 227/92, BGHZ 123, 320, 328, NJW 1993, 3267, 3269; *Hirte*, in: Uhlenbruck, InsO (Fn. 23), § 142 Rn. 4; *Henckel*, in: Jaeger, InsO, 2008, § 142 Rn. 9 (teils diff.).

[51] *Haas*, ZInsO 2007, 617, 618, 624.

die Abgrenzung zwischen kongruenten und inkongruenten Deckungen unangemessen normativ befrachtet. Sie berücksichtigte zudem nicht hinreichend, dass es für die Frage der Zuordnung zur kongruenten oder inkongruenten Deckung nicht auf die insolvenzrechtliche Behandlung ankommen kann: Die mit der Deckung erzielte Verbesserung der Gläubigerstellung ist der Deckungsanfechtung einschließlich § 135 InsO insgesamt eigen. Die Kongruenz oder Inkongruenz einer Deckung bestimmt sich gerade danach, ob der Deckungsempfänger außerhalb des Insolvenzverfahrens Anspruch auf die Deckung in der gewählten Form hatte bzw. gehabt hätte oder nicht.

Vor diesem Hintergrund gilt für § 135 InsO nichts anderes als für die §§ 130, 131 InsO. Befriedigt sich der Gesellschafter vorzeitig oder in anderer Art und Weise als vorgesehen, handelt es sich um eine inkongruente Deckung, die den § 142 InsO ausschaltet, während an der Anwendbarkeit des § 142 InsO und damit an der (noch vorzunehmenden!) Prüfung des Bargeschäfts nicht vorbeizukommen ist, wenn es sich um eine kongruente Deckung handelt.

3. Die Anfechtung nach § 135 InsO bei Gestaltungen unter Beteiligung Dritter, insbesondere in crossstream-Situationen

Gerade im Kontext der Konzernfinanzierung wirft § 135 InsO noch eine Reihe weiterer, teils ungeklärter Fragen auf. Zu erörtern ist insbesondere, ob 1. Rückzahlungen, die z.B. nicht an die darlehensgebende Mutter, sondern an Dritte erfolgen, gleichwohl nach § 135 InsO anfechtbar sein können, und 2. ob auch die Deckung von Darlehen einer Schwestergesellschaft erfasst ist, obwohl es sich nicht um ein Gesellschafterdarlehen handelt.

Was die erste Frage angeht, so ist anerkannt, dass auch mittelbare Zuwendungen unter dem Anfechtungsrecht erfasst werden.[52] Es ist beispielsweise unschädlich, wenn Gesellschaft die Rückzahlung auf Weisung der darlehensgebenden Mutter nicht an diese selbst, sondern an eine Schwestergesellschaft ausreicht. Die darlehensgebende Mutter kann anfechtungsrechtlich gleichwohl für die damit erzielte Deckung ihres Rückzahlungsanspruchs in Anspruch genommen werden; es handelt sich um eine schlichte Erfüllung durch Leistung an Dritte i.S.d. § 362 Abs. 2 BGB. Die Schwestergesellschaft als Mittlerin haftet ihrerseits dann nur, wenn sie dadurch einen eigenen Vorteil aus dem Vermögen

[52] RG v. 30. 4. 1901 – VII 75/01, RGZ 48, 148, 149; vgl. ferner BGH v. 14. 6. 1978 – VIII ZR 149/77, BGHZ 72, 39, 40, NJW 1978, 1921; BGH v. 6. 12. 1993 – II ZR 102/93, BGHZ 124, 284, 287, NJW 1994, 724; BGH v. 19. 3. 1980 – VIII ZR 195/79, NJW 1980, 1795; BGH v. 19. 3. 1998 – IX ZR 22/97, NJW 1998, 2592, 2599 (insoweit nicht in BGH v. 19. 3. 1998 – IX ZR 22/97Z, BGHZ 138, 291, NJW 1998, 2592); *Berges*, KTS 1961, 65 li. Sp.; *Henckel*, in: Jaeger, InsO (Fn. 50), § 130 Rn. 45 ff.; *Hirte*, in: Uhlenbruck, InsO (Fn. 23), § 129 Rn. 83. So sogar für den Fall der Auszahlung eines Darlehens an einen Dritten kraft einer vereinbarten, den Dritten begünstigenden Zweckbindung BGH v. 7. 6. 2001 – IX ZR 195/00, NZI 2001, 539, 540 mit krit. Anm. *Spliedt*, NZI 2001, 524, 525.

der darlehensnehmenden Gesellschaft erhält, und zwar mangels Gläubigerstellung allenfalls aus § 133 InsO. Eine eigene Haftung aus § 135 InsO gewärtigt sie nicht, da sie selbst nicht Gläubigerin und Darlehensgeberin ist.

Bei der weitaus schwierigeren zweiten Frage geht um nicht weniger als das raumgreifende Thema der Erstreckung des früheren Eigenkapitalersatzrechts auf Dritte, hier speziell im Konzern. Die Zurechnungskriterien für die zu lösende Frage, wann ein Dritter einem Gesellschafter gleichgestellt werden kann, waren schon unter dem früheren Recht nicht ganz geklärt. Meist wurde darauf abgestellt, ob zwischen dem Dritten und der Gesellschaft oder einem Gesellschafter eine Unternehmensverbindung i. S. d. §§ 15 ff. AktG besteht; teils wurde mit einer „maßgeblichen Beteiligung" an einem Gesellschafter operiert und teils mit dem Begriff der wirtschaftlichen Einheit.[53] Die bisherigen Grundsätze sollen nach dem Willen des Gesetzgebers auch unter dem neuen Recht fortgelten.[54]

Darlehen von Schwestergesellschaften wurden in der Regel erfasst, zumindest dann, wenn die Darlehensvergabe durch die gemeinsame Mutter- oder Obergesellschaft veranlasst wurde oder auf ihre Rechnung erfolgte. Der II. Zivilsenat hatte in einem Urteil vom 5. 5. 2008[55] einige Grundsätze aufgestellt, die auch nach dem MoMiG weiter beachtlich sein könnten: Eine Gleichstellung bei Darlehen Dritter könne insbesondere auf Unternehmen zutreffen, die mit einem Gesellschafter horizontal oder vertikal verbunden sind. Die Verbindung könne einmal in der Weise bestehen, dass der Dritte Gesellschafter-Gesellschafter der Schuldnerin ist und einen bestimmenden Einfluss auf den darlehensgebenden Gesellschafter ausüben kann. Sie könne aber auch so ausgestaltet sein, dass eine Beteiligung in diesem Sinn dadurch begründet werden, dass ein Gesellschafter an beiden Gesellschaften, der Darlehen nehmenden und der Darlehen gebenden Gesellschaft, und zwar an der letztgenannten „maßgeblich" beteiligt sei, d. h. wenn der Gesellschafter auf die Entscheidungen des Kredit gebenden Unternehmens, nämlich auf die Gewährung oder auf den Abzug der Kredithilfe an das andere Unternehmen einen bestimmenden Einfluss ausüben kann. Haben Darlehensgeber und Darlehensnehmer also dieselbe Muttergesellschaft, dürfte

---

[53] BGH v. 18. 2. 1991 – II ZR 259/89, NJW-RR 1991, 744, 745; BGH v. 21. 6. 1999 – II ZR 70/98, NJW 1999, 2822 re. Sp.; BGH v. 5. 5. 2008 – II ZR 108/07, ZIP 2008, 1230, 1231, Rn. 10; OLG Düsseldorf v. 12. 12. 1996 – 10 U 33/95, GmbHR 1997, 353, 355; OLG Stuttgart v. 27. 9. 2006 – 14 U 11/06, ZIP 2007, 275, 279 (zu § 30 GmbHG); unter Hinweis auf die wirtschaftliche Einheit BGH v. 19. 9. 1988 – II ZR 255/87, BGHZ 105, 168, 176 f., NJW 1988, 3143; BGH v. 16. 12. 1991 – II ZR 294/90, DStR 1992, 436, 437; zu den maßgeblichen Fallgestaltungen *Noack*, GmbHR 1996, 153, 154. Zusammenfassend und instruktiv zu den bisher maßgeblichen Kriterien *Habersack*, ZIP 2008, 2385, 2387 ff.; *Schall*, ZIP 2010, 205; *Keller/Schulz*, in: FS Spiegelberger, 2009, S. 761, 766 ff.

[54] Begr. RegE MoMiG, BT-Drs. 16/6140, S. 60.

[55] BGH v. 5. 5. 2008 – II ZR 108/07, ZIP 2008, 1230, NZI 2008, 767 Tz. 10 mit Anm. *Habersack*, ZIP 2008, 2385.

dies für eine Zurechnung ausreichen. Anders ist es indes bei einer „Tante“ des Darlehensnehmers, also der Schwestergesellschaft der Mutter. Hier will der BGH die maßgebliche Eignung im Zweifel verneinen; im konkreten Fall ging es um eine als AG inkorporierte Tante. Die Einflussnahmemöglichkeit der Mutter auf die AG wurde vor allem mit Blick auf die aktienrechtliche Eigenverantwortlichkeit des Vorstands verneint.

Auch die Rechtsprechung des IX. Zivilsenats hat sich der Frage erst jüngst angenommen. Der IX. Zivilsenat hat in seinem Urteil vom 17.2. 2011 ausgesprochen, die Forderung aus der Rechtshandlung eines Dritten entspreche einem Gesellschafterdarlehen nicht schon deshalb, weil es sich bei dem Dritten um eine nahestehende Person i.S.d. § 138 InsO handelt; die Entscheidung betrifft ausdrücklich nur den Nachrang und nicht § 135 InsO.[56] Der BGH erkennt, der typischerweise gegebene Informationsvorsprung des Gesellschafters sei nicht der maßgebliche Grund für den Nachrang des von ihm gewährten Darlehens. Ein solcher vermöge zwar die Insolvenzanfechtung, nicht aber den gesetzlichen Nachrang noch offener Forderungen zu rechtfertigen. Ein Informationsvorsprung kann zur Folge haben, dass ein gewährtes Darlehen vor der offenbar werdenden Insolvenz abgezogen wird; er führt aber nach Auffassung des BGH gerade nicht dazu, dass ein mit den Verhältnissen der Schuldnerin besonders vertrauter „Insider“ der Gesellschaft ein Darlehen gewährt und er dieses vor der Insolvenz nicht mehr zurückfordert. Der Insidergedanke könne daher nicht herangezogen werden, um den Anwendungsbereich des § 39 Abs. 1 Nr. 5 InsO zu erweitern.

Will man dazu Stellung nehmen, so ist der Tat richtig, dass bei § 39 Abs. 1 Nr. 5 InsO um eine Gleichstellung eines Drittdarlehens mit einem Gesellschafterdarlehen geht. Eine „Sippenhaft“ naher Angehöriger, die Darlehen ausreichen, ist der Neuregelung sicher fremd. Es ist auch gar nicht zu leugnen, dass § 39 Abs. 1 Nr. 5 InsO und § 135 InsO im Plan des Gesetzgebers miteinander verknüpft. Aus konzeptioneller und rechtspolitischer Sicht ist die Entscheidung gleichwohl zu bedauern. § 135 InsO hätte nämlich, richtig verstanden als Insiderdeckungsanfechtung, seine Berechtigung auch dann, wenn der Darlehensrückzahlungsanspruch nicht subordiniert wäre. Nachrang und Anfechtung ließen sich durchaus trennen.[57] Bei § 135 InsO liegt in der Tat der besondere Zweck gerade darin, dem Informationsvorsprung des Gesellschafters Rechnung zu tragen, der es ihm ermöglicht, seine Forderung früher als gewöhnliche Gläubiger zu decken,[58] wie es der BGH anklingen lässt, und dieser Informationsvorsprung erstreckt sich eben auch auf dessen nahestehende Personen. Der Darlehensgeber haftet, weil er entgegen dem Grundsatz von par condicio credi-

---

[56] BGH v. 17.2. 2011 – IX ZR 131/10, NJW 2011, 1503, 1504ff. Tz. 12ff.

[57] *Eidenmüller*, in: FS Canaris, 2007, Bd. II, S. 49, 53, 61. Dazu *Thole*, ZHR, im Erscheinen.

[58] *Thole* (Fn. 26), S. 409ff.

torum eine Deckung seiner Forderung erhält, und nicht deshalb, weil er eben nachrangiger Gläubiger ist. Die allgemeine Deckungsanfechtung in §§ 130, 131 InsO unterscheidet gleichfalls nicht nach nachrangigen und gewöhnlichen Insolvenzgläubigern. Insoweit wäre, wie andernorts ausgeführt,[59] § 138 InsO durchaus eine gute Leitlinie für die Einbeziehung Dritter, soweit es um die Anfechtung der Rückzahlung geht. Die Regelung zeigt an, wer einen Informationsvorsprung gegenüber gewöhnlichen Gläubigern hat und hätte daher eine Auslegungshilfe sein können. Zugegebenermaßen ist § 138 InsO in seiner Auslegung durch die Rechtsprechung bisher eher eng geraten, denn Schwestergesellschaften werden insolvenzrechtlich tendenziell nicht als nahestehende Personen angesehen.[60]

Infolge der BGH-Entscheidung ergibt sich damit ein ambivalentes Bild. Der Zweck des Informationsvorsprungs bei § 135 InsO würde die Anwendbarkeit des § 138 InsO naheliegen. Bei der Frage, ob ein Darlehen zu subordinieren ist, kann demgegenüber § 138 InsO keine Hilfe leisten. Man kann also § 138 InsO bei § 135 InsO nur um den Preis einer im Hinblick auf die Einbeziehung Dritter gespaltenen Auslegung von § 39 Abs. 1 Nr. 5 InsO einerseits und § 135 InsO andererseist anwenden. Undenkbar wäre das nicht, wenn man eine Verschiedenheit der Zweckrichtungen anerkennte. Wenn man freilich dem Nachrang gewissermaßen den Vorrang zuweist, und § 135 InsO als bloß ergänzende Regelung zu § 39 Abs. 1 Nr. 5 InsO ansieht und damit den Nachrang auch als Wesen und Grund des § 135 InsO inkorporiert, dann muss man in der Tat auf eine Hilfeleistung durch § 138 InsO verzichten; um den Preis, dass es dann unmöglich ist, den vom Nachrang abweichenden Zweck des besonderen Informationsvorsprungs bei § 135 InsO in der durch das Anfechtungsrecht systematisch nahegelegten Weise betonen zu können.

Vielleicht lässt sich – entgegen dem BGH – eben doch ein Mindestpetitum wie folgt formulieren: In Fällen des § 138 InsO spricht unter § 135 InsO eine tatsächliche Vermutung für eine Gleichstellung mit einem Gesellschafterdarlehen zumindest dann, wenn ein zusätzliches Zurechnungsindiz hinzutritt. Dieses kann beispielsweise in einer Einflussnahmemöglichkeit der Muttergesellschaft liegen, die dann dem Darlehensgeber zugerechnet wird. Unabhängig von der Wahl des Zurechnungskriteriums sollten daher zumindest die Konstellationen erfasst sein, in denen die Konzernmutter eine Schwestergesellschaft

---

[59] *Thole* (Fn. 26), S. 409 ff.

[60] BGH v. 23. 11. 1995 – IX ZR 18/95, BGHZ 131, 189, 194, NJW 1996, 461 (zu § 10 GesO unter Vorgriff auf § 138 Abs. 2 InsO); zustimmend *Ehricke*, in: Kübler/Prütting/Bork, InsO (34. L fg. 11/08), § 138 Rn. 19; kritisch *Ehricke*, Das abhängige Konzernunternehmen in der Insolvenz S. 24 ff., 30; *ders.*, in: Bork, Handbuch des Insolvenzanfechtungsrechts (Fn. 28), Kap. 2 Rn. 50; *Brinkmann*, in: Bork, Handbuch des Insolvenzanfechtungsrechts (Fn. 28), Kap. 18 Rn. 20.

der Darlehensnehmerin tatsächlich anweist oder veranlasst, das Darlehen aus eigenen Mitteln zu gewähren.

VI. Stehenlassen des Darlehens

Ein abschließender Blick gilt der Problematik des sog. Stehenlassens von Darlehen oder anderen Forderungen. Hier ist zunächst gesichert, dass § 135 InsO bzw. auch § 39 Abs. 1 Nr. 5 InsO eingreifen kann, wenn der Gesellschafter das Darlehen stehenlässt. Das Stehenlassen ist wie eine Neugewährung des Darlehens zu werten; davon ist auszugehen, wenn marktübliche Zahlungsziele überschritten werden.[61] Auf das früher relevante Merkmal des Erkennenkönnens der Krise der Gesellschaft kann es naturgemäß nicht mehr ankommen. Wohlgemerkt: Bei § 135 InsO wird nicht das Stehenlassen angefochten, sondern nur die Rückzahlung eines so stehengelassenen Darlehens. Das Darlehen mag also vor der Suspektsperiode ausgereicht und dann auch außerhalb der Suspektsperiode stehengelassen worden sein, solange es innerhalb der Suspektsperiode zurückgezahlt wird.

Es wurde bisher übersehen, dass die Problematik des Stehenlassens auch die Anfechtung unentgeltlicher Leistungen nach § 134 InsO berührt. Dort geht es um die Anfechtung des Stehenlassens als solches. In der Tat hat der IX. Zivilsenat des BGH am 7. 5. 2009 entschieden, das Stehenlassen sei als Unterlassenshandlung eine unentgeltliche Leistung, wenn und weil es dazu führe, dass die Gesellschaft die Darlehensvaluta ohne weitere Gegenleistung behalten könne.[62] Diese Auffassung erscheint richtig, weil die Darlehensleistung wertungsmäßig den Gläubigern des Gesellschafters und nicht jenen der Gesellschaft gebührt.[63] Die Fortgeltung dieser Rechtsprechung ist aber zunächst mit Fragezeichen zu versehen und wird in der Literatur (aus verschiedenen Gründen) verneint.[64]

Erstens, die Durchsetzung des „eigenkapitalersetzenden“ Darlehens ist nach Wegfall der Rechtsprechungsregeln nicht mehr vollständig gesperrt, sondern nur noch, aber immerhin mit Nachrang möglich; ein vollständiges Behaltendürfen der Gesellschaft ist insoweit nicht mehr gegeben. Das schließt freilich zumindest die Annahme einer teilweise unentgeltlichen Leistung nicht aus; der nachrangige Rückzahlungsanspruch ist ja in der Insolvenz des Darlehensnehmers faktisch entwertet. Man kann daher dann zweitens nur die Frage stellen, ob sich das Stehenlassen für die Gläubiger des Gesellschafters wirklich gläubi-

---

[61] *Altmeppen*, NJW 2008, 3601, 3604.

[62] BGH v. 7. 5. 2009 – IX ZR 71/08, NJW 2009, 2065 f. Tz. 6 ff.; BGH v. 1. 6. 2006 – IX ZR 159/04, NJW-RR 2006, 1281.

[63] Näher zu den Wertungsgrundlagen des § 134 InsO *Thole* (Fn. 26), S. 297 ff.

[64] Ablehnend *Hirte*, in: Uhlenbruck, InsO (Fn. 23), § 134 Rn. 18b; für Fortgeltung *Dahl*, in: Michalski, GmbHG (Fn. 8), Anh. II § 32a/b GmbHG Rn. 31.

gerbenachteiligend erweist. Die Durchsetzbarkeit „ihres“ Darlehensanspruchs verändert sich ja rechtlich gesehen nicht durch das Stehenlassen; der Darlehensrückzahlungsanspruch bleibt genauso nachrangig wie er es schon vorher war. Eine Benachteiligung lässt sich nur begründen, wenn man darauf abstellt, dass eben im Zeitpunkt des Stehenlassens der Darlehensrückzahlungsanspruch des Gesellschafters noch werthaltig war und er es nunmehr nach Eintritt der Insolvenz der Gesellschaft nicht mehr oder nicht mehr in vollem Umfang ist. Freilich könnte man dann noch weiter überlegen, ob eine Rückführung des Darlehens überhaupt insolvenzfest möglich oder seinerseits wegen einer zwischenzeitlich eingetretenen Insolvenz der Gesellschaft nach § 135 Abs. 1 Nr. 2 InsO anfechtbar gewesen wäre, denn dann stehen die Gläubiger des Gesellschafters durch dessen Stehenlassen nicht schlechter, weil sie ohnedies nicht hätten bedient werden können und dürfen. Nur unter diesen Prämissen und mit dieser Einschränkung wird man die Rechtsprechung zum Stehenlassen auch jetzt aufrechterhalten können.

VII. Fazit

Die vorstehenden Überlegungen haben verschiedene insolvenzrechtliche Probleme der Konzernfinanzierung angerissen; für eine detaillierte Auseinandersetzung mit allen Sachfragen war hier nicht der Raum. Es hat sich gezeigt, dass sich die Reformdiskussion zum MoMiG vorschnell auf die Fragen des Kapitalschutzes verengt hat. Die Bezüge der Konzernfinanzierung zur Insolvenzanfechtung sind bisher wenig im Zusammenhang erkannt und untersucht worden. In der Zukunft wird es, gerade im Lichte der anstehenden Überlegungen zu einem Konzerninsolvenzrecht, darum gehen, die einzelnen Rechtsfragen zusammenzufügen und ein stimmiges Gesamtkonzept zu entwickeln.

Konzerninnenfinanzierung: Der Blickwinkel des Gesellschaftsrechts

RA Prof. Dr. Jochen Vetter und Dr. Tobias Kahnert

Inhaltsübersicht

I. Themeneingrenzung und Überblick

Unter Konzernfinanzierung sollen im Folgenden die Bereiche

- Gesellschafterdarlehen der Mutter an die Tochter (Downstream-Finanzierung)
- Darlehen der Tochter an die Mutter (Upstream-Finanzierung) und
- die Unterstützung der Fremdfinanzierung der Mutter für die Gruppe durch die Bestellung von Sicherheiten zugunsten der Banken durch die Tochter (Upstream-Sicherheit)

verstanden werden. Da insolvenzrechtliche Aspekte der Konzernfinanzierung Gegenstand eines eigenen Beitrags sind[1] und die Downstream-Finanzierung seit dem MoMiG insolvenzrechtlich geregelt und dogmatisch fundiert wird, beschränken sich die nachfolgenden Überlegungen auf Upstream-Fragestellungen.

Der klassische gesellschaftsrechtliche Schutz der abhängigen Gesellschaft besteht in der Wahrung ihres Vermögens. Der Vermögensschutz ist dabei allerdings recht unterschiedlich ausgestaltet.

- Im Aktienrecht wird nach h. M. das gesamte, nicht nur das bilanzierte Vermögen gegen Zugriffe des Gesellschafters geschützt; dessen Zugriffsmöglichkeiten sind auf den im Jahresabschluss ausgewiesenen Bilanzgewinn beschränkt (§ 57 AktG).
- Bei der GmbH wird das Vermögen dagegen lediglich in Höhe des Stammkapitals gegen Eingriffe des Gesellschafters geschützt (§ 30 Abs. 1 GmbHG).
- Im Vertragskonzern wird schließlich über den Verlustausgleichsanspruch des § 302 AktG lediglich das bei Abschluss des Beherrschungs- oder Gewinnabführungsvertrags bestehende bilanzielle Eigenkapital geschützt; Aushöhlungen der Gesellschaft durch Aufdeckung stiller Reserven und deren Abführung an den Gesellschafter werden über dieses Schutzinstrument nicht verhindert.

In den letzten drei Jahrzehnten ist jedoch immer klarer geworden, dass ein rein vermögensbezogener präventiver Schutz der Gesellschaft gegen Eingriffe ihres Gesellschafters nicht ausreicht. Ebenso wie die Insolvenzantragsgründe einerseits mit dem Insolvenzantragsgrund der Überschuldung (§§ 15a, 19 InsO) an

[1] *Thole*, in diesem Band.

die Vermögenssituation der juristischen Person und andererseits an ihre Zahlungsunfähigkeit (§§ 15a, 17 InsO) anknüpfen, muss auch der präventive Schutz der Gesellschaft im Vorfeld der Insolvenzeröffnung durch Verbote neben dem Vermögensschutz auch den Liquiditätsschutz in den Blick nehmen. Der Gesellschafter darf nicht nur nicht die Überschuldung seiner Gesellschaft durch Entnahmen herbeiführen (sondern muss einen nach Rechtsform unterschiedlichen Puffer respektieren); er darf durch Eingriffe unabhängig von deren bilanziellen Auswirkungen auf das Vermögen auch nicht deren Zahlungsunfähigkeit herbeiführen. Dem dienen das Verbot existenzvernichtender Eingriffe und existenzvernichtender Weisungen nach § 308 AktG durch den Gesellschafter und die Gebote der §§ 64 Abs. 1 S. 3 GmbHG und 92 Abs. 2 S. 3 AktG an die Geschäftsleiter.

Im Mittelpunkt der nachfolgenden Überlegungen soll das Verhältnis der Konzernspitze – bei ihr ist die Rechtsform für die nachfolgenden Überlegungen irrelevant – zur 100%-igen Tochter GmbH stehen. Restriktionen aufgrund der gesellschaftsrechtlichen Treuepflicht gegenüber Minderheitsgesellschaftern[2] bleiben außen vor. Der Schwerpunkt liegt auf dem Kapitalschutz im faktischen GmbH-Konzern, wie er sich nach dem MoMiG darstellt. Auf Besonderheiten im Vertragskonzern und das abweichende Konzept zum Schutz der abhängigen AG wird im Anschluss kurz eingegangen. Abschließend folgen einige Überlegungen zum gesellschaftsrechtlichen Liquiditätsschutz.

Zur Vermeidung des Vorwurfs des Selbst-Plagiats wird darauf hingewiesen, dass Referat und schriftliche Fassung zum Themenbereich Kapitalerhaltung auf umfangreicheren Vorüberlegungen beruhen, die im Sammelband von *Goette/Habersack*, Das MoMiG in Wissenschaft und Praxis, von 2009 unter dem Titel „Kapitalerhaltung nach MoMiG" veröffentlicht worden sind.[3] Darin sind alle in Referat und Schriftfassung angesprochenen Aspekte zur Kapitalerhaltung bereits ausführlicher behandelt. Neueres Schrifttum wurde berücksichtigt; zur Revision in 2009 vertretener Positionen hat es keinen Anlass gegeben.

II. Vermögensschutz nach § 30 Abs. 1 GmbHG

1. Beibehaltung des traditionellen bilanziellen Kapitalschutzes

Die traditionelle bilanzielle Ausschüttungssperre des deutschen Kapitalgesellschaftsrechts war im Vorfeld des MoMiG in die Kritik geraten. In Anlehnung an angelsächsische Konzepte wurde vorgeschlagen, sie durch situative Solvenz-

[2] Hierzu nach wie vor grundlegend das ITT-Urteil des BGH v. 5.6. 1977 – II ZR 23/74, BGHZ 65, 15.

[3] *J. Vetter*, in: Goette/Habersack, Das MoMiG in Wissenschaft und Praxis, 2009, Rn. 4.01 ff.

tests zu ersetzen, die danach fragen, ob die Ausschüttung die zur Erfüllung der Verbindlichkeiten in einem bestimmten Prognosezeitraum erforderliche Liquidität beeinträchtigt.[4] Teilweise wurde mit diesen Vorschlägen eine Liberalisierung des Ausschüttungsregimes, teilweise eine Verschärfung des Gläubigerschutzes bezweckt.[5]

Der Gesetzgeber des MoMiG hat sich aus guten Gründen nicht zu einem grundsätzlichen Paradigmenwechsel entschlossen. Die bilanzielle Ausschüttungssperre des § 30 Abs. 1 S. 1 GmbHG ist unberührt geblieben. Vielmehr ist die der Norm nach zutreffendem Verständnis zugrunde liegende bilanzielle Betrachtungsweise noch betont und gestärkt worden.

2. Grundkonzept des § 30 Abs. 1 GmbHG

Bei der Überprüfung der Voraussetzungen einer verbotenen Auszahlung nach § 30 Abs. 1 GmbHG sind zwei Fragen zu unterscheiden:

(1) § 30 Abs. 1 GmbHG verbietet Auszahlungen von Gesellschaftsvermögen aus dem zur Erhaltung des Stammkapitals erforderlichen Vermögen. Dies setzt zunächst die Bestimmung des geschützten Gesellschaftsvermögens voraus, was nach ganz herrschender Meinung nach handelsbilanziellen Grundsätzen erfolgt: Der besondere Vermögensschutz des § 30 Abs. 1 GmbHG greift nur dann ein, wenn die Gesellschaft eine Unterbilanz oder gar Überschuldung aufweist, die Differenz zwischen Aktiva und echten Passiva (ohne Eigenkapitalpositionen) also einen Betrag ergibt, der unter dem der Stammkapitalziffer liegt.[6] Maßgeblich sind hierbei eine rein bilan-

---

[4] Ausführlicher und mit Unterschieden etwa *Eidenmüller*, ZGR 2007, 168, 190ff.; *Haas*, Gutachten, Verhandlungen des 66. DJT, 2006, Bd. I, S. E 131ff.; *Engert*, ZHR 170 (2006), 296ff.; *Jungmann*, ZGR 2006, 638ff.; *Mülbert*, Der Konzern 2004, 151, 159ff.; *Pellens/Jödicke/Richard*, DB 2005, 1393, 1393ff.; *Pellens/Sellhorn*, in: Lutter (Hrsg.), AG in Europa, S. 451ff.; jeweils m. w. N.; *Rickford*, EBOR 2006, 135ff.

[5] Gegen die traditionellen bilanziellen Ausschüttungssperren des Kapitalgesellschaftsrechts *Haas*, Gutachten, Verhandlungen des 66. DJT, 2006, Bd. I, S. E 130ff. sowie These 11; *Hirte*, Referat, Verhandlungen des 66. DJT, 2006, Bd. II/1, S. P 17ff. und These 4; für die Beibehaltung des bestehenden Kapitalschutzsystems dagegen *Kleindiek*, Referat, Verhandlungen des 66. DJT, 2006, Bd. II/1, S. P 45, 54ff. und These 11; *J. Vetter*, Referat, Verhandlungen des 66. DJT, 2006, Bd. II/1, S. P 75, P 96ff. und These 5; in der Beschlussfassung wurde mit ganz überwiegender Mehrheit beschlossen, an die Bilanz anknüpfende Ausschüttungssperren nicht durch einen Solvenztest zu ersetzen (Beschluss 10) und die an die HGB-Bilanz anknüpfende Ausschüttungssperre nicht durch einen formalisierten Solvenztest zu ergänzen (Beschluss 11 a), abgedruckt jeweils in Bd. II/1, S. P 142.

[6] Vgl. nur BGH, v. 5. 2. 1990 – II ZR 114/89, ZIP 1990, 451, 453; BGH, v. 1. 12. 1986 – II ZR 306/85, NJW 1987, 1194, 1195; zur Berechnung der Unterbilanz etwa *Habersack*, in: Ulmer/Habersack/Winter, GmbHG, 6. Aufl. 2006, § 30 Rn. 30ff.; *Westermann*, in: Scholz, GmbHG, 10. Aufl. 2006, § 30 Rn. 16ff.; *Schulze-Osterloh*, in: Festschrift Eisenhardt, 2007, S. 505, 506ff.; zur Maßgeblichkeit der für die Jahresbilanz geltenden Grundsätze zur Ermittlung des geschützten Vermögens jüngst wieder BGH, v. 29. 9. 2008 – II ZR 234/07, WM 2008, 2215, 2216 Rn. 11.

zielle Betrachtungsweise und damit die Buchwerte, nicht die Verkehrswerte der Vermögensgegenstände. Auf diese Weise wird die Grenze zum Verbotsbereich definiert.

(2) Ist oder wird diese Grenze zur Unterbilanz überschritten, befindet sich die Gesellschaft also bildlich gesprochen nicht mehr im „grünen", sondern im „roten" Bereich, ist weiter zu prüfen, ob eine Vermögensübertragung auch eine unzulässige Auszahlung an den Gesellschafter im Sinne des § 30 Abs. 1 GmbHG darstellt. Hierzu wurde schon in der Vergangenheit ganz überwiegend anerkannt, dass insoweit keine rein bilanzielle Betrachtungsweise maßgeblich ist, sondern im Stadium der Unterbilanz jede reale Vermögensminderung verboten ist, auch wenn sie im Einzelfall bilanzneutral sein sollte.[7]

Beispiel: Solange die Gesellschaft keine Unterbilanz aufweist, darf der Alleingesellschafter der GmbH aus gesellschaftsrechtlicher Sicht einen gebrauchten Pkw, der bereits auf einen Erinnerungsbuchwert von € 1 abgeschrieben ist, aber immer noch einen Verkehrswert von € 10.000 hat, für € 1 abkaufen. Bilanziell gesehen handelt es sich hierbei um einen reinen Aktivtausch; das bilanzielle Vermögen der Gesellschaft wird nicht gemindert. Anders ist die Maßnahme allerdings zu beurteilen, wenn sich die Gesellschaft bereits im Stadium der Unterbilanz befindet. In diesem Stadium ist ein Entzug von Vermögen durch ein nicht marktgerechtes Geschäft grundsätzlich unabhängig vom Vorliegen einer Minderung des bilanziellen Eigenkapitals verboten.

3. Upstream-Darlehen als Auszahlung i.S.d. § 30 Abs. 1 GmbHG

a) Die Behandlung von Upstream-Darlehen vor dem MoMiG

Die Gewährung eines Darlehens führt bilanziell zu einem reinen Aktivtausch, solange der Darlehensrückzahlungsanspruch vollwertig, das Darlehen marktgerecht verzinst und entsprechend nach allgemeinen Bilanzierungsgrundsätzen nicht im Wert zu berichtigen ist.[8] Daher entsprach es ganz überwiegender Auffassung, dass ein marktgerecht verzinstes Darlehen der GmbH an einen sol-

---

[7] Deutlich *Stimpel*, in: Festschrift 100 Jahre GmbHG, 1992, S. 335, 338 ff.; *Habersack*, in: Ulmer/Habersack/Winter, GmbHG, Ergänzungsband MoMiG, 2010, § 30 Rn. 22; außerdem etwa *Altmeppen*, in: Roth/Altmeppen, GmbHG, 6. Aufl. 2009, § 30 Rn. 12, 76; *Bayer*, in: Festschrift Lutter, 2000, S. 1011, 1020 f.; *Drygala/Kremer*, ZIP 2007, 1289, 1294; *Hommelhoff* in: Lutter/Hommelhoff, GmbHG, 17. Aufl. 2009, § 30 Rn. 32; *Schulze-Osterloh*, in: Festschrift Eisenhardt, 2007, S. 505, 510 f.; *J. Vetter*, BB 2004, 1509, 1512; *Westermann*, in: Scholz, GmbHG, Nachtrag MoMiG, 10. Aufl. 2010, § 30 Rn. 27; *M. Winter*, DStR 2007, 1484, 1486; im Ergebnis auch *Hueck/Fastrich*, in: Baumbach/Hueck, GmbHG, 19. Aufl. 2010, § 30 Rn. 36 ff., die allerdings davon ausgehen, dass die bilanzielle Betrachtungsweise grundsätzlich erst auf Grundlage tatsächlicher Verkehrswerte anzuwenden sei.

[8] Zum Erfordernis, einen unverzinslich oder zu niedrig verzinsten Darlehensrückzahlungsanspruch um den Barwert des Zinsverlusts abzuschreiben, nachf. unter II.4.d) und Fn. 39.

venten Gesellschafter außerhalb des Stadiums der Unterbilanz mangels Minderung des Eigenkapitals keine unzulässige Auszahlung i.S.d. §30 Abs. 1 S. 1 GmbHG darstellen kann.[9] Kontrovers diskutiert wurde, ob diese Grundsätze auch für eine Darlehensgewährung im Stadium der Unterbilanz gelten. Die Frage war, ob die Gewährung eines Darlehens trotz angemessener Verzinsung und bester Bonität des Darlehensnehmers eine Vermögensminderung darstellt. Von einem Teil der Literatur wurde dies mit Blick auf den Nutzungswert des Kapitals und Gläubigerschutzerwägungen bejaht.[10] Demgegenüber lehnte die wohl herrschende Meinung eine Vermögensminderung und damit einen Verstoß gegen §30 Abs. 1 S. 1 GmbHG durch die Vergabe eines vollwertigen, marktgerecht verzinsten Darlehens ab.[11] Nach einer noch weitergehenden Mindermeinung sollte der Darlehensrückzahlungsanspruch bei der Kapitalerhaltungskontrollrechnung generell und nicht nur in der Unterbilanz mit null angesetzt werden. Darlehen an den Gesellschafter waren danach unabhängig von der Liquiditätslage nur in Höhe der bilanziellen Rücklagen zulässig.[12] Zum gleichen Ergebnis kam eine Auffassung, die die Beschränkung von Darlehen der GmbH an ihre Geschäftsführer durch §43a GmbHG analog auf Darlehen an den Gesellschafter anwenden wollte.[13]

b) Das November-Urteil des BGH vom 23. 11. 2003

Zu erheblicher Rechtsunsicherheit und entsprechend umfangreicher literarischer Diskussion führte das „November-Urteil" des BGH vom 24. 11. 2003.[14] Danach sollten Kreditgewährungen an Gesellschafter, die nicht aus Rücklagen oder Gewinnvorträgen, sondern zu Lasten des gebundenen Vermögens der

---

[9] S. etwa *Cahn*, Kapitalerhaltung im Konzern, 1998, S. 247ff.; *Hueck/Fastrich*, in: Baumbach/Hueck, GmbHG (Fn. 7), §30 Rn. 14, 16; *Koppensteiner*, ZHR 155 (1991), 97, 104; *Lutter/Wahlers*, AG 1989, 1, 14; *Pentz*, in: Rowedder/Schmidt-Leithoff, GmbHG, 4. Aufl. 2002, §30 Rn. 34; *U. Schneider*, in: Scholz, GmbHG, 9. Aufl. 2000, §43 a Rn. 61; *Westermann*, in: Scholz, GmbHG (Fn. 9), §30 Rn. 25; *Sotiropoulos*, GmbHR 1996, 653, 654; *Vetter/Stadler*, Haftungsrisiken beim konzernweiten Cash Pooling, 2003, Rn. 67ff.

[10] *Stimpel*, in: Festschrift 100 Jahre GmbHG, 1992, S. 335, 347ff.; *Kleffner*, Erhaltung des Stammkapitals und Haftung nach §§30, 31 GmbHG, 1993, S. 65ff.; *Wilhelmi*, Der Grundsatz der Kapitalerhaltung im System des GmbH-Rechts, 2001, S. 170, 205f.

[11] So ausdrücklich *Altmeppen*, in: Roth/Altmeppen, GmbHG, 4. Aufl. 2003, §30 Rn. 93; *Grunewald*, WM 2006, 2333f.; *Hueck/Fastrich*, in: Baumbach/Hueck, GmbHG, 17. Aufl. 2000, §30 Rn. 16; *Vetter/Stadler* (Fn. 9), Rn. 71; ausführlicher *J. Vetter*, BB 2004, 1509, 1512ff.

[12] *Bayer*, in: Festschrift Lutter, 2000, S. 1011, 1022; ebenso wohl auch *Schön*, ZHR 159 (1995), 351, 363; *Wilhelmi* (Fn. 10), S. 206.

[13] *U.H. Schneider*, in: Scholz, GmbHG, 10. Aufl. 2006, §43a Rn. 63; *U.H. Schneider*, in: Festschrift Döllerer, 1988, S. 537, 547ff.; *U.H. Schneider*, in: Lutter/Scheffler/Schneider (Hrsg.), Hdb. der Konzernfinanzierung, 1998, Rn. 25, 60f; *Hormuth*, Recht und Praxis des konzernweiten Cash Managements, 1998, S. 203ff.; *Sotiropoulos*, GmbHR 1996, 653, 655; *K. Schmidt*, GmbHR 2007, 1072, 1075f.; s. aber auch *K. Schmidt*, GmbHR 2008, 449, 453.

[14] BGH v. 24. 11. 2003 – II ZR 171/01, BGHZ 157, 72.

GmbH erfolgen, auch dann grundsätzlich als verbotene Auszahlung von Gesellschaftsvermögen zu bewerten sein, wenn der Rückzahlungsanspruch gegen den Gesellschafter im Einzelfall vollwertig sein sollte. In der Literatur wurde darüber gestritten, was genau der BGH entschieden hatte und welche Veränderungen sich aus dem Urteil gegenüber der bisherigen Rechtslage ergaben.[15] Verbreitet wurde der BGH als Bestätigung der vorstehend unter 3.a) am Ende dargestellten Mindermeinung verstanden, dass aufsteigende Darlehen an den Gesellschafter einen Verstoß gegen §30 Abs. 1 GmbHG darstellen, soweit der Betrag der Darlehensvaluta nicht durch freie Rücklagen gedeckt ist.[16] Anders ausgedrückt: Bei der Kapitalerhaltungskontrollrechnung zur Überprüfung des Vorliegens einer Unterbilanz muss der Darlehensrückzahlungsanspruch generell unberücksichtigt, also mit null angesetzt werden. Bei dieser Interpretation wäre die übliche Konzerninnenfinanzierung im Wege des Cash Pooling kaum noch möglich gewesen. Die Gegenmeinung verstand das Urteil dagegen nur als Klärung der bis dahin umstrittenen Frage, ob Darlehen im Stadium der Unterbilanz generell, unabhängig von Verzinsung und Vollwertigkeit des Rückzahlungsanspruchs, als unzulässige Auszahlung gewertet werden müssen (vgl. vorstehend 3.a)).[17]

c) Die Klarstellung durch das MoMiG

Die entstandene Rechtsunsicherheit war Anlass für die neue Regelung in §30 Abs. 1 S. 1 Alt. 2 GmbHG, wonach Leistungen an den Gesellschafter, die durch einen vollwertigen Rückgewähranspruch gegen den Gesellschafter gedeckt sind, nicht nach Satz 1 verboten sind. Dadurch hat der Gesetzgeber Upstream-Darlehen auf eine rechtsklare Basis gestellt und zugleich das dogmatische Konzept des §30 Abs. 1 Satz 1 GmbHG verdeutlicht:

- Die Kapitalerhaltungsvorschrift des §30 Abs. 1 S. 1 GmbHG knüpft den Gläubigerschutz an die Erhaltung des Vermögens im Wert der Stammkapitalziffer. Versuchen, über §30 Abs. 1 S. 1 GmbHG die Zusammensetzung und

---

[15] Einen Überblick über die vertretenen Standpunkte gibt *J. Vetter*, in: Goette/Habersack, Das MoMiG in Wissenschaft und Praxis (Fn. 3), Rn. 4.26 f.

[16] OLG München v. 24. 11. 2005 – 23 U 3480/05, ZIP 2006, 25, 26 , GmbHR 2006, 144 mit zust. Anm. *Blöse*; *Bayer/Lieder*, ZGR 2005, 133; *Engert*, BB 2005, 1951, 1955; *Joost*, in: VGR, Die GmbH-Reform in der Diskussion, 2006, S. 31, 34 ff.; *Kerber*, ZGR 2005, 437; wohl auch *Westermann*, in: Scholz GmbHG (Fn. 13), §30 Rn. 19 ff., 37.

[17] *Altmeppen*, ZIP 2006, 1025, 1030 f.; *Goette*, DStR 2006, 767, 768; *Goette*, Einführung in das neue GmbH-Recht, 2008, Rn. 51, wo er von einem überschießenden und von dem entschiedenen Fall nicht herausgeforderten Leitsatz spricht; *Habersack/Schürnbrand*, BB 2006, 288 f.; *Hentzen*, ZGR 2005, 788, 821 ff.; *Hentzen*, DStR 2006, 948, 953; *Schilmar*, DStR 2006, 568, 571 ff.; *Saenger*, in: Festschrift Westermann, 2008, S. 1381, 1387 f.; *Spindler*, ZHR 171 (2007), 245, 251 ff.; *J. Vetter*, ZGR 2005, 788, 821 ff. und ausführlich BB 2004, 1509, 1511 ff.; *J. Vetter/Schwandtner*, Der Konzern 2006, 407, 420; *Wessels*, ZIP 2006, 1704, 1703 f.; tendenziell auch *Dampf*, Der Konzern 2007, 157,162 f.

Liquidität des Vermögens in den Schutzbereich der Vorschrift mit einzubeziehen, wird eine Absage erteilt. Die Gesetzesbegründung stellt ausdrücklich klar, dass das durch § 30 Abs. 1 GmbHG geschützte Stammkapital eine „bilanzielle Ausschüttungssperre" ist und der Schutz des § 30 GmbHG nicht von einem Vermögensschutz zu einem „gegenständlichen Schutz" erweitert werden darf. Der Entwurf kehre „eindeutig zum bilanziellen Denken zurück".[18]
- Für die Frage, ob eine Unterbilanz vorliegt, ist auch bei der Vergabe von aufsteigenden Darlehen allein eine bilanzielle Betrachtungsweise maßgeblich.
- Der Gesetzgeber bestätigt den Grundsatz, dass im Stadium der Unterbilanz nicht nur Vermögensübertragungen an den Gesellschafter, die das bilanzielle Eigenkapital mindern, sondern jede Übertragung von Vermögen unzulässig ist.[19]
- Aber: Selbst bei Vorliegen einer Unterbilanz sind Darlehen an den Gesellschafter nicht ausgeschlossen, soweit der Darlehensrückzahlungsanspruch vollwertig ist. Die Übertragung von Vermögen an den Gesellschafter gegen Einräumung eines nicht sofort fälligen Anspruchs gegen den Gesellschafter wird also nicht per se als nachteilige Beeinträchtigung des Vermögens angesehen. Zumindest insoweit korrigiert der Gesetzgeber den BGH.
- Im Ergebnis wird damit aufgrund ausdrücklicher gesetzlicher Klarstellung die Rechtslage wieder hergestellt, die der wohl h. M. zur Auslegung des § 30 Abs. 1 S. 1 GmbHG bis zum November 2003 entsprach.

4. Einzelheiten zur (Un-) Zulässigkeit von Upstream-Darlehen

a) Maßstab für die Vollwertigkeit

Maßgeblich für die Zulässigkeit eines Upstream-Darlehens ist die Frage, ob der Darlehensrückzahlungsanspruch „vollwertig" i. S. d. § 30 Abs. 1 S. 2 Alt. 2 GmbHG ist. Der Gesetzgeber hat bewusst und zu Recht auf eine Präzisierung der „Vollwertigkeit" im Wortlaut des in § 30 Abs. 1 GmbHG verzichtet. Die Begründung des Regierungsentwurfs gibt dem Rechtsanwender dennoch klare Auslegungshilfen an die Hand, indem sie klarstellt, dass „für die Berechnung die allgemeinen Bilanzierungsgrundsätze" gelten.[20] Ist die Durchsetzbarkeit der Forderung „absehbar in Frage gestellt, dürfte die Vollwertigkeit regelmäßig zu verneinen sein".[21]

Für die Bewertung des Gegenleistungs- oder Rückgewähranspruchs ist folglich entscheidend, ob nach „vernünftiger kaufmännischer Beurteilung" eine

---

[18] Begr. RegE MoMiG, BT-Drucks. 16/6140, S. 41.

[19] Zum Deckungsgebot des § 30 Abs. 1 S. 1 GmbHG ausführlicher *J. Vetter*, in: Goette/Habersack, Das MoMiG in Wissenschaft und Praxis (Fn. 3), Rn. 4.61 ff.

[20] Begr. RegE MoMiG, BT-Drucks. 16/6140, S. 41.

[21] Begr. RegE MoMiG, BT-Drucks. 16/6140, S. 41.

Abschreibung auf den Nennbetrag des Rückzahlungsanspruchs geboten ist (vgl. § 253 Abs. 3 und 4 HGB).[22] Im Ausgangspunkt unterscheidet sich die Bewertung des Gegenleistungs- oder Rückgewähranspruchs also nicht von der Bewertung sonstiger Forderungen der Gesellschaft. Maßgeblich ist, ob nach vernünftiger kaufmännischer Beurteilung im Zeitpunkt der Darlehensgewährung wahrscheinlich ist, dass die Darlehensforderung durch den Gesellschafter vollständig beglichen werden wird.[23] Insoweit sind unter Beachtung des Vorsichtsprinzips (§ 252 Abs. 1 Nr. 4 HGB) alle vorhersehbaren Risiken und Verluste anhand der Umstände des Einzelfalls zu berücksichtigen. Kriterien für die Beurteilung der Vollwertigkeit eines Anspruchs auf Rückzahlung eines Upstream-Darlehens sind insbesondere:[24]

- die Vermögens- und Ertragslage des Schuldners;
- die Höhe der Forderung und ihre Fälligkeit;
- eingeräumte Sicherheiten;
- ein etwaiges Rating des Darlehensnehmers;
- die Finanzierungsstruktur des Darlehensnehmers (z. B. handelt es sich um ein überwiegend fremdfinanziertes Erwerbsvehikel im Rahmen eines Leveraged Buyout?);
- die Risikoerhöhung aufgrund der Eingehung eines Klumpenrisikos;
- die Verwendung der Mittel durch den Darlehensnehmer, insbesondere das Risiko von Dominoeffekten aufgrund der konzerninternen darlehensweisen Weiterreichung der Mittel; sowie
- die Möglichkeit der darlehensgebenden Konzerngesellschaft, auf eine Vermögensverschlechterung des Schuldners zu reagieren, also das Bestehen eines effektiven Frühwarnsystems, das zugunsten der Konzerngesellschaft kurzfristige Kündigungsrechte bei einer Verschlechterung der Vermögenslage der Mutter und effektive Informationsrechte zur rechtzeitigen Ausübung der Kündigungsrechte vorsieht.[25]

---

[22] *J. Vetter*, in: Goette/Habersack, Das MoMiG in Wissenschaft und Praxis (Fn. 3), Rn. 4.37; *J. Vetter*, in: K. Schmidt/Lutter, AktG, 2. Aufl. 2010, § 311 Rn. 58; zustimmend BGH v. 1. 12. 2008 – II ZR 102/07, BGHZ 179, 71, 78, Rn. 13 („MPS").

[23] *Kozikowski/Roscher*, in: Beck'scher Bilanz-Kommentar, 8. Aufl. 2012, § 253 Rn. 570; *Hueck/Fastrich*, in: Baumbach/Hueck, GmbHG (Fn. 7), § 30 Rn. 42; *Kleindiek*, in: Staub, HGB, 4. Aufl. 2002, § 253 Rn. 73; *Blöse*, GmbHR 2002, 675, 677.

[24] Ausführlicher hierzu *J. Vetter*, in: Goette/Habersack, Das MoMiG in Wissenschaft und Praxis (Fn. 3), Rn. 4.40 ff.

[25] Ausführlicher zu derartigen Frühwarnsystemen und insbesondere Art und Umfang der zu gewährenden Informationen *Hentzen*, ZGR 2005, 480, 500 f.; *Vetter/Stadler* (Fn. 9), Rn. 194 ff.; *J. Vetter*, in: Lutter (Hrsg.), Holding-Handbuch, 4. Aufl. 2004, § 8 Rn. 36 ff.

b) Rechtsfolge fehlender Vollwertigkeit

Die Formulierung des § 30 Abs. 1 S. 2 GmbHG lässt aber nicht deutlich erkennen, was bei teilweise fehlender Vollwertigkeit gilt. Der Wortlaut („Satz 1 gilt nicht bei Leistungen, die durch einen vollwertigen Gegenleistungs- oder Rückgewähranspruch (...) gedeckt sind") könnte darauf hindeuten, dass hier eine digitale Entscheidung zu treffen ist: Ist der Rückgewähranspruch vollwertig, ist Satz 1 ausgeschlossen; ist er nicht vollwertig, gilt Satz 1. Eine solche digitale Entscheidung ist beispielsweise für die Frage der Erfüllungswirkung in Fällen des sog. „Hin- und Herzahlens" in § 19 Abs. 5 GmbHG vorgesehen. Trotz dieser Parallelvorschrift kann § 30 Abs. 1 S. 2 GmbHG kein digitales Verständnis der vorbeschriebenen Art entnommen werden.[26] Dem abweichenden Wortlaut beider Vorschriften lässt sich eine zwingende Gleichbehandlung nicht entnehmen. Zutreffend ist vielmehr das Verständnis des § 30 Abs. 1 S. 2 GmbHG in dem Sinne, dass Satz 1 nicht gilt, *wenn und soweit* die Leistung der Gesellschaft durch einen vollwertigen Gegenleistungs- oder Rückgewähranspruch gedeckt ist. Allein dieses Verständnis entspricht der bilanziellen Betrachtungsweise.[27]

c) Maßgeblicher Zeitpunkt und Stehenlassen

Die Vollwertigkeit ist im Zeitpunkt der Darlehensgewährung zu bestimmen. Sollten der Abschluss des Darlehensvertrages und die eigentliche Auszahlung auseinanderfallen, ist auf den Zeitpunkt der Erfüllung der Verpflichtung der Gesellschaft abzustellen.[28] Auch bei längerfristigen Darlehen an den Gesellschafter ist denkbar, dass bei vernünftiger kaufmännischer Beurteilung im Zeitpunkt der Darlehensgewährung von einer Vollwertigkeit des Darlehensrückzahlungsanspruchs ausgegangen werden kann. Kommt es nun in der Folgezeit zu einer nicht vorhersehbaren Vermögensverschlechterung beim Gesellschafter, fragt sich, welche Bedeutung dies für das Vorliegen einer verbotenen Auszahlung nach § 30 Abs. 1 S. 1 GmbHG hat.

Die Gesetzesbegründung stellt ausdrücklich klar, dass spätere nicht vorhersehbare negative Entwicklungen der Forderungen gegen den Gesellschafter und bilanzielle Abwertungen nicht nachträglich zu einer verbotenen Auszahlung führen.[29] Dies entspricht der Dogmatik des § 30 Abs. 1 GmbHG. Eine im Zeitpunkt der Vornahme zulässige Entnahme wird auch nicht nachträglich dadurch unzulässig, dass sich die Vermögensverhältnisse der Gesellschaft verschlech-

---

[26] A. A. *Bormann/Urlichs*, GmbHR Sonderheft Okt. 2008, S. 37, 48; *Hallstein*, in: Bormann/Kauka/Ockelmann, Hdb. GmbH-Recht, 2008, Kap. 5 Rn. 112.

[27] Ausführlicher *J. Vetter*, in: Goette/Habersack, Das MoMiG in Wissenschaft und Praxis (Fn. 3), Rn. 4.29 ff.

[28] So ausdrücklich auch *Habersack*, in: Ulmer/Habersack/Winter, GmbHG, Ergänzungsband MoMiG (Fn. 7), § 30 Rn. 23, 25; *Habersack*, in: Festschrift Schaumburg, 2009, S. 1291, 1302.

[29] Begr. RegE MoMiG, BT-Drucks. 16/6140, S. 41.

tern und eine Unterbilanz eintritt. Verschlechtern sich aber die Vermögensverhältnisse des Schuldners und wäre eine erneute Darlehensvergabe nicht mehr zulässig, ist auch die Prolongation eines Altdarlehens unzulässig, da die Vereinbarung über die Verlängerung eines bestehenden Darlehens wirtschaftlich der Gewährung eines neuen Darlehens entspricht[30] und der Gesellschafter insoweit eine bewusste Finanzierungsentscheidung trifft. Ähnlich wird man bei einem langfristig abgeschlossenen Cash-Management-Vertrag mit der Tochter jede einzelne Abführung von Mitteln an den Gesellschafter eigenständig als Darlehen oder darlehensähnliches Geschäft beurteilen müssen. Der Gesellschafter kann sich nicht darauf berufen, dass im Zeitpunkt des Abschlusses der Cash-Management-Vereinbarung ausreichende Rücklagen bei der Tochter und/oder eine ausreichende Bonität bei der Mutter vorhanden waren.

Über die Fälle der Prolongation hinaus ist es allerdings nicht gerechtfertigt, die Entscheidung des Gesetzgebers, für die Beurteilung der Vollwertigkeit allein auf den Zeitpunkt der Gewährung des Darlehens abzustellen, dadurch zu umgehen, dass jedes Stehenlassen des Darlehens nach Verlust der Vollwertigkeit einer Darlehensgewährung gleichgestellt wird. Die Frage erinnert zwar auf den ersten Blick an die Problematik des Stehenlassens kapitalersetzender Gesellschafterdarlehen nach den Rechtsprechungsregeln zu § 30 GmbHG a. F. und § 32a GmbHG a. F. in der Krise.[31] Der Vergleich mit dem Stehenlassen kapitalersetzender Gesellschafterdarlehen überzeugt jedoch nicht. Aus § 30 Abs. 1 GmbHG lässt sich keine Pflicht des Gesellschafters ableiten, ein empfangenes Darlehen bei Bedenken gegen die Vollwertigkeit, also einer Verschlechterung der eigenen Liquiditäts- oder Vermögenslage, vorzeitig zurückzuführen, um das Stammkapital wieder aufzufüllen,[32] zumal ein solches Vorgehen regelmäßig gegen insolvenzrechtliche Wertungen verstieße. Eine derartige Bevorzugung eines Gläubigers wäre nach den §§ 129 ff. InsO anfechtbar, zumal die GmbH regelmäßig eine nahestehende Person nach § 138 Abs. 1 Nr. 4 InsO sein wird. Auch der Gesetzgeber sieht das schlichte Stehenlassen nicht als der Darlehensgewährung vergleichbar an. In der Begründung des Regierungsentwurfs weist er zu Recht ausdrücklich darauf hin, dass bei einem Stehenlassen der Forderung durch den Geschäftsführer lediglich ein Sorgfaltspflichtverstoß des Geschäftsführers in Betracht kommt.[33]

---

[30] So ausdrücklich auch *Bormann/Urlichs*, GmbHR Sonderheft Okt. 2008, S. 37, 48 f.; *Drygala/Kremer*, ZIP 2007, 1289, 1293; *Gehrlein*, Der Konzern 2007, 771, 785.

[31] Vgl. hierzu näher *Habersack*, in: Ulmer/Habersack/Winter, GmbHG (Fn. 13), §§ 32 a/b Rn. 43 ff. Rn. 30 ff.; *K. Schmidt*, in: Scholz, GmbHG (Fn. 13), §§ 32a/b Rn. 47 ff.

[32] A. A. wohl *Drygala/Kremer*, ZIP 2007, 1289, 1293, die in der bloßen Nichteinforderung des Darlehens am Ende der Laufzeit eine Auszahlung sehen. Richtig ist allerdings, dass in einem solchen Fall eine konkludente Prolongation zu prüfen ist.

[33] Begr. RegE MoMiG, BT-Drucks. 16/6140, S. 41.

Die Sorgfaltspflicht des Geschäftsführers umfasst die Verantwortung, ein an den Gesellschafter gewährtes Darlehen rechtzeitig beizutreiben.[34] Dies bedeutet zum einen, dass Kündigungsrechte sorgfältig zu prüfen und im Gesellschaftsinteresse auszuüben sind. Bereits bei Abschluss eines Darlehens mit dem Gesellschafter hat der Geschäftsführer darauf zu achten, dass er handlungsfähig bleibt. Selbst wenn ein Upstream-Darlehen im Zeitpunkt der Gewährung unbedenklich erscheint, wird er langfristige Darlehen nur dann gewähren können, wenn davon auszugehen ist, dass die Vollwertigkeit des Darlehens über die gesamte Laufzeit gesichert ist, die Vermögensverhältnisse des Gesellschafters also stabil sind oder ausreichende Informations- und Kündigungsrechte für den Fall der Verschlechterung der Bonität des Gesellschafters bestehen.[35] Diese Pflichtenstellung ist bei Upstream-Sicherheiten schon lange anerkannt; ihr wird durch die sog. „limitation language" Rechnung getragen, die den Zugriff der Banken des Gesellschafters begrenzen, soweit eine Vollstreckung in die Sicherheit eine Unterbilanz bei der Tochter herbeiführen oder verstärken würde.[36] Eine spannende Frage ist, ob diese Sorgfaltspflicht im Interesse der Gläubiger gem. § 43 Abs. 3 GmbHG zwingend zu beachten ist oder gem. § 43 Abs. 2 GmbHG der Disposition der Gesellschafter unterliegt.[37]

d) Verzinsung

Das Erfordernis einer angemessenen Verzinsung der an den Gesellschafter überlassenen Liquidität ist in § 30 Abs. 2 S. 2 GmbHG nicht ausdrücklich angesprochen. Demgegenüber hatte der BGH in seiner Entscheidung vom 24. 11. 2003 im Rahmen eines obiter dictum zur ausnahmsweise denkbaren Zulässigkeit von Upstream-Darlehen noch ausdrücklich darauf hingewiesen, dass neben der zweifelsfreien Vollwertigkeit die Darlehensvergabe auch im Interesse der Gesellschaft liegen und die Darlehensbedingungen dem Drittvergleich standhalten müssten.[38] Damit wurde insbesondere eine marktgerechte Verzinsung verlangt. Das Schweigen des Gesetzes in § 30 Abs. 1 S. 2 GmbHG ist konsequent: Nach dem streng bilanziellen Konzept des § 30 GmbHG ist die fehlende Verzinsung eines nicht nur kurzfristigen Darlehens im Rahmen der Bewertung des Darlehensrückzahlungsanspruchs zu berücksichtigen. Unverzinsliche oder nicht marktgerecht verzinste Forderungen sind mit dem

[34] Zu entsprechenden Pflichten des Aufsichtsrats einer AG, BGH v. 1. 12. 2008 – II ZR 102/07, ZIP 2009, 70 ff.

[35] Zur Installation eines solchen aus Informations- und Kündigungsrechten bestehenden Frühwarnsystems auch vorstehend unter II.4.a) und Fn. 25; deutlich zu diesen Überwachungspflichten auch *Habersack*, in: Festschrift Schaumburg, 2009, S. 1291, 1303 f.

[36] Ausführlicher zu derartigen Klauseln nachf. unter. II.5.c) cc) sowie Fn. 57.

[37] Hierzu m. w. N. *J. Vetter*, in: Goette/Habersack, Das MoMiG in Wissenschaft und Praxis (Fn. 3), Rn. 4.60.

[38] BGH v. 24. 11. 2003 – II ZR 171/01, BGHZ 157, 72, 77.

abgezinsten Barwert anzusetzen,[39] wodurch die Vollwertigkeit einer solchen Forderung nicht mehr gegeben wäre. Eine entsprechende Darlehensgewährung wäre daher bei Bestehen einer Unterbilanz unzulässig.[40] Die Gegenauffassung entnimmt dem Umstand, dass §30 Abs.1 S.2 GmbHG allein auf die Vollwertigkeit, nicht aber auf die Angemessenheit der Konditionen abstellt, dass die Gesellschaft auch in der Unterbilanz kurzfristige unverzinsliche Darlehen gewähren darf, solange der Rückzahlungsanspruch nicht zu diskontieren ist.[41] Mit dem Wortlaut des §30 Abs.1 S.2 GmbHG wäre eine solche Auslegung ebenfalls vereinbar. Die Vorschrift würde damit über eine klarstellende Rückkehr zum vor dem November 2003 herrschenden Verständnis eine echte Privilegierung von Darlehen und sonstigen Kreditierungsgeschäften mit dem Gesellschafter einführen. Eine widerspruchslose Einordnung der Neuregelung in die Dogmatik des §30 GmbHG wäre damit jedoch nicht mehr möglich. Eine verbotene Auszahlung liegt insoweit allerdings nur in Höhe des der Gesellschaft entgangenen Zinses, nicht in Höhe der Darlehensvaluta vor.

Befindet sich die Gesellschaft bereits im Stadium der Unterbilanz, dürfen auch kurzfristige Darlehen an den Gesellschafter nicht zinsfrei oder zu einem unter dem Marktzins liegenden Zins gewährt werden, da im Stadium der Unterbilanz jede Vermögensverlagerung an den Gesellschafter unabhängig von ihren bilanziellen Auswirkungen unzulässig ist. Etwas anderes könnte bei einem Cash Pooling nur dann gelten, wenn der nicht marktgerechte Habenzins für von der Tochter gewährte Darlehen durch einen besonders günstigen Sollzins bei Inanspruchnahme der Mittel ausgeglichen wird und zu erwarten ist, dass die Tochter unter dem Cash Pool auch Mittel in Anspruch nehmen wird.

5. Auswirkungen auf Upstream-Sicherheiten

a) Beispiel

Die derzeit schwierigste offene Frage im Bereich der Upstream-Finanzierung ist die der Behandlung von Upstream-Sicherheiten. Hier geht es um Fälle, in denen die GmbH einem Kreditgeber ihres Gesellschafters Sicherheiten bestellt. *Beispiel*: Vom Finanzinvestor F beratene Fonds wollen die Z GmbH erwerben.

---

[39] Zu Grundsatz und Details etwa *Baetge/Kirsch/Thiele*, Bilanzen, 11.Aufl. 2011, S.323; *Ballwieser*, in: MünchKomm, HGB, 2.Aufl. 2008, §253 Rn.63; *Kleindiek*, in: Staub, HGB (Fn.23), §253 Rn.73, *Kozikowski/Roscher*, in: Beck'scher Bilanz-Kommentar (Fn.23), §253 Rn.592ff.; *Merkt*, in: Baumbach/Hopt, HGB, 35.Aufl. 2012, §253 Rn.23; *Wiedmann*, in: Ebenroth/Boujong/Joost/Strohn, HGB, 2.Aufl. 2008, §253 Rn.105.

[40] So ausdrücklich auch *Michael Winter*, DStR 2007, 1484, 1487; *J. Vetter*, in: Goette/Habersack, Das MoMiG in Wissenschaft und Praxis (Fn.3), Rn.4.64ff.

[41] *Drygala/Kremer*, ZIP 2007, 1289, 1293; *Kiefner/Theusinger*, NZG 2008, 801, 804, die bei Darlehen von bis zu einem Jahr auf eine Verzinsung verzichten wollen; ebenso wohl auch *Gehrlein*, Der Konzern 2007, 771, 785; *Gehrlein/Witt*, GmbH-Recht in der Praxis, 2.Aufl. 2008, 7. Kap. Rn.11.

Dazu gründen sie das Erwerbsvehikel K in der Rechtsform der GmbH. Die K GmbH hat ein Stammkapital von EUR 50.000. Der Kaufpreis für die Z GmbH beträgt EUR 50 Mio. Er wird über Gesellschafterdarlehen der Fonds in Höhe von EUR 10 Mio. und einen syndizierten Bankkredit an die K GmbH über EUR 40 Mio. finanziert. Im Kreditvertrag ist keine Garantie der Fonds und kein sonstiger Rückgriff bei ihnen als Gesellschaftern des Darlehensnehmers vorgesehen (non-recourse oder stand-alone Finanzierung). Als Sicherheit dienen den Banken ein Pfandrecht an den Anteilen der Z GmbH. Außerdem soll die Z GmbH unmittelbar nach dem Vollzug des Erwerbs dem Kreditvertrag als Gesamtschuldner beitreten und den Kredit durch eine Grundschuld an ihrem Betriebsgrundstück, eine Globalzession ihrer Kundenforderungen, eine Verpfändung ihres Geschäftskontos und eine Sicherungsübereignung ihres Warenlagers besichern.

b) Meinungsstand

Diese international unter dem Stichwort „financial assistance" diskutierten Gestaltungen sind im Aktienrecht nach § 71a Abs. 1 S. 1 AktG nichtig.[42] Im GmbH-Recht ist neben dem Verbot der Existenzvernichtung § 30 Abs. 1 S. 1 GmbHG als Zulässigkeitsschranke zu beachten. Seine Anwendbarkeit auf aufsteigende Sicherheiten zu Gunsten des Gesellschafters war und ist nach wie vor heftig umstritten. Ursache dafür ist zum einen, dass sich der Vermögensentzug bei der GmbH infolge des zeitlichen Auseinanderfallens von Bestellung und Verwertung der Sicherheit nicht in einem Akt vollzieht. Bei der Bestellung ist die GmbH Subjekt, bei der Verwertung nur noch Objekt ohne eigenen Entscheidungsspielraum. Zum anderen erweist sich die bilanzielle Erfassung der Sicherheitenbestellung für Zwecke der Kapitalerhaltungskontrollrechnung als schwierig.

Etwas vereinfacht stellt sich der Diskussionsstand wie folgt dar:

- Zum Teil wird unabhängig von ihren bilanziellen Auswirkungen bereits in der Bestellung der Sicherheit eine Vermögensweggabe in Höhe der abgesicherten Verbindlichkeit gesehen.[43] Die Sicherheitenbestellung ist demnach nur zulässig, wenn im Zeitpunkt der Bestellung in Höhe der Sicherheit freie Rücklagen zur Verfügung stehen. Teilweise wird diese recht strikte Auffas-

---

[42] Näher hierzu *Riegger*, ZGR 2008, 233, 236 f., 239 ff.; *Seibt*, ZHR 171 (2007), 282, 287 ff.; 297 ff.

[43] So *Bayer*, in: Festschrift Lutter, 2000, S. 1011, 1024; *Bayer/Lieder*, ZGR 2005, 133, 145 f.; *Kühbacher*, Darlehen an Konzernunternehmen – Besicherung und Vertragsanpassung, 1993, S. 37 ff.; *Schön*, ZHR 159 (1995), 351, 356 ff.; *Weitnauer*, ZIP 2005, 790, 792 f.; *Wilhelmi* (Fn. 10), S. 206 ff.; unter Geltung des MoMiG *Freitag*, WM 2007, 1681, 1685; zur Kritik an dieser Auffassung ausführlich *Dampf*, Der Konzern 2007, 157, 161 ff. m. w. N.

sung nur für dingliche, nicht dagegen rein schuldrechtliche Sicherheiten vertreten.[44]

- Nach der vor dem November-Urteil des BGH vom 24. 11. 2003 und nach Inkrafttreten des MoMiG wohl herrschenden Auffassung kann die Bestellung einer Sicherheit nicht abstrahiert von ihren bilanziellen Auswirkungen als Auszahlung angesehen werden:
- Teilweise wird allein auf den Zeitpunkt der Sicherheitenbestellung abgestellt: Eine unzulässige Auszahlung soll nur dann vorliegen, wenn bereits im Zeitpunkt der Bestellung eine Unterbilanz aufgrund der Notwendigkeit eintritt, eine Verbindlichkeit oder Rückstellung in der Bilanz auszuweisen, ohne dass die dadurch bewirkte Eigenkapitalminderung durch einen aktivierungsfähigen Rückgriffsanspruch gegen den Gesellschafter voll ausgeglichen wird.[45]
- Nach etwas strengerer Auffassung soll eine unzulässige Auszahlung auch schon dann vorliegen, wenn im Zeitpunkt der Bestellung der Sicherheit zwar noch keine Verbindlichkeit oder Rückstellung zu passivieren ist, sich die Gesellschaft aber bereits im Stadium der Unterbilanz befindet.[46]
- Es fragt sich weiter, ob nur die Bestellung oder auch die Verwertung der Sicherheit an § 30 Abs. 1 GmbHG zu messen ist:
- Jedenfalls vor dem November-Urteil entsprach es wohl überwiegender Auffassung, dass auch die Verwertung eine für § 30 GmbHG relevante Auszahlung darstellt.[47]
- Nach Inkrafttreten des MoMiG hat dagegen die Auffassung Auftrieb gewonnen, die unter Berufung auf die Behandlung von Upstream-Darlehen allein auf den Zeitpunkt der Bestellung abstellt.[48] Liegt in der Bestellung kein Ver-

---

[44] Zwischen dinglichen und schuldrechtlichen Sicherheiten unterscheidend *Ekkenga*, in: MünchKomm, GmbHG, 1. Aufl. 2010, § 30 Rn. 140f.; *Meister*, WM 1980, 390, 393ff.

[45] So zur neuen Rechtslage nach dem MoMiG *Drygala/Kremer*, ZIP 2007, 1289, 1295; *Gehrlein*, Der Konzern 2007, 771, 785; *Gehrlein/Witt*, GmbH-Recht in der Praxis, 2. Aufl. 2008, 7. Kap. Rn. 11f.; *Habersack*, in: Ulmer/Habersack/Winter, GmbHG (Fn. 7), § 30 Rn. 16, 24; *Habersack*, in: Festschrift Schaumburg, 2009, S. 1291, 1302f.; *Kiefner/Theusinger*, NZG 2008, 801, 805.

[46] So etwa *Stimpel*, in: Festschrift 100 Jahre GmbHG, 1992, S. 335, 354ff.; *Hueck/Fastrich*, in: Baumbach/Hueck, GmbHG (Fn. 7), § 30 Rn. 61f.; *Lutter/Hommelhoff*, GmbHG (Fn. 7), § 30 Rn. 36.; *Meister*, WM 1980, 390, 394; *Wessels*, ZIP 2006, 1704, 1706.

[47] So *Dampf*, Der Konzern 2007, 157, 165, 167; *Tillmann*, NZG 2008, 401, 404; *Link*, ZIP 2007, 1397, 1399f.; *Michael Winter*, DStR 2007, 1484, 1488; *Westermann*, in: Scholz, GmbHG (Fn. 13), § 30 Rn. 44ff.; *Westermann*, in: Scholz, GmbHG (Fn. 7), § 30 Rn. 30ff.; aus der Zeit vor dem November-Urteil OLG München v. 19. 6. 1998 – 21 U 6130/97, ZIP 1998, 1438, 1439; *Peltzer*, GmbHR 1995, 15, 18; *Peltzer/Bell*, ZIP 1993, 1757, 1758ff.; *Sonnenhol/Groß*, ZHR 159 (1995), 388, 399 für dingliche Sicherheiten; *Steinbeck*, WM 1999, 885, 887; *Vetter/Stadler* (Fn. 9), Rn. 80, 82 m. w. N.; *J. Vetter*, in: Goette/Habersack, Das MoMiG in Wissenschaft und Praxis (Fn. 3), Rn. 4.70ff.

[48] *Drygala/Kremer*, ZIP 2007, 1289, 1295; *Gehrlein*, Der Konzern 2007, 771, 785; *Gehrlein/Witt*, GmbH-Recht in der Praxis, 2. Aufl. 2008, 7. Kap. Rn. 11f.; *Habersack*, in: Ulmer/Habersack/Winter, GmbHG, Ergänzungsband MoMiG (Fn. 7), § 30 Rn. 16, 24; *Habersack*, in: Festschrift Schaumburg, 2009, S. 1291, 1302f.; *Kiefner/Theusinger*, NZG 2008, 801, 805.

stoß gegen § 30 Abs. 1 GmbHG, soll die Vorsorge für einen Schutz der Gesellschaft im Zeitpunkt der Verwertung allein eine Frage der Sorgfaltspflicht des Geschäftsführers nach § 43 GmbHG sein. Gemeint ist dabei dann wohl eine dispositive Pflicht gem. § 43 Abs. 1 GmbHG, da der Anwendungsbereich des § 43 Abs. 3 GmbHG ja nicht eröffnet sein soll. Die Gesellschafter sind jedenfalls aus der Verantwortung und Haftung für Verwertungsmaßnahmen entlassen.

c) Stellungnahme

aa) Auszahlung im Zeitpunkt der Sicherheitenbestellung
Schon die Bestellung einer Upstream-Sicherheit kann unter zwei Gesichtspunkten zu einem Verstoß gegen § 30 Abs. 1 S. 1 GmbHG führen:

(1) Wohl unstreitig liegt ein solcher Verstoß vor, wenn im Hinblick auf das Risiko der Inanspruchnahme eine Verbindlichkeit oder Rückstellung zu passivieren ist, der kein vollwertiger Rückgriffsanspruch gegen den Gesellschafter entgegensteht, und durch diese Eigenkapitalminderung eine Unterbilanz entsteht oder verschärft wird. Dass der Gesellschaft aufgrund der bloßen Bestellung der Sicherheit keine tatsächlichen Vermögensgegenstände entzogen werden, lässt die Annahme einer unzulässigen Auszahlung unberührt, da § 30 Abs. 1 GmbHG nicht die gegenständliche Zusammensetzung des Vermögens schützt.
(2) Befindet sich die GmbH bereits vor Bestellung der Sicherheit im Stadium der Unterbilanz, wird man unabhängig von der zu diesem Zeitpunkt bestehenden Vollwertigkeit des Rückgriffsanspruchs gegen den Gesellschafter und damit unabhängig von einer Vertiefung der Unterbilanz eine unzulässige Auszahlung annehmen müssen. Nach allgemeiner und durch die Begründung des MoMiG-Regierungsentwurfs bestätigter Auffassung ist in jeder realen Vermögensübertragung an oder zu Gunsten des Gesellschafters im Stadium der Unterbilanz unabhängig von ihren bilanziellen Auswirkungen eine unzulässige Auszahlung im Sinne des § 30 Abs. 1 S. 1 GmbHG zu sehen.[49] Auch wenn die Wahrscheinlichkeit einer Verwertung zu diesem Zeitpunkt gering ist, steht die durch die Upstream-Sicherheit belastete Gesellschaft schlechter da, als wenn sie keine Sicherheit bestellt hätte. Ein Dritter hätte eine solche Sicherheit trotz fehlender konkreter Verwertungsgefahr nicht oder jedenfalls nicht unentgeltlich bestellt. Eine andere Beurteilung wäre allenfalls dann denkbar, wenn der Gesellschaft für die Bestellung der Sicherheit eine marktgerechte Avalprovision gezahlt würde. Dies kommt in der Praxis kaum vor; im Übrigen dürfte die volle Berücksichtigung aller

[49] Hierzu allgemein oben unter II.2.(2.).

Risikoelemente einschließlich des Klumpenrisikos zu prohibitiven Beträgen für solche Avalprovisionen führen.[50]

Liegt im Zeitpunkt der Bestellung dagegen keine Unterbilanz vor und entsteht auch keine Unterbilanz aufgrund der Sicherheitenbestellung, lässt sich infolge der nach dem MoMiG maßgeblichen bilanziellen Betrachtungsweise die Annahme einer unzulässigen Auszahlung aufgrund der Sicherheitenbestellung nicht mehr begründen. Um die Instrumentalisierung der Bilanz und des darin ausgewiesenen Eigenkapitals für Zwecke der Kapitalerhaltung nicht zu verwässern, sollten Ausnahmen von der bilanziellen Bestimmung des geschützten Vermögens vermieden werden. Zwar sind mit der Bestellung einer Upstream-Sicherheit für die Gesellschaft besondere Risiken verbunden; diese erfordern aber nicht, bereits bei der Bestellung der Sicherheit eine Minderung des bilanziellen Eigenkapitals zu fingieren.

bb) Auszahlung im Zeitpunkt der Sicherheitenverwertung?

Im Ausgangsfall sei unterstellt, die Bestellung der Upstream-Sicherheiten nach Vollzug des Kaufvertrags sei zulässig gewesen; die Vermögenslage der Z GmbH und damit die Vermögenslage der K GmbH waren hervorragend und der Business Plan der K GmbH war auch von den Banken auf Herz und Nieren überprüft worden. Zwei Jahre später gerät die Z GmbH aufgrund der Wirtschaftskrise in eine Schieflage. In deren Folge kann auch die K GmbH die Zinsen für ihren Akquisitionskredit nicht mehr bedienen. Daneben werden im Kreditvertrag enthaltene Zusicherungen nicht mehr eingehalten. Die Banken möchten ihre Sicherheiten in möglichst weitgehendem Umfang verwerten. Dürfen sie dies? Unproblematisch ist die Verwertung des Pfandrechts an den Geschäftsanteilen der Z GmbH; eine Upstream-Problematik besteht insoweit nicht. Anders ist es im Hinblick auf die übrigen, von der Z GmbH selbst bestellten Sicherheiten.

Gegen das Vorliegen einer Auszahlung könnten zwei Umstände sprechen: Zum einen liegt im Zeitpunkt der Verwertung gar kein von der Gesellschaft oder dem Gesellschafter zu beeinflussendes Verhalten mehr vor. Die Gesellschaft ist Objekt; aufgrund der Sicherheit kann der Sicherungsnehmer autonom vollstrecken. Zum anderen lässt sich in Parallele zur Problematik des Stehenlassens aufsteigender Darlehen argumentieren, dass auch bei Sicherheiten zugunsten des Gesellschafters eine nachträgliche Veränderung der Vermögensverhält-

---

[50] Für die Unbeachtlichkeit einer gezahlten Avalprovision *Habersack*, in: Ulmer/Habersack/Winter, GmbHG, Ergänzungsband MoMiG (Fn. 7), § 30 Rn. 17; *Altmeppen*, in: Roth/Altmeppen, GmbHG (Fn. 7), § 30 Rn. 139; *Bayer*, in: MünchKomm. AktG, 3. Aufl. 2008, § 57 Rn. 105.

nisse oder der Realisierungswahrscheinlichkeit unbeachtlich bleiben muss.[51] Im Ergebnis überzeugen beide Überlegungen nicht.[52] Im Einzelnen:

- Eine Auszahlung mangels Handlung der Gesellschaft abzulehnen, erschiene konstruiert. Die Verwertung stellt sich als unmittelbare Folge der auf Veranlassung des Gesellschafters von der Gesellschaft aktiv betriebenen Sicherheitenbestellung dar. Wie bei zeitlich gestreckten Erwerbstatbeständen, bei denen Verpflichtungs- und Verfügungsgeschäft auseinander fallen und bei denen für das Vorliegen einer Auszahlung i.S.d. §30 GmbHG auf das Erfüllungsgeschäft abgestellt wird[53], erfolgt die Vermögensminderung bei einer Sicherheitenbestellung in zwei Akten, der Bestellung und der Verwertung.
- Die Upstream-Sicherheit zielt gerade auf eine zukünftige Vermögensweggabe zugunsten des Gesellschafters. Ihr Zweck besteht darin, dass die Gläubiger des Gesellschafters gerade dann auf das Vermögen der Gesellschaft zugreifen können, wenn der Gesellschafter selbst nicht mehr leistungsfähig ist und entsprechend auch der Rückgriffsanspruch der Gesellschaft gegen ihn wertlos geworden ist. Jedenfalls dann, wenn keine Avalprovision an die Gesellschaft gezahlt wird, erfolgt die Bestellung der Upstream-Sicherheit allein im Interesse des Gesellschafters und nicht im eigenen Interesse.
- Auch das Bilanzrecht spricht eher dafür, eine Upstream-Sicherheit auch im Zeitpunkt der Verwertung an §30 Abs. 1 GmbHG zu messen. Die durch die Bestellung der Upstream-Sicherheit ermöglichte Vermögensverschiebung wird unmittelbar in der Bilanz nicht ausgewiesen, sondern lediglich unter dem Strich. Allenfalls die Bildung einer Rückstellung auf der Passivseite der Bilanz ist denkbar. Der Vermögensentzug selbst, z.B. der Verlust der als Sicherungsgut dienenden Forderungen oder Waren, wird erst im Zeitpunkt der Verwertung verbucht.
- Gegenüber dem Stehenlassen eines Darlehens bestehen deutliche Unterschiede: Bei der Darlehensvergabe an den Gesellschafter erfolgt die Vermögensübertragung (Weggabe von Barmitteln) vollständig im Zeitpunkt der Darlehensauszahlung. Zu diesem Zeitpunkt wird die Vermögensminderung auch in vollem Umfang bilanziert. Darüber hinaus zielt das Darlehen an den

---

[51] So *Drygala/Kremer*, ZIP 2007, 1289, 1295; *Gehrlein*, Der Konzern 2007, 771, 785; *Gehrlein/Witt*, GmbH-Recht in der Praxis, 2. Aufl. 2008, 7. Kap. Rn. 11f.; *Habersack*, in: Ulmer/Habersack/Winter, GmbHG, Ergänzungsband MoMiG (Fn. 7), §30 Rn. 24; *Habersack*, in: Festschrift Schaumburg, 2009, S. 1291, 1302f.; *Kiefner/Theusinger*, NZG 2008, 801, 805; unklar *Bormann/Urlichs*, GmbHR Sonderheft Okt. 2008, S. 37, 49.

[52] Im Ergebnis ebenso unter Geltung des MoMiG *Tillmann*, NZG 2008, 401, 404f.; ausführlicher *J. Vetter*, in: Goette/Habersack, Das MoMiG in Wissenschaft und Praxis (Fn. 3), Rn. 4.79ff.

[53] So etwa *Habersack*, in: Ulmer/Habersack/Winter, GmbHG (Fn. 6), §30 Rn. 55; *Habersack*, in: Ulmer/Habersack/Winter, GmbHG, Ergänzungsband MoMiG (Fn. 7), §30 Rn. 25; *Peltzer/Bell*, ZIP 1993, 1757, 1760.

Gesellschafter auch gerade nicht darauf ab, zu seinen Gunsten, wenn auch bedingt, Vermögen ohne vollständige Kompensation zu übertragen. Im Übrigen ist auch bei einem Darlehen nicht der Zeitpunkt des Vertragsschlusses, sondern der der Auszahlung entscheidend.[54]

- Die hier vertretene Auffassung wird auch vom BGH geteilt, der aufgrund der Verwertung einer Sicherheit eine Auszahlung im Sinne des § 30 Abs. 1 GmbHG bejahte.[55] Er ließ in dieser Entscheidung lediglich offen, ob außerdem bereits in der Bestellung eine Auszahlung im Sinne des § 30 Abs. 1 GmbHG liegt.

Es bleibt damit bei der schon bisher in der Praxis unstreitigen Notwendigkeit, in Upstream-Besicherungsverträgen vertragliche Verwertungsbeschränkungen (sog. „limitation language") vorzusehen,[56] die die Verwertung der Sicherheit insoweit einschränken, als diese zu einer Unterbilanz bei der GmbH führen oder eine bestehende Unterbilanz verstärken würde.[57] Nach der hier vertretenen Auffassung ergibt sich die Verpflichtung hierzu sowohl für den Gesellschafter als auch die Geschäftsführer (§ 43 Abs. 3 GmbHG). Die Gegenauffassung wird vermutlich zwar ebenfalls vertragliche Verwertungsbeschränkungen empfehlen. Bei ihr ist dies allerdings allein eine Frage der allgemeinen Sorgfaltspflicht des Geschäftsführers nach § 43 Abs. 1 GmbHG. Sie muss entscheiden, ob diese Pflicht zur Disposition der Gesellschafter durch einstimmigen Gesellschafterbeschluss steht; zur Begründung einer zwingenden Verpflichtung kann sie sich jedenfalls nicht auf § 43 Abs. 3 GmbHG berufen. In jedem Fall ist die Sicherstellung einer § 30 GmbHG beachtenden Verwertung nach der Gegenauffassung allein eine Aufgabe der Geschäftsführer; eine Verantwortung und Haftung der Gesellschafter wird für die Verwertung abgelehnt.

Unproblematisch bleiben Sicherheiten der GmbH zu Gunsten eines Kreditgebers des Gesellschafters allerdings insoweit, als der Gesellschafter einen Teil des extern aufgenommenen Kredits an die GmbH weiterreicht und sich die Sicherheit der Höhe nach auf den weitergereichten Teil beschränkt.[58]

---

[54] *Habersack*, in: Ulmer/Habersack/Winter, GmbHG, Ergänzungsband MoMiG (Fn. 7), § 30 Rn. 23; *J. Vetter*, in: Goette/Habersack, Das MoMiG in Wissenschaft und Praxis (Fn. 3), Rn. 4.52.

[55] BGH v. 18. 6. 2007 – II ZR/86/06, DStR 2007, 1874, 1877 f. mit Anm. *Goette*, BB 2007, 2025 ff. mit Anm. *Reese*, BB 2007, 2198, DB 2007, 1969 mit Anm. *Philippi/Fickert*, DB 2008, 223.

[56] A. A. *Habersack*, in: Ulmer/Habersack/Winter, GmbHG, Ergänzungsband MoMiG (Fn. 7), § 30 Rn. 17.

[57] Zu deren Inhalt und Ausgestaltung etwa *Bastuck*, WM 2000, 1091, 1097 f.; *Diem*, Akquisitionsfinanzierungen, 2. Aufl. 2009, § 43 Rn. 106 ff.

[58] S. etwa *Bastuck*, WM 2000, 1991, 1094; *Bayer*, in: Festschrift Lutter, 2000, S. 1011, 1025; *Bayer*, in: MünchKomm. AktG (Fn. 50), § 57 Rn. 106; *Maier-Reimer*, in: Lutter/Scheffler/Schneider (Hrsg.), Hdb. der Konzernfinanzierung (Fn. 13), Rn. 16.20; *Schön*, ZHR 159 (1995), 351, 368; *J. Vetter*, in: Goette/Habersack, Das MoMiG in Wissenschaft und Praxis (Fn. 3), Rn. 4.93; *Vetter/Stadler* (Fn. 9), Rn. 83.

III. Leistungen im Unternehmensvertrag

1. Überblick

In seiner ersten Alternative stellt § 30 Abs. 1 S. 2 GmbHG klar, dass das Auszahlungsverbot des Satzes 1 nicht bei Leistungen gilt, „die bei Bestehen eines Beherrschungs- oder Gewinnabführungsvertrags (§ 291 des Aktiengesetzes) erfolgen". Eine entsprechende Klarstellung wurde durch das MoMiG in § 57 Abs. 1 AktG aufgenommen. Zugleich wurde § 291 Abs. 3 AktG, der bisher eine Ausnahme von den aktienrechtlichen Kapitalerhaltungsvorschriften für Leistungen „aufgrund" eines Beherrschungs- oder Gewinnabführungsvertrags vorsah, dadurch erweitert, dass nunmehr Leistungen schon „bei Bestehen eines Beherrschungs- oder Gewinnabführungsvertrags" nicht als Verstoß gegen die §§ 57, 58 und 60 AktG gelten. Durch diese Regelungen werden gegenüber der alten Rechtslage die folgenden Klarstellungen und Erweiterungen vorgenommen:

- Durch die ausdrückliche Regelung in § 30 Abs. 1 GmbHG ist die früher umstrittene Frage, ob die Verdrängung der Kapitalerhaltungsvorschriften analog § 293 AktG auch bei der GmbH gilt, geklärt.[59]
- Es kommt anders als nach § 291 Abs. 3 AktG a. F. nicht mehr darauf an, dass die Leistung im Falle eines Beherrschungsvertrags gerade aufgrund einer Weisung erfolgt.[60] Ohne eine Weisung macht sich der Geschäftsleiter bei nachteiligen, das Kapital gefährdenden Maßnahmen aber möglicherweise gegenüber der Gesellschaft schadensersatzpflichtig.
- Da nicht nur Leistungen aufgrund, sondern alle Leistungen bei Bestehen eines Beherrschungs- oder Gewinnabführungsvertrags nicht an den Kapitalerhaltungsvorschriften gemessen werden, gilt dies nunmehr auch für Leistungen an Dritte auf Veranlassung oder im Interesse des herrschenden Unternehmens, beispielsweise an andere Konzernunternehmen oder Unternehmen, die mit dem herrschenden Unternehmen in Geschäftsverbindung stehen.[61] Bedeutung hat dies insbesondere in mehrstufigen Unternehmensverbindungen, in denen ein Beherrschungs- oder Gewinnabführungsvertrag beispielsweise nur im Verhältnis Mutter-Enkel oder Tochter-Enkel besteht, die

---

[59] Zum Meinungsstand vor Inkrafttreten des MoMiG *J. Vetter*, in: Goette/Habersack, Das MoMiG in Wissenschaft und Praxis (Fn. 3), Rn. 4.102f.

[60] Zum Erfordernis einer rechtmäßigen Weisung nach alter Rechtslage etwa *Altmeppen*, in: Müchener Komm. AktG, 2. Aufl. 2000, § 291 Rn. 228f.; *Hentzen*, ZGR 2005, 480, 515; *Hüffer*, AktG, 9. Aufl. 2010, § 291 Rn. 36; *Emmerich*, in: Emmerich/Habersack, Aktien- und GmbH-Konzernrecht, 6. Aufl. 2010, § 291 Rn. 76f.; *Pentz*, ZIP 2006, 781, 786; *Spindler*, ZHR 171 (2007), 245, 259f.

[61] So ausdrücklich der Bericht des Rechtsausschusses zur Begründung der Änderung des § 30 Abs. 1 GmbHG, BT-Drucks. 16/9737, S. 94.

Leistung aber an den nicht durch Vertrag verbundenen unmittelbaren oder mittelbaren Gesellschafter erfolgt.
- § 30 Abs. 1 S. 1 GmbHG wird auch bei Bestehen eines isolierten Gewinnabführungsvertrags ausgeschlossen.[62]

Grundlage für diese recht weitgehende Regelung ist die Erkenntnis, dass das Gläubigerschutzinstrument der Kapitalerhaltung durch den Verlustausgleich nach § 302 AktG (analog) mehr als kompensiert wird. Der Gesetzgeber belässt es bei dieser praktikablen, allein auf den Gläubigerschutz abgestellten Betrachtung und der entsprechenden Regelung im Verhältnis zu den Gläubigern.

2. Upstream-Darlehen

Auch der Unternehmensvertrag eröffnet allerdings keine grenzenlosen Möglichkeiten. Allgemein anerkannt ist, dass nachteilige Weisungen unter einem Beherrschungsvertrag nur zulässig sind, wenn sie (i) im Konzerninteresse erfolgen (§ 308 Abs. 1 S. 2 AktG), (ii) die Existenz der Gesellschaft nicht gefährden[63] und (iii) der Verlustausgleichsanspruch entsprechend § 302 AktG vollwertig erscheint[64]. Insbesondere die letzte Voraussetzung wird häufig unterschätzt. Das Vollwertigkeitserfordernis bezieht sich zwar nicht auf die individuelle Forderung, wohl aber den Anspruch auf Erstattung eines negativen Saldos zwischen den Erträgen und Aufwendungen des Geschäftsjahres. Ist bei einem Upstream-Darlehen der Darlehensrückzahlungsanspruch nicht vollwertig, kann die Darlehensvergabe zwar trotzdem zulässig sein. Allerdings ist zu beachten, dass der Ausfall des Darlehens zu einem entsprechenden Aufwand führt. Es ist dann weiter zu prüfen, ob dieser Aufwand und sonstige Aufwendungen durch Erträge mindestens ausgeglichen werden. Kann davon nicht mit ausreichender Si-

---

[62] Zu § 291 Abs. 3 AktG a.F. entsprach es der h.M., dass die §§ 57, 58 und 60 AktG bei Leistungen unter einem reinen Gewinnabführungsvertrag nicht ausgeschlossen sind, s. nur *Altmeppen*, in: MünchKomm AktG, 2. Aufl. 2000, § 291 Rn. 227; *Bayer*, in: MünchKomm AktG (Fn. 50), § 57 Rn. 138; *Fleischer*, in: K. Schmidt/Lutter, AktG (Fn. 22), § 57 Rn. 35; *Pentz*, ZIP 2006, 781, 786; *Spindler*, ZHR 171 (2007), 245, 260; *Veil*, in: Spindler/Stilz, AktG, 2. Aufl. 2010, § 291 Rn. 71 f.; *Westermann*, in: Scholz, GmbHG (Fn. 13), § 30 Rn. 52; *Wiesner*, in: Hoffmann-Becking, MünchHdb. AG, 3. Aufl. 2007, § 16 Rn. 57.

[63] So die ganz h.M., s. nur *Emmerich*, in: Emmerich/Habersack, Aktien- und GmbH-Konzernrecht (Fn. 60), § 308 Rn. 60 ff.; *Henze*, in: Großkomm AktG, 4. Aufl. 2001, § 57 Rn. 190; *Hüffer*, AktG (Fn. 60), § 308 Rn. 19; *Krieger*, in: Hoffmann-Becking, MünchHdb. AG (Fn. 62), § 70 Rn. 148; *Langenbucher*, in: K. Schmidt/Lutter (Fn. 22), § 308 Rn. 31 f.; *Hentzen*, ZGR 2005, 480, 515; *Riegger*, ZGR 2008, 233, 244; gegen das Verbot existenzgefährdender Weisungen *Koppensteiner*, in: Kölner Komm AktG, 3. Aufl. 2004, § 308 Rn. 50 ff.; *Altmeppen*, in: MünchKomm AktG, 3. Aufl. 2010, § 308 Rn. 118 ff.

[64] Ausdrücklich *Altmeppen*, in: MünchKomm AktG (Fn. 63), § 302 Rn. 38; *Altmeppen*, ZIP 2006, 1025, 1032 f.; *Bormann/Urlichs*, GmbHR Sonderheft Okt. 2008, S. 37, 47; *Brandes*, in: Festschrift Kellermann, 1990, S. 25, 29, 31; *Hentzen*, ZGR 2005, 480, 515; *Henze*, in: Großkomm AktG (Fn. 63), § 57 Rn. 190; *Henze*, WM 2005, 717, 723; *Vetter/Stadler* (Fn. 9), Rn. 175; zurückhaltender *Riegger*, ZGR 2008, 233, 245.

cherheit ausgegangen werden, wird auch der Verlustausgleichsanspruch kaum als vollwertig erscheinen, wenn gleichzeitig ein Darlehensanspruch gegen das herrschende Unternehmen nicht vollwertig ist.

3. Upstream-Sicherheiten im Unternehmensvertrag

In der Praxis wurde im Beherrschungs- und Gewinnabführungsvertrag teilweise ein Allheilmittel gegen rechtliche Risiken im Zusammenhnag mit der Gewährung von Upstream-Sicherheiten gesehen. Diese Sichtweise ist unzutreffend. Für die Beurteilung der Zulässigkeit von Upstream-Sicherheiten kommt es beim Beherrschungs- oder Gewinnabführungsvertrag zwar nicht auf das Vorliegen einer Unterbilanz, wohl aber die Vollwertigkeit des Verlustausgleichsanspruchs an. Diese ist zunächst im Zeitpunkt der Bestellung der Upstream-Sicherheit zu prüfen. Entsprechend den Überlegungen zur Upstream-Sicherheit im faktischen Konzern ist weiter zu prüfen, ob der Verlustausgleichsanspruch auch im Zeitpunkt der Verwertung vollwertig ist. Dies dürfte praktisch immer ausgeschlossen sein: Wenn die den Gesellschafter finanzierenden Banken von diesem keine Befriedigung erhalten und deshalb die Sicherheit verwerten, ist kaum vorstellbar, dass der Gesellschafter in der Lage ist, den Verlust der GmbH einschließlich des Aufwands, der aus der Verwertung der Sicherheit folgt, auszugleichen. Auch bei Unternehmensverträgen ist damit eine *limitation language* erforderlich. Theoretisch denkbar, aus Sicht des Sicherungsnehmers aber unzweckmäßig wäre es, die Verwertungsbefugnis davon abhängig zu machen, dass der Verlustausgleichsanspruch gegen den Gesellschafter vollwertig ist. Aus Sicht der finanzierenden Banken ist eine möglichst rechtsklare Lösung wichtig. Es erscheint daher sinnvoller, die Verwertungsbeschränkung an das Be- oder Entstehen einer Unterbilanz zu knüpfen. Praktisch dürfte damit dieselbe limitation language zu empfehlen sein, die auch im faktischen Konzern verwendet wird.

IV. Besonderheiten bei der AG

Durch das MoMiG sind die Präzisierungen zur Kapitalerhaltung für GmbH und Aktiengesellschaft einheitlich geregelt worden. In § 57 Abs. 1 S. 3 AktG ist ein dem § 30 Abs. 1 S. 2 GmbHG (mit Ausnahme der Gesellschafterbezeichnung) wörtlich entsprechender Satz eingefügt worden.[65] Damit ist die für Aktiengesellschaften aufgrund der strikteren Kapitalbindung bisher noch umstrit-

---

[65] Speziell zu aufsteigenden Darlehen und Sicherheiten bei der AG *Kiefner/Theusinger*, NZG 2008, 801 ff.; rechtpolitische Kritik bei *Bayer*, in: MünchKomm AktG (Fn. 50), § 57 Rn. 111.

tenere Frage, inwieweit die Kapitalerhaltungsvorschrift des § 57 AktG Darlehen der Aktiengesellschaft an einen Aktionär verbietet,[66] geklärt.

Allerdings ist zu beachten, dass in Konzernverhältnissen § 57 AktG nach ganz herrschender Meinung durch die §§ 311 ff. AktG verdrängt wird, soweit der Nachteilsausgleich tatsächlich erfolgt.[67] Zu Darlehen der Aktiengesellschaft an das herrschende Unternehmen im faktischen Konzern entsprach es auch nach dem November 2003 wohl herrschender Meinung, dass ein solches Darlehen bei angemessener Verzinsung und Vollwertigkeit des Rückzahlungsanspruchs nicht per se nachteilig und unzulässig ist.[68] Dieses Verständnis wird durch die Klarstellung in § 57 AktG mittelbar bestätigt.[69]

Upstream-Sicherheiten im faktischen Konzern sind aufgrund des bei der AG weitergehenden Vermögensschutzes kaum denkbar. Die erforderlichen Verwertungsbeschränkungen würden praktisch keinerlei Zugriff auf die Sicherheiten ermöglichen. Im Aktienvertragskonzern gelten im Grundsatz die gleichen rechtlichen Beschränkungen wie bei der durch Beherrschungsvertrag verbundenen GmbH. Allerdings bedarf die Formulierung der limitation language genauerer Überlegungen.

V. Die liquiditätsbezogene Ausschüttungssperre des § 64 S. 3 GmbHG

1. Einführung

Mit Einführung des § 64 S. 3 GmbHG (für die AG § 92 Abs. 2 S. 3 AktG) wurde der gesellschaftsrechtliche Vermögensschutz um einen Liquiditätsschutz ergänzt, da sich gezeigt hatte, dass ein rein bilanzielles Schutzkonzept, das die Liquidität des Vermögens unberücksichtigt lässt, den effektiven Schutz der Gesellschaft und mittelbar ihrer Gläubiger nur unzureichend gewährleisten kann. Das Zahlungsverbot des § 64 S. 3 GmbHG ist nicht auf Zahlungen aus dem zur

---

[66] Zum Meinungsstand vgl. etwa *Bayer*, in: MünchKomm AktG (Fn. 50), § 57 Rn. 100 ff., 149; *Fleischer*, in: K. Schmidt/Lutter, AktG (Fn. 22), § 57 Rn. 38 ff.; *Henze*, in: Großkomm AktG (Fn. 63), § 57 Rn. 49; s. auch OLG Jena v. 24. 4. 2007 – 6 U 947/05, NZG 2008, 275.

[67] BGH v. 1. 12. 2008 – II ZR 102/07, BGHZ 179, 71 ff. Rn. 11 („MPS"); *Habersack*, in: Emmerich/Habersack, Aktien- und GmbH-Konzernrecht (Fn. 60), § 311 Rn. 82; *Hüffer*, AktG (Fn. 60), § 311 Rn. 49; *J. Vetter*, in: K. Schmidt/Lutter, AktG (Fn. 22), § 311 Rn. 117 ff. m. w. N.; a. A. etwa *Altmeppen*, ZIP 2006, 1025, 1032 m. w. N.

[68] *Habersack*, in: Emmerich/Habersack, Aktien- und GmbH-Konzernrecht (Fn. 60), § 311 Rn. 47 ff.; *Habersack/Schürnbrandt*, NZG 2004, 689, 693 f.; *Hentzen*, ZGR 2005, 480, 509 f.; *Henze*, WM 2005, 717, 723; *Krieger*, in: Hoffmann-Becking, MünchHdb AG (Fn. 62), § 69 Rn. 61, 63; *J. Vetter*, in: K. Schmidt/Lutter, AktG (Fn. 22), § 311 Rn. 56 m. w. N.; a. A. etwa *Bayer*, in: MünchKomm AktG (Fn. 50), § 57 Rn. 100 ff., 149; *Hüffer*, AktG (Fn. 60), § 311 Rn. 49a; *Hüffer*, AG 2004, 416, 417 ff.;

[69] Im Erg, ebenso BGH, v. 1. 12. 2008 – II ZR 102/07, BGHZ 179, 71 ff. Rn. 10 („MPS"); ausführlicher *J. Vetter*, in: K. Schmidt/Lutter, AktG (Fn. 22), § 311 Rn. 56 ff. m. w. N.

Erhaltung des Stammkapitals erforderlichen Vermögens beschränkt, sondern erfasst alle Zahlungen an Gesellschafter, die die Zahlungsunfähigkeit der Gesellschaft herbeiführen mussten und auch tatsächlich herbeiführten. Dadurch soll § 64 S. 3 GmbHG einen Teilbereich der Fälle existenzvernichtender Eingriffe erfassen und die Gesellschaft gegen Ausplünderungen schützen.[70] § 64 GmbHG gilt auch im Vertragskonzern. Das Pendant der Geschäftsführerhaftung aus § 64 S. 3 GmbHG ist die Haftung des Gesellschafters wegen existenzvernichtenden Eingriffs, die nach einer gewissen dogmatischen Odyssee nunmehr auf § 826 BGB gestützt wird.[71] Hierauf soll vorliegend aus Platzgründen nicht näher eingegangen werden. Gleiches gilt für die Konkretisierung der allgemeinen Tatbestandsvoraussetzungen des § 64 S. 3 GmbHG, insbesondere die Anforderungen an die Kausalität der Zahlung für die Zahlungsunfähigkeit und die Möglichkeiten der Entlastung für den Geschäftsführer nach § 64 S. 3 Hs. 2 GmbHG.

Das gesetzgeberische Anliegen, Schutzdefizite im Bereich der Kapitalerhaltung zu kompensieren, ist im Grundsatz nachvollziehbar; gleichwohl erstaunt die dogmatische Konstruktion. Denn anders als bei § 30 Abs. 1 GmbHG haftet der Gesellschafter nicht auf Rückgewähr, sondern auf Schadensersatz, während der Geschäftsführer anders als bei § 43 Abs. 3 GmbHG nicht auf Schadensersatz, sondern auf Rückgewähr haftet.[72]

2. Bedeutung für die Konzernfinanzierung

a) Anwendbarkeit auf Upstream-Darlehen

Die Haftungsnorm des § 64 S. 3 GmbHG setzt voraus, dass Zahlungen an Gesellschafter geleistet werden, die zur Zahlungsunfähigkeit der Gesellschaft führen mussten. Gewährt eine Tochtergesellschaft ihrer Konzernmutter Darlehen, kann dies den Tatbestand des § 64 S. 3 GmbHG erfüllen.[73] Auch im Rahmen des Cash-Pooling ist eine Haftung aus § 64 S. 3 GmbHG denkbar, selbst wenn die Betreibergesellschaft nicht Gesellschafter der Tochtergesellschaft ist. Für die Gesellschafterstellung genügt es, wenn der Zahlungsempfänger einem Gesellschafter wirtschaftlich entspricht. Davon ist jedenfalls auszugehen, wenn – wie beim Cash-Pooling – die Zahlung an verbundene Gesellschaften im Interesse oder auf Veranlassung des Gesellschafters erfolgt.[74]

---

[70] Vgl. nur *K. Schmidt*, in: Scholz, GmbHG (Fn. 13), § 64 Rn. 65.

[71] BGH v. 16. 7. 2007 – II ZR 3/04, BGHZ 173, 246 ff. („Trihotel"); BGH v. 28. 4. 2008 – II ZR 264/06, BGHZ 176, 204 ff. („Gamma").

[72] Ebenso *Greulich/Rau*, NZG 2008, 284, 286.

[73] Ausdrücklich etwa *Hüffer*, AktG (Fn. 60), § 92 Rn. 14c; *H. F. Müller*, in: MünchKomm, GmbHG, 1. Aufl. 2011, § 64 Rn. 161.

[74] *Haas*, in: Baumbach/Hueck, GmbHG (Fn. 7), § 64 Rn. 101; *H. F. Müller*, in: MünchKomm, GmbHG (Fn. 73), § 64 Rn. 16; *Kleindiek*, in: Lutter/Hommelhoff (Fn. 7), § 64 Rn. 26; *K. Schmidt*, in: Scholz, GmbHG (Fn. 13), § 64 Rn. 77.

Anknüpfungspunkt für die haftungsrelevante Zahlung ist dabei nach h.M. die Auskehrung der Darlehensvaluta, nicht aber der Abschluss der Darlehensvereinbarung. Zwar wird dem Begriff der Zahlung im Rahmen von § 64 S. 3 GmbHG ein weites Verständnis zugrunde gelegt, wonach nicht nur Geldleistungen, sondern alle Leistungen zu Lasten des Gesellschaftsvermögens, die Auswirkungen auf die Liquidität der Gesellschaft haben, erfasst werden.[75] Die nur schuldrechtliche Begründung einer Darlehensverbindlichkeit genügt jedoch nach ganz h.M. nicht, um eine liquiditätsrelevante Leistung und mithin eine Zahlung i.S.d. § 64 S. 3 GmbHG anzunehmen.[76] So hat der BGH für § 64 S. 1 GmbHG klargestellt, dass die Belastung des Gesellschaftsvermögens mit Neuverbindlichkeiten keine Zahlung i.S.d. § 64 GmbHG darstellt.[77] Die h.M. nimmt mangels Liquiditätsrelevanz und angesichts der identischen Begriffsverwendung Entsprechendes auch im Rahmen des § 64 S. 3 GmbHG an.[78] Hingegen kann in der Valutierung eines Gesellschafterdarlehens ein Verstoß gegen die Auszahlungssperre des § 64 S. 3 GmbHG liegen, sofern der Gesellschaft dadurch während der Laufzeit notwendige Liquidität entzogen wird.[79] Das gilt aufgrund des liquiditätsbezogenen Ansatzes selbst dann, wenn die Darlehensgewährung unter dem Gesichtspunkt des § 30 Abs. 1 S. 2 GmbHG unbedenklich ist. Gegenleistungen können zwar im Rahmen der Kausalität Berücksichtigung finden; jedoch sind allein liquiditätswirksame Gegenleistungen zur Kompensation geeignet.[80] Die Begründung eines erst später fällig werdenden Rückzahlungsanspruchs führt der Gesellschaft keine liquiden Mittel zu und

---

[75] Vgl. nur *Kleindiek*, in: Lutter/Hommelhoff (Fn. 7), § 64 Rn. 24; *K. Schmidt*, in: Scholz, GmbHG (Fn. 13), § 64 Rn. 75.

[76] So auch die h.M. *Böcker/Poertzgen*, WM 2007, 1203, 1204; *Cahn*, Der Konzern 2009, 7, 8; *Casper*, in: Ulmer/Habersack/Winter, GmbHG, Ergänzungsband MoMiG (Fn. 7), § 64 Rn. 114; *Fleischer*, in: Spindler/Stilz (Fn. 62), § 92 Rn. 42; *Gehrlein*, Der Konzern 2007, 771, 795; *Kleindiek*, in: Lutter/Hommelhoff, GmbHG, (Fn. 7), § 64 Rn. 24; *Kleindiek*, GWR 2010, 75; *Knof*, DStR 2007, 1536, 1538; *Mertens/Cahn*, in: Kölner Komm, AktG, 3. Aufl. 2010, § 92 Rn. 39; *H. F. Müller*, in: MünchKomm, GmbHG (Fn. 73), § 64 Rn. 159; *K. Schmidt*, in: Scholz, GmbHG (Fn. 13), § 64 Rn. 75; *Seulen/Osterloh*, ZInsO 2010, 881, 882; *Strohn*, NZG 2011, 1161, 1168; a. A. *Haas*, in: Baumbach/Hueck, GmbHG (Fn. 7), § 64 Rn. 99; *Haas*, GmbHR 2010, 1, 6; *Seulen/Osterloh*, ZInsO 2010, 881, 884.

[77] BGH v. 26. 3. 2007 – II ZR 310/05, BB 2007, 1241; BGH v. 30. 3. 1998 – II ZR 146/96, BGHZ 138, 211, 216f.

[78] Ebenso *Desch*, BB 2010, 2586, 2588f.

[79] *Hüffer*, AktG (Fn. 60), § 92 Rn. 14c; *H. F. Müller*, in: MünchKomm, GmbHG (Fn. 73), § 64 Rn. 161.

[80] *Haas*, in: Baumbach/Hueck, GmbHG (Fn. 7), § 64 Rn. 100; *Fleischer*, in: Spindler/Stilz, AktG (Fn. 62), § 92 Rn. 42; *Kleindiek*, in: Lutter/Hommelhoff, GmbHG (Fn. 7), § 64 Rn. 24; *Kleindiek*, GWR 2010, 75; *H. F. Müller*, in: MünchKomm, GmbHG (Fn. 73), § 64 Rn. 160; *K. Schmidt*, in: Scholz, GmbHG(Fn. 13), § 64 Rn. 85. *Seulen/Osterloh*, ZInsO 2010, 881, 883. Ähnlich *Greulich/Rau*, NZG 2008, 284, 287, die jedoch keine Liquiditätsqualität der Gegenleistung fordern, sondern es genügen lassen, dass die Gegenleistung nach dem mit der Sorgfalt eines ordentlichen Kaufmanns zu erwartenden Geschäftsgang für einen Liquiditätszufluss sorgen wird.

kann der Auszahlung daher nicht entgegengesetzt werden. Fraglich könnte sein, ob die Auszahlung der Darlehensvaluta bei Begründung eines vollwertigen und jederzeit durchsetzbaren Rückzahlungsanspruch, wie dies insbesondere beim Cash Pooling denkbar ist, eine Haftung nach § 64 S. 3 GmbHG auslöst. Hier bestehen Zweifel am Vorliegen einer Auszahlung;[81] jedenfalls ist kaum denkbar, dass eine solche Auszahlung zur Zahlungsunfähigkeit führen musste.

In der Praxis führt § 64 S. 3 GmbHG für die Gewährung von Upstream-Darlehen zu keinen großen Problemen: Zum einen stellt die Prüfung seiner Voraussetzungen für den Geschäftsführer keine allzu großen Schwierigkeiten dar. Zum anderen dürfte es faktisch selten sein, dass eine Gesellschaft im unmittelbaren Vorfeld der Zahlungsunfähigkeit irgendwelche Mittel zur Verfügung hat, die es dem Gesellschafter darlehensweise zur Verfügung stellen könnte.

b) Rückzahlung eines Gesellschafterdarlehens

Wird ein Gesellschafterdarlehen, insbesondere ein noch nicht fälliges, in der Krise zurückgeführt, kann dies grundsätzlich den Tatbestand des § 64 S. 3 GmbHG verwirklichen.[82] Der Wegfall der Rückzahlungsverbindlichkeit ist insoweit aufgrund der fehlenden Liquiditätsrelevanz nicht zur Kompensation geeignet.[83]

Ein Verstoß gegen § 64 S. 3 GmbHG liegt jedoch grundsätzlich nicht vor, sofern auf einen fälligen und durchsetzbaren Anspruch geleistet wird.[84] Dem Begriff der Zahlungsunfähigkeit ist in § 64 S. 3 GmbHG dieselbe Bedeutung zugrunde zu legen wie in § 17 InsO.[85] Nach § 17 Abs. 2 S. 1 InsO ist der Schuldner zahlungsunfähig, wenn er nicht in der Lage ist, seine fälligen Zahlungsverpflichtungen zu erfüllen. Zur Ermittlung der Zahlungsunfähigkeit werden im Rahmen einer Liquiditätsbilanz der aktuell bzw. kurzfristig verfügbare Mittelbestand und die fälligen Verbindlichkeiten der Gesellschaft ins Verhältnis zueinander gesetzt.[86] Wird ein fälliger und wirksamer (Rückzahlungs-)Anspruch demnach bereits in der Liquiditätsbilanz passiviert, kann die Rückzahlung

---

[81] S. etwa *Haas*, in: Baumbach/Hueck, GmbHG (Fn. 7), § 64 Rn. 98.

[82] *Hüffer*, AktG (Fn. 60), § 92 Rn. 14c; *H. F. Müller*, in: MünchKomm, GmbHG (Fn. 73), § 64 Rn. 161; *Demisch/Reichardt*, InsVz 2010, 236, 236; *Möller*, Der Konzern 2008, 1, 9.

[83] *Kleindiek*, in: Lutter/Hommelhoff (Fn. 7), § 64 Rn. 27; *K. Schmidt*, in: Scholz, GmbHG (Fn. 13), § 64 Rn. 85.

[84] So insbesondere *Niesert/Hohler*, NZI 2009, 345, 349.

[85] LG Berlin v. 16. 12. 2009 – 100 O 75/09, GmbHR 2010, 201, 203; *Krieger/Sailer-Coceani*, in: K. Schmidt/Lutter, AktG (Fn. 22), § 92 Rn. 21; *K. Schmidt*, in: Scholz, GmbHG (Fn. 13), § 64 Rn. 81; *Böcker/Poertzgen*, WM 2007, 1203, 1206 f.; *Desch*, BB 2010, 2586, 2588; *Knof*, DStR 2007; 1536; 1538 f.; *Komo*, GmbHR 2010, 230, 235; *Niesert/Hohler*, NZI 2009, 345, 349 f.; *Winstel/Skauradszun*, GmbHR 2011, 185, 186 f.

[86] Vgl. nur BGH v. 24. 5. 2005 – IX ZR 123/04, BB 2005, 1923, 1924.

selbst nicht zur Zahlungsunfähigkeit führen,[87] es sei denn, dass sich eine bereits bestehende aber unwesentliche Deckungslücke zu einer wesentlichen ausweitet oder das Darlehen zurückgeführt wird, obwohl die Rückzahlungsverbindlichkeit nicht fällig oder nicht durchsetzbar ist.[88]

Da die Zahlung auf eine fällige Verbindlichkeit danach praktisch nie von § 64 S. 3 GmbHG erfasst würde, versuchen Teile der Literatur dieses Ergebnis zu korrigieren, indem die Forderung des Gesellschafters bei der Prüfung, ob die Gesellschaft durch die Zahlung zahlungsunfähig wird, ausgeblendet wird. Abzustellen sei allein auf die fälligen Verbindlichkeiten gegenüber Nichtgesellschafter-Gläubigern.[89] Zur Begründung wird darauf verwiesen, dass andernfalls der Anwendungsbereich des § 64 S. 3 GmbHG regelmäßig leer liefe, obwohl der Zweck der Vorschrift im Schutz der Gesellschaft vor einer Liquiditätsbelastung durch die Begleichung schon bestehender Verbindlichkeiten liege.[90]

Angesichts des Meinungsstands und der drakonischen Rechtsfolgen ist dem Geschäftsführer aus Vorsichtsgründen zu empfehlen, sich bei seinem Verhalten von dieser die Rückzahlung von Gesellschafterdarlehen jedenfalls auf den ersten Blick in weitergehendem Umfang sanktionierenden Auffassung leiten zu lassen. Auf den zweiten Blick relativiert sich diese Verschärfung durch Außerachtlassen fälliger Ansprüche des Gesellschafters jedoch. Sollte die Rückzahlung eines fälligen Gesellschafterdarlehens zur Zahlungsunfähigkeit der Gesellschaft führen, ist dem Geschäftsführer zwar in der Tat dringend zu raten, diese Zahlung nicht vorzunehmen. Der Grund hierfür liegt aber bereits in § 64 S. 1 GmbHG: Es ist kaum vorstellbar, dass die Rückzahlung eines fälligen Gesellschafterdarlehens zur Zahlungsunfähigkeit der Gesellschaft führen muss und die Gesellschaft zu diesem Zeitpunkt nicht auch ohne diese Zahlung aufgrund des fälligen Gesellschafterdarlehens und der sonstigen fälligen Verbindlichkeiten bereits zahlungsunfähig ist.[91]

---

[87] Vgl. *Desch*, BB 2010, 2586, 2586; *Spliedt*, ZIP 2009, 149, 159; *Strohn*, NZG 2011, 1161, 1168; *Winstel/Skauradszun*, GmbHR 2011, 185, 186.

[88] *Haas*, in: Baumbach/Hueck, GmbHG (Fn. 7), § 64 Rn. 99; *Desch*, BB 2010, 2586, 2586 f., 2589; *Demisch/Reichardt*, InsVz 2010, 236, 236; *Strohn*, NZG 2011, 1161, 1169; *Winstel/Skauradszun*, GmbHR 2011, 185, 186.

[89] *H. F. Müller*, in: MünchKomm, GmbHG (Fn. 73), § 64 Rn. 167; *K. Schmidt*, in: Scholz, GmbHG (Fn. 13), § 64 Rn. 77; *Dahl/Schmitz*, NZG 2009, 567, 569; *Demisch/Reichardt*, InsVz 2010, 236, 237; *Spliedt*, ZIP 2009, 149, 159. Kritisiert wird diese Ansicht im Hinblick auf eine verzögerte Insolvenzantragsstellung von *Desch*, BB 2010, 2586, 2587 f.; *Haas*, in: Baumbach/Hueck (Fn. 7), § 64 Rn. 99; *Haas*, GmbHR 2010, 1, 6 spricht sich zwar auch für eine erweiternde Auslegung aus, will dies jedoch durch ein Abstellen auf die Begründung der Verbindlichkeit erreichen.

[90] *Dahl/Schmitz*, NZG 2009, 567, 569 f., *Demisch/Reichardt*, InsVz 2010, 236, 237; *Henkel*, EWiR 2010, 745, 746; *Spliedt*, ZIP 2009, 149, 159; im Ergebnis zustimmend *Seulen/Osterloh*, ZInsO 2010, 881, 884.

[91] S. *Altmeppen*, in: Roth/Altmeppen, GmbHG (Fn. 7), § 64 Rn. 61 ff.

Diejenigen, die einen Anwendungsbereich des §64 S.3 GmbHG für die Begleichung einer fälligen Forderung des Gesellschafters sehen, billigen dem Geschäftsführer gegenüber der Geltendmachung des Anspruchs auf die fällige und durchsetzbare Darlehensforderung – wie auch in den übrigen Anwendungsfällen des §64 S.3 GmbHG – ein Leistungsverweigerungsrecht zu.[92] Dies erscheint von ihrem Standpunkt aus konsequent. Wer die Rückzahlung eines fälligen Gesellschafterdarlehens an §64 S.1 GmbHG misst, wird ebenfalls zu einem Zahlungsverbot und einem entsprechenden Leistungsverweigerungsrecht des Geschäftsführers kommen.[93] Zwar ist §64 S.3 GmbHG als Haftungsnorm ausgestaltet und normiert kein ausdrückliches Zahlungsverbot, aus dem unmittelbar ein Leistungsverweigerungsrecht folgt.[94] Jedoch lässt sich auch aus §64 S.3 GmbHG zumindest ein implizites Zahlungsverweigerungsrecht ableiten. Andernfalls käme es zu dem widersprüchlichen Ergebnis, dass der Geschäftsführer bei Rückführung eines Darlehens verpflichtet wäre, auf eine Verbindlichkeit zu leisten, deren Erfüllung zugleich seine eigene Haftung und ggf. Strafbarkeit[95] begründen würde.[96] Die vom Gesetzgeber[97] und in der Literatur[98] vorgeschlagene Möglichkeit, in diesen Fällen das Amt niederzulegen, stellt indes keine praxisnahe Alternative dar, da der neu bestellte Geschäftsführer sogleich mit derselben Problematik konfrontiert wäre. Dieses Leistungsverweigerungsrecht wäre konsequent auch auf den Fall zu erstrecken, dass die Gesellschafter den Geschäftsführer durch Gesellschafterbeschluss anweisen, eine „freiwillige" Rückzahlung eines an sich noch nicht fälligen Darlehens vorzunehmen – ein Fall, in dem §64 S.3 GmbHG in der Tat praktische Relevanz haben kann, da die Voraussetzungen des §64 S.1 GmbHG möglicherweise noch nicht erfüllt sind.

---

[92] So auch die h.M.: LG Berlin v. 16.12.2009 – 100 O 75/09, GmbHR 2010, 201, 202; *Casper*, in: Ulmer/Habersack/Winter, GmbHG, Ergänzungsband MoMiG (Fn.7), §64 Rn.114; *Dahl/Schmitz*, NZG 2009, 567, 569f.; *Desch*, BB 2010, 2586, 2589; *Demisch/Reichardt*, InsVz 2010, 236, 239; *Gehrlein*, BB 2008, 846, 849; *Greulich/Rau*, NZG 2008, 284, 287; *Knof*, DStR 2007, 1538, 1538; *Kleindiek*, GWR 2010, 75; *Mertens/Cahn*, in: Kölner Komm, AktG, (Fn.76), §92 Rn.51; *H.F. Müller*, in: MünchKomm GmbHG (Fn.73), §64 Rn.174; *K. Schmidt*, in: Scholz, GmbHG (Fn.13), §64 Rn.91; *K. Schmidt*, GmbHR 2008, 449, 454; *Seulen/Osterloh*, ZInsO 2010, 881, 887f.; *Spliedt*, ZIP 2009, 149, 160; *Winstel/Skauradszun*, GmbHR 2011, 185, 187; a.A. OLG München v. 6.5.2010 – 23 U 1564/10, ZIP 2010, 1236, 1237; *Haas*, in: Baumbach/Hueck, GmbHG (Fn.7), §64 Rn.107.

[93] Zu §64 S.1 GmbHG als Zahlungsverbot etwa *H.F. Müller*, in: MünchKomm, GmbHG (Fn.73), §64 Rn.125; *Altmeppen*, in: Roth/Altmeppen, GmbHG (Fn.7), §64 Rn.1.

[94] Vgl. *Seulen/Osterloh*, ZInsO 2010, 881, 887; a.A. *H.F. Müller*, in: MünchKomm, GmbHG (Fn.73), §64 Rn.174, der von einem zwingenden Zahlungsverbot ausgeht.

[95] Vgl. OLG Stuttgart v. 14.4.2009 – 1 Ws 32/09, ZIP 2009, 1864, 1866.

[96] Ebenso *Desch*, BB 2010, 2586, 2589; *Winstel/Skauradszun*, GmbHR 2011, 185, 187; *Seulen/Osterloh*, ZInsO 2010, 881, 887f.; vgl. auch *Göb*, NZI 2011, 394, 396f.

[97] Begr. RegE MoMiG, BT-Drucks. 16/6140, S.47.

[98] Vgl. *K. Schmidt*, GmbHR 2008, 449, 454f.

c) Upstream Sicherheiten

Ähnlich wie zu § 30 Abs. 1 GmbHG dürfte die Behandlung von Upstream-Sicherheiten und die Frage, ob dem Geschäftsführer vertragliche Verwertungsbeschränkungen zu empfehlen sind, auch im Rahmen des § 64 S. 3 GmbHG das schwierigste praktische Problem im Zusammenhang mit der Konzernfinanzierung darstellen. Dabei wird in der Diskussion stärker als zu § 30 Abs. 1 GmbHG zwischen dinglichen und persönlichen Sicherheiten unterschieden. Fraglich ist für beide Arten von Sicherheiten, welcher Zeitpunkt für die Beurteilung, ob die Leistung zur Zahlungsunfähigkeit der Gesellschaft führen musste, maßgeblich ist. Die Diskussion hierzu erscheint noch nicht abgeschlossen; Rechtsklarheit schaffende Gerichtsurteile liegen noch nicht vor. Im Folgenden sollen lediglich einige Aspekte der Problematik zur Diskussion gestellt werden.

(1) Im Grundsatz ist anerkannt, dass auch die Upstream-Besicherung wie eine Zahlung an den Gesellschafter behandelt werden kann, da die unmittelbare Leistung zwar gegenüber einem Dritten erfolgt, jedoch mittelbar dem Gesellschafter zu Gute kommt.[99] Im Konzern ist dabei nicht nur die Besicherung von Verbindlichkeiten der Muttergesellschaft haftungsrelevant; auf Veranlassung der Konzernmutter erfolgende Cross-stream-Besicherungen, also die Stellung von Sicherheiten für Verbindlichkeiten von Schwestergesellschaften oder anderen verbundenen Unternehmen, können ebenfalls eine Haftung nach § 64 S. 3 GmbHG auslösen.[100]

(2) Bei Realsicherheiten stellt sich die Frage, ob diese überhaupt als Zahlung im Sinne des § 64 S. 3 GmbHG qualifiziert werden können, soweit die Sicherheit illiquides Vermögen, also beispielsweise Grundvermögen betrifft. Dies wird vereinzelt verneint.[101] Darauf wird man sich in der Praxis jedoch nicht verlassen können. In der Literatur wird überwiegend betont, dass die Bestellung einer dinglichen Sicherheit zu einer Zahlung i. S. d. § 64 S. 3 GmbHG führe, wenn und soweit sich die Gesellschaft dadurch der Möglichkeit begebe, durch Veräußerung oder Verwertung des Gegenstandes oder auf andere Weise kurzfristig Liquidität zu beschaffen.[102] Wird z. B. zugunsten einer Bank ein Grundpfandrecht bestellt, scheidet eine kurzfristige

---

[99] Siehe nur *Casper*, in: Ulmer/Habersack/Winter, GmbHG, Ergänzungsband MoMiG (Fn. 7), § 64 Rn. 116; ausführlich zu Konzernsachverhalten *Demisch/Reichardt*, InsVz 2010, 236, 238.

[100] *Kleindiek*, GWR 2010, 75; *Winkler/Becker*, ZIP 2009, 2361, 2366.

[101] *Haas*, in: Baumbach/Hueck, GmbHG (Fn. 7), § 64 Rn. 98.

[102] Mit Unterschieden in der Formulierung *Casper*, in: Ulmer/Habersack/Winter, GmbHG, Ergänzungsband MoMiG (Fn. 7), § 64 Rn. 113 f.; *Mertens/Cahn*, in: KölnKomm, AktG (Fn. 76), § 92 Rn. 42; *H. F. Müller*, in: MünchKomm, GmbHG (Fn. 73), § 64 Rn. 159; *K. Schmidt*, in: Scholz/ GmbHG (Fn. 13), § 64 Rn. 75; *Bitter*, ZInsO 2010, 1505, 1518; *Cahn*, Der Konzern 2009, 7, 10.

Liquidierung des Grundstücks zugunsten der Gesellschaft aus. Zudem kann das Grundstück nicht mehr als Kreditsicherheit für eigene Verbindlichkeiten nutzbar gemacht werden.

(3) Soweit man in der Bestellung einer Realsicherheit eine Zahlung i.S.d. § 64 S. 3 GmbHG sieht, erscheint es auf den ersten Blick konsequent, für die Beurteilung der Frage, ob die Bestellung der Sicherheit zur Zahlungsunfähigkeit führen musste, ebenfalls auf den Zeitpunkt der Bestellung und nicht den der Verwertung abzustellen. Lediglich nach einer Mindermeinung soll es stets auf den Zeitpunkt der Verwertung der Sicherheit ankommen.[103] Nach der h.M. ist dagegen maßgeblich, ob im Zeitpunkt der Bestellung der Sicherheit die Inanspruchnahme wahrscheinlich ist und kein liquider Rückgriffsanspruch besteht.[104] Das Vorliegen dieser Voraussetzungen dürfte in der Praxis vergleichsweise selten sein. Insbesondere dann, wenn Banken im zeitlichen Zusammenhang mit der Sicherheitenbestellung durch die Tochter ihr Darlehen an die Mutter geben, werden typischerweise ausreichend positive und verlässliche Geschäftspläne vorliegen, die eine Insolvenz einer Gruppengesellschaft nicht erwarten lassen. Ansonsten würde die Bank keinen Kredit geben.

Für das Verständnis der h.M. spricht, dass die Verwertung ohne weitere Mitwirkung des Geschäftsführers erfolgt, die Haftung nach § 64 S. 3 GmbHG jedoch an eine Handlung des Geschäftsführers anknüpft.[105] Allerdings werden die zur Behandlung von Upstream-Sicherheiten im Rahmen des § 30 Abs. 1 GmbHG für die Relevanz des Verwertungszeitpunkts angeführten Aspekte, dass (i) die Bestellung einer Sicherheit ein zweistufiger Vorgang der Vermögensweggabe ist, bei dem der Geschäftsführer mit der Bestellung seine Handlungsmöglichkeiten zum Schutz der Gesellschaft bewusst aus der Hand gibt, und (ii) die Bestellung der Sicherheit zweckbezogen gerade auf den Fall der wirtschaftlichen Krise erfolgt,[106] im Rahmen des § 64 S. 3 GmbHG noch nicht näher diskutiert. Für eine im Vergleich zu § 30 Abs. 1 GmbHG engere Auslegung des § 64 S. 3 GmbHG wird man jedoch auf den sehr eng gehaltenen Wortlaut („zur Zahlungsunfähigkeit führen mussten") verweisen können.

---

[103] *Winkler/Becker*, ZIP 2009, 2361, 2367.

[104] *Casper* in: Ulmer/Habersack/Winter, GmbHG, Ergänzungsband MoMiG (Fn. 7), § 64 Rn. 114; *Diem* (Fn. 57), § 43 Rn. 98 f.; *Fleischer*, in: Spindler/Stilz (Fn. 62), § 92 Rn. 42; *Haas*, in: Baumbach/Hueck, GmbHG (Fn. 7), § 64 Rn. 98; *Kleindiek*, in: Lutter/Hommelhoff, GmbHG (Fn. 7), § 64 Rn. 24; *Krieger/Sailer-Coceani*, in: K. Schmidt/Lutter, AktG (Fn. 22), § 92 Rn. 19; *Komo*, GmbHR 2010, 230, 235; *Knof*, DStR 2007, 1536, 1538; *Niesert/Hohler*, NZI 2009, 345, 349; *Theusinger/Kapteina*, NZG 2011, 881, 885.

[105] Darauf weisen ausdrücklich hin *Diem* (Fn. 57), § 43 Rn. 98; *Greulich/Bunnemann*, NZG 2006, 681, 684; *Theusinger/Kapteina*, NZG 2011, 881, 885.

[106] Hierzu ausführlicher oben unter II.5.c) cc).

(4) Schwieriger zu beurteilen ist die Bestellung von Personalsicherheiten, etwa in Form einer Bürgschafts- oder Garantieerklärung. Auch hierzu wird verbreitet darauf hingewiesen, dass es zur Beurteilung, ob die Sicherheit zur Zahlungsunfähigkeit führen musste, allein auf den Zeitpunkt der Bestellung ankommt.[107] Dies setzt aber voraus, dass die relevante Auszahlung bereits in der Bestellung, also in der Eingehung der Verbindlichkeit gegenüber dem Gläubiger liegt und nicht erst in der Erfüllung dieser Verbindlichkeit. Da die bloße Begründung einer Verbindlichkeit nach h. M. noch nicht zur Annahme einer Auszahlung ausreicht,[108] wird von einer starken Meinung in der Literatur vertreten, dass bei Upstream-Personalsicherheiten die Auszahlung erst im Zeitpunkt der Leistung auf die Garantie- oder Bürgschaftsverpflichtung liegt.[109] Damit kann auch für die Beurteilung, ob die Zahlung zur Zahlungsunfähigkeit führen musste, allein auf diesen Zeitpunkt abgestellt werden. Gerade bei umfassenden Besicherungspaketen ist dies durchaus denkbar.

(5) Folgt man dieser Ansicht, stellt sich die Frage, ob sich der Geschäftsführer auch gegenüber der Geltendmachung des Garantie- oder Bürgschaftsanspruchs durch den Gläubiger des Gesellschafters auf ein Leistungsverweigerungsrecht berufen kann.[110] Behandelt man die Leistung an den Gläubiger aufgrund der Upstream-Personalsicherheit als haftungsauslösende Zahlung an den Gesellschafter i. S. d. § 64 S. 3 GmbHG, wird man dem Geschäftsführer ein Leistungsverweigerungsrecht kaum verwehren können. Ein Gläubiger, dem die Konzernstruktur bekannt ist, wird sich insoweit nur in seltenen Ausnahmefällen auf Verkehrs- und Vertrauensschutz berufen können. Ausgeschlossen wäre ein Leistungsverweigerungsrecht allerdings insoweit, als die von der Konzernspitze aufgenommenen Darlehensmittel intern an die Tochter weitergereicht worden sind.[111]

(6) Fraglich ist, ob dem Geschäftsführer auch hinsichtlich der Risiken aus § 64 S. 3 GmbHG die Vereinbarung von vertraglichen Verwertungsbeschränkungen (*limitation language*) zu empfehlen ist. Solche Verwertungsbeschränkungen sind heute, wie gezeigt,[112] zur Vermeidung von Verstößen

---

[107] Speziell zur Bestellung von Personalsicherheiten *Mertens/Cahn*, in: Kölner Komm, AktG (Fn. 76), § 92 Rn. 40 f.; *Cahn*, Der Konzern 2009, 7, 9; allgemein zu Upstream-Sicherheiten *Diem* (Fn. 57), § 43 Rn. 98 f.; *Haas*, in: Baumbach/Hueck, GmbHG (Fn. 7), § 64 Rn. 98; *Seulen/Osterloh*, ZInsO 2010, 881, 884.

[108] Hierzu vorstehend unter V.2.a).

[109] *H. F. Müller*, in: MünchKomm, GmbHG (Fn. 73), § 64 Rn. 159; *K. Schmidt*, in: Scholz, GmbHG (Fn. 13), § 64 Rn. 75; wohl auch *Casper*, in: Ulmer/Habersack/Winter, GmbHG, Ergänzungsband MoMiG (Fn. 7), § 64 Rn. 113 f.

[110] Zu einem solchen Leistungsverweigerungsrecht vorstehend V.2.b).

[111] Zur vergleichbaren Frage der Vereinbarung von Verwertungsbeschränkungen zur Vermeidung eines Verstoßes gegen § 30 Abs. 1 GmbHG oben unter II.5.c) cc) a. E.

[112] Oben II.5.c) cc).

gegen Kapitalerhaltungsgrundsätze in Upstream-Sicherheitsverträgen allgemein üblich. Denkbar wäre eine Regelung im Besicherungsvertrag, wonach die Sicherheit nicht verwertet werden darf, soweit die Verwertung zur Zahlungsunfähigkeit der Gesellschaft führen würde oder soweit der Gesellschaft liquide Mittel entzogen würden, die sie zur Bedienung ihrer eigenen Gläubiger benötigt. In der Literatur wird verschiedentlich darauf hingewiesen, dass eine Haftung des Geschäftsführers nur durch eine entsprechende limitation language vermieden werden könne.[113] Kreditgeber versuchen verständlicherweise, solche Klauseln, die die Verwertbarkeit ihrer Sicherheiten gerade in dem Fall beschränken, in dem sie auf die Sicherheit angewiesen sind, zu vermeiden. Die Diskussion hierzu ist noch nicht abgeschlossen. Unterstellt man, dass kein Geschäftsführer Upstream-Sicherheiten bestellen wird, wenn er bereits bei der Bestellung davon ausgehen muss, dass diese die Zahlungsunfähigkeit der Gesellschaft zur Folge haben wird, geht es allein um die Fälle, in denen es für die Beurteilung der Voraussetzungen des §64 S. 3 GmbHG auf den Zeitpunkt der Verwertung ankommt. Bei Realsicherheiten wäre eine limitation language danach nicht erforderlich, wenn die wohl h. M., die eine Zahlung i. S. d. §64 S. 3 GmbHG allein im Zeitpunkt der Bestellung für denkbar hält, zutreffend wäre.[114] Bei Personalsicherheiten dürfte es nach dem aktuellen Meinungsstand darauf ankommen, ob der Geschäftsführer auch gegenüber dem Kreditgeber des Gesellschafters ein Leistungsverweigerungsrecht hat, wenn die Leistung auf die Upstream-Personalsicherheit zur Zahlungsunfähigkeit der Gesellschaft führen würde. Würde man ihm diesen Schutz versagen, liefe er ein erhebliches Risiko, durch die Gläubiger seines Gesellschafters in eine Haftung nach §64 S. 3 GmbHG hineingezwungen zu werden; er wäre entsprechend gut beraten, sich um einen vertraglichen Schutz zu bemühen.

VI. Zusammenfassung in Thesen

1. Grundlagen

Das MoMiG bestätigt die jedenfalls vor dem Novemberurteil des BGH vom 24. 11. 2003 allgemein anerkannte Dogmatik des §30 Abs. 1 GmbHG, wonach (i) das erforderliche Vorliegen oder Eintreten einer Unterbilanz nach bilanziellen Grundsätzen bestimmt wird und (ii) im Stadium der Unterbilanz jegliche reale Vermögensminderung der GmbH zugunsten ihres Gesellschafters unab-

---

[113] *Komo*, GmbHR 2010, 230, 236; *Winkler/Becker*, ZIP 2009, 2361, 2367; in diesem Sinne auch *Seulen/Osterloh*, ZInsO 2010, 881, 882; dagegen etwa *Diem* (Fn. 57), §43 Rn. 106, 111.

[114] *Diem* (Fn. 57), §43 Rn. 106; *Theusinger/Kapteina*, NZG 2011, 881, 885; vgl. auch *Kollmorgen/Santelmann/Weiss*, BB 2009, 1818, 1821.

hängig von ihren bilanziellen Auswirkungen verboten ist. Die vom Gesetzgeber betonte Rückkehr zur bilanziellen Betrachtungsweise betrifft Grundsatz (i), das in der Gesetzesbegründung erläuterte Deckungsgebot Grundsatz (ii).

2. Upstream-Darlehen (§ 30 Abs. 1 S. 2 2. Alt. GmbHG)

a) Das MoMiG korrigiert das Novemberurteil des BGH vom 24. 11. 2003, indem klargestellt wird, dass die Auszahlung eines Darlehens an den Gesellschafter bei vollwertigem Darlehensrückzahlungsanspruch selbst bei Vorliegen einer Unterbilanz im Zeitpunkt der Darlehensgewährung keine unzulässige Auszahlung i. S. d. § 30 Abs. 1 S. 1 GmbHG darstellt.
b) Für die Vollwertigkeit gelten die allgemeinen, für die Bilanzierung maßgeblichen Grundsätze der Bewertung von Forderungen („vernünftige kaufmännische Beurteilung"). Dabei sind alle konkreten risikorelevanten Umstände mit zu berücksichtigen.
c) Ist der Darlehensrückzahlungsanspruch nur teilweise vollwertig, liegt in Höhe des vollwertigen Teils keine Auszahlung vor. Anders als für Upstream-Darlehen im Rahmen der Kapitalaufbringung nach § 19 Abs. 5 GmbHG gilt kein Alles-oder-nichts-Grundsatz.
d) Stichtag für die Bewertung der Vollwertigkeit ist der Zeitpunkt der Darlehensauszahlung. Ein später eintretender, unerwarteter Abschreibungsbedarf führt nicht nachträglich zu einer unzulässigen Auszahlung nach § 30 Abs. 1 S. 1 GmbHG. Im Innenverhältnis ist der Geschäftsführer aber nach § 43 GmbHG verpflichtet, die Gesellschaft gegen einen Ausfall bei einer nachträglichen Verschlechterung der Lage des Gesellschafters zu schützen.
e) Die Verzinsung eines Upstream-Darlehens hat im Hinblick auf das Vorliegen einer unzulässigen Auszahlung eine zweifache Bedeutung:
   - Bei längerfristigen Darlehen erfordert die fehlende Verzinsung eine Wertberichtigung des Darlehensrückzahlungsanspruchs, wodurch die Auszahlung des Darlehens bilanziell zu einer Unterbilanz führen kann.
   - Im Stadium der Unterbilanz führt eine fehlende Verzinsung zwar nicht zu einer unzulässigen Auszahlung in Höhe der Darlehensvaluta, wohl aber in Höhe der entgangenen Zinsen.

3. Upstream-Sicherheiten und Kapitalerhaltung

a) Bereits die Bestellung der Sicherheit ist ausnahmsweise dann unzulässig, wenn
   - entweder aufgrund der drohenden Inanspruchnahme der Sicherheit ohne vollwertigen Rückgriffsanspruch gegen den Gesellschafter eine Verbindlichkeit oder Rückstellung zu passivieren ist und dadurch eine Unterbilanz der Gesellschaft entsteht oder

– sich die Gesellschaft bereits im Stadium der Unterbilanz befindet, in dem jede Vermögensminderung und damit jede Sicherheitenbestellung unzulässig ist.

b) Der für Upstream-Darlehen vom Gesetzgeber klargestellte Grundsatz, dass nachträgliche Vermögensverschlechterungen auf Seiten des Gesellschafters nicht nachträglich zu einem Verstoß gegen § 30 Abs. 1 GmbHG führen, gilt für Upstream-Sicherheiten nicht, da sich die Vermögensweggabe hier nach dem Willen der Parteien in zwei Stufen (Bestellung und Verwertung) vollzieht und die Sicherheit im Übrigen gerade für den Fall einer Vermögensverschlechterung auf Seiten des Gesellschafters gewährt wird.

c) Geschäftsführer und Gesellschafter haben durch Vereinbarung der bisherigen Praxis entsprechender Verwertungsbeschränkungen (sog. „limitation language") schon bei Bestellung der Sicherheit Vorsorge zu treffen, dass die Verwertung nicht gegen § 30 Abs. 1 GmbHG verstößt.

4. Besonderheiten im Vertragskonzern (§ 30 Abs. 1 S. 2 1. Alt. GmbHG)

a) § 30 Abs. 1 S. 2 1. Alt. GmbHG verschafft der Praxis durch die Verdrängung der auf das einzelne Geschäft bezogenen Kapitalerhaltungsgrundsätze durch den pauschalen Verlustausgleich nach § 302 AktG (analog) zusätzlichen Handlungsspielraum, der aufgrund der Verzichts auf das Erfordernis einer rechtmäßigen Weisung und die Einbeziehung isolierter Gewinnabführungsverträge über die bisherige analoge Anwendung des § 291 Abs. 3 AktG a. F. hinausgeht.

b) Allerdings sind die Grenzen des Vertragskonzernrechts, insbesondere die Vollwertigkeit des Verlustausgleichsanspruchs als Voraussetzung zur Befolgung von Weisungen, zu beachten. Dies erfordert beispielsweise bei Upstream-Sicherheiten auch im Vertragskonzern die Vereinbarung von Verwertungsbeschränkungen.

5. Besonderheiten bei der faktisch beherrschten AG

a) Die dem § 30 Abs. 1 S. 2 GmbHG entsprechende Ergänzung des § 57 Abs. 1 S. 3 AktG hat in ihrem unmittelbaren Anwendungsbereich zwar keine Bedeutung für die Konzernfinanzierung, da § 57 AktG in Konzern- und Abhängigkeitslagen durch § 311 AktG verdrängt wird. Durch die Ergänzung wird jedoch die bisher herrschende, allerdings umstrittene Meinung bestätigt, dass Upstream-Darlehen an das herrschende Unternehmen bei Vollwertigkeit des Rückzahlungsanspruchs nach § 311 AktG zulässig und dem Nachteilsausgleich zugänglich sind.

b) Upstream-Sicherheiten sind in der Praxis nicht anzutreffen, da die erforderlichen Verwertungsbeschränkungen praktisch jede Verwertung ausschließen würden.

6. Liquiditätsschutz nach § 64 S. 3 GmbHG (§ 92 Abs. 2 S. 3 AktG)

a) Die Auszahlung eines Upstream-Darlehens in der Krise kann den Tatbestand des § 64 S. 3 GmbHG verwirklichen.
b) Die Rückzahlung eines Gesellschafterdarlehens in der Krise kann den Tatbestand des § 64 GmbHG verwirklichen. Dabei dürfte regelmäßig dessen Satz 1 und nicht dessen Satz 3 relevant sein. Der Rückzahlung kann der Gesellschafter ein Leistungsverweigerungsrecht entgegen halten.
c) Bei Upstream-Sicherheiten wird man Real- und Personalsicherheiten separat beurteilen müssen. Nach h. M. kommt es bei Realsicherheiten für das Vorliegen einer Zahlung und die Beurteilung, ob diese zur Insolvenz führen musste, auf den Zeitpunkt der Bestellung an, bei Personalsicherheiten auf den Zeitpunkt der Verwertung. Ob sich für den Geschäftsführer die Risiken aus § 64 S. 3 GmbHG ausschließende vertragliche Verwertungsbeschränkungen in den Besicherungsverträgen empfehlen, hängt davon ab, wie verlässlich die h. M. im Hinblick auf die Behandlung von Realsicherheiten ist und ob dem Geschäftsführer gegenüber dem Kreditgeber bei Personalsicherheiten ein Leistungsverweigerungsrecht zusteht.

Workshop 1: Konzernfinanzierung Diskussionsbericht 5. Hamburger Forum

Prof. Dr. Dr. h.c. mult. Karsten Schmidt

Die durch Beiträge aus der Unternehmens- und Bankpraxis, der Anwaltschaft sowie der Insolvenzrechtspraxis geprägte Diskussion verlief strukturiert und knüpfte direkt an die Thesen der Referenten an.

1. Zu den upstream-Krediten wurde auch von den Diskussionsteilnehmern die nunmehr deutlich verschiedene Sicht des Gesellschaftsrechts (exemplarisch §30 GmbHG n.F.) und des Insolvenzrechts hervorgehoben. Dies galt insbesondere für die Vollwertigkeitsprüfung und für den maßgeblichen Zeitpunkt, der nur unter dem Gesichtspunkt des §30 GmbHG endgültige Sicherheit schafft und bei zeitlicher Nähe zum Insolvenzantragszeitpunkt immer noch mit Anfechtungsrisiken belastet sein kann. Die sich anschließende Aussprache über Verwertungsbeschränkungen (sog. Limitation Language) leitete über zu den upstream-Sicherheiten.
2. Bei den upstream-Sicherheiten trat das Spannungsverhältnis zwischen dem gesellschaftsrechtlichen Kapitalschutz und der insolvenzrechtlichen Anfechtungs-perspektive noch deutlicher hervor. Die von *Thole* angestellten Überlegungen zur Schenkungsanfechtung nach §134 InsO (gegenüber der Kreditgeberin? gegenüber den Kreditnehmern?) ergaben Fragestellungen, die als in der Rechtsprechung noch ungeklärt erkannt wurden. Die Diskussion konzentrierte sich dann jedoch auf die Deckungsanfechtung gegenüber der Muttergesellschaft. Wenig Widerhall fand der in der Diskussion vorgebrachte Gedanke einer Verschiedenbehandlung nach Art der Sicherheiten. Die Aussprache wandte sich dann ausführlich der Praxis von Verwertungsbeschränkungen (Limitation Language) zu, insbesondere der Frage nach ihren Effekten. Die Diskussion über die Werthaltigkeit solcher Sicherheiten aus der Sicht der Kreditgeber führte zu der Feststellung des Referenten Vetter, auch die Verhinderung eines besichernden Zugriffs anderer Gläubiger auf die Sicherungsgegenstände sei bereits ein wichtiger Effekt aus der Sicht von Banken. Als terra incognita wurde noch das Zahlungsverbot des §64 Satz 3 GmbHG und sein Einfluss auf Kredite und Kreditsicherheiten herausgestellt. Große Aufmerksamkeit fand die Feststellung, dass mit der Neujustierung des Kapi-

talschutzes nach § 30 GmbHG (Fassung MoMiG) die Investitionsvehikel in Buy-out-Fällen tendentiell bevorzugt würden. Hier würde die Vollwertigkeit des entstehenden Anspruchs, also die Solvenz der Kreditnehmer in Wahrheit an den Gewinnerwartungen der kredit- bzw. sicherungsgebenden Gesellschaft gemessen. Diese müsse gleichsam durch eigene Tüchtigkeit die Solvenz der Kreditnehmer und damit die Vollwertigkeit außer Frage stellen, womit sich der Anreiz zur Übernahme auf Kosten der Zielgesellschaft verstärke.

3. Die Diskussion über Downstream-Kredite handelte erwartungsgemäß vor allem von den durch das MoMiG neu gefassten §§ 39 Abs. 1 und 135 InsO. Eine anfechtungsrechtliche Neutralität solcher Darlehen unter dem Gesichtspunkt des sog. Bargeschäfts (§ 142 InsO) wurde erwogen, jedoch abgelehnt.
4. Abschließend widmete sich die Diskussion den Problemen des Stehenlassens. Während dieses in Fällen der Vollwertigkeit im relevanten Zeitpunkt im Kapitalschutzrecht (§ 30 GmbHG) seit dem MoMiG keine Relevanz mehr beanspruche, sehe es auch hier anfechtungsrechtlich durchaus anders aus, weil das Stehenlassen selbst möglicherweise als Rechtshandlung i.S. der §§ 129 ff. InsO betrachtet werden könne.

Die mit großem Sachverstand geführte und aus viel praktischer Anschauung schöpfende Diskussion brachte Ergebnisse zutage, welche die zunehmende Relevanz des Insolvenzrechts in Fragen der Konzernfinanzierung deutlich herausstrichen. Selbst in Fällen, in denen von einem Insolvenzverfahren (noch) gar keine Rede sein könne, finde in den Köpfen der Akteure viel Insolvenzrecht statt, weil dieses als Eventualität bei Maßnahmen der Konzernfinanzierung ständig durchgespielt werden müsse.

C. *Anfechtungsklagen und Freigabeverfahren*

Was ist getan, was wäre zu tun bei der Reform des Beschlussmängelrechts?

Prof. Dr. Carsten Schäfer[*]

Inhaltsübersicht

I. Einführung

Das Beschlussmängelrecht und der Missbrauch der Anfechtungsklage sind unvermindert aktuell. Selbst das BMJ sprach in seinen Pressemitteilungen zum ARUG explizit vom „räuberischen Aktionär“ und definierte diesen Begriff auch gleich in einem eigens mitgelieferten Glossar. Dort hieß es: Räuberische Aktionäre strengen aktienrechtliche Anfechtungsklagen gegen Hauptversammlungsbeschlüsse nur deshalb an, um die Unternehmenspolitik einer Aktiengesellschaft erheblich zu stören und um sich anschließend die Klage gegen Gewährung erheblicher finanzieller Vorteile abkaufen zu lassen. Noch deutlicher hatte der Bundesrat in seiner Stellungnahme zum ARUG darauf hingewiesen,

---

[*] Universität Mannheim.

dass die Blockade unternehmerischer Entscheidungen durch Berufskläger die Wettbewerbsfähigkeit Deutschlands schwächt.[1] Sie schwächt aber auch die Hauptversammlung (durch die Flucht in die Ermächtigung und Abbau von Anfechtungsgründen) und die Aktionärsrechte, da der Abkauf von Anfechtungsklagen in hohem Maße dem Gleichbehandlungsgebot widerspricht.[2]

Eines der Hauptziele des ARUG war demgemäß die Eindämmung missbräuchlicher Aktionärsklagen. Die Motive stellen fest, dass die Missbrauchsfälle trotz des mit dem UMAG eingeführten Freigabeverfahrens an Zahl weiter zugenommen hätten. Zur weiteren Bekämpfung missbräuchlicher Anfechtungsklagen solle deshalb das Freigabeverfahren verkürzt und die Interessenabwägungsklausel präzisiert werden. Ein Novum war das nur für die Freigabe relevante Mini-Quorum, auch „Nachteils-Quorum" genannt,[3] das von den zunächst geplanten 100 EUR im Gesetzgebungsverfahren immerhin auf Aktienbesitz im Nennwert von mindestens 1000 EUR angehoben wurde. Auf die hiermit verbundenen Probleme geht der Beitrag von *Decher* näher ein.

Parallel zum ARUG-Gesetzgebungsverfahren beschäftigte sich auch die wirtschaftsrechtliche Abteilung des 67. DJT außerhalb ihres eigentlichen Themas mit Vorschlägen zur Einschränkung des Anfechtungsrechts. Die meisten Redner waren sich darin einig, dass hier ein vordringlicher Handlungsbedarf bestehe, der durch das schon absehbare ARUG allenfalls ansatzweise gedeckt werde. Fast jeder Vorschlag, den das Büro insofern zur Abstimmung gestellt hatte und der auf eine Einschränkung der Anfechtungsbefugnis zielte, wurde mit teils sehr deutlicher Mehrheit angenommen. So wurden zum einen sämtliche Eckpunkte eines Reformvorschlages gebilligt, den der Arbeitskreis Beschlussmängelrecht vorgelegt hatte und die im Folgenden diskutiert werden sollen (unter III.). Zum anderen wurde aber auch die Forderung nach Einführung eines veritablen (Anfechtungs-)Quorums mit deutlicher Mehrheit unterstützt, nachdem über diesen Punkt – fast erwartungsgemäß – zuvor besonders heftig gestritten worden war. Ein solches Quorum wäre mit dem Vorschlag des Arbeitskreises durchaus vereinbar, wird darin aber nicht aufgegriffen. Denkbar wäre etwa, das durch das ARUG eingeführte Freigabe-Quorum von 1000 EUR als allgemeine Voraussetzung der Klagebefugnis zu formulieren. Anders verhält es sich mit der – ebenfalls mehrheitlich befürworteten – Einführung eines sog. umgekehrten Freigabeverfahrens (Beschluss Nr. 16 b). Dieses ist mit dem Vorschlag des Arbeitskreises insofern *inkompatibel*, als es ein weiteres Gerichtsverfahren erforderte, während der Vorschlag des Arbeitskreises von einem einzigen und einheitlichen Hauptsacheverfahren vor dem OLG ausgeht, in dem nur notfalls per Zwischenentscheidung (§ D Abs. 3) über die Eintragungsfähig-

---

[1] BR-Drucks. 847/08, S. 12; dazu auch *Goll/Schwörer*, ZRP 2008, 245 ff.
[2] *Habersack/Stilz*, ZGR 2010, 710, 731.
[3] Vgl. *Seibert/Florstedt*, ZIP 2008, 2145, 2152.

keit zu befinden ist. Im Übrigen beschränkt sich der Vorschlag des Arbeitskreises nicht auf eintragungsbedürftige Beschlüsse, sondern zielt auf eine Neubestimmung der relevanten Mängel bei sämtlichen Beschlüssen.

Insgesamt kann man zu den Beschlüssen des Erfurter JT nur feststellen, dass ganz offenbar neuere und sehr eindeutige empirische Befunde und die zunehmend kritischere Berichterstattung über die notorischen Mitglieder der „Klageindustrie" in der Tagespresse ihre Wirkung nicht verfehlt haben. Auch der zuständige BMJ-Referent *Seibert* hatte in Erfurt Wert auf die Feststellung gelegt, dass auch die Ministerin jetzt explizit von „räuberischen Aktionären" spreche, zugleich aber Hoffnungen gedämpft, dass man eine tiefgreifende Reform des Beschlussmängelrechts noch auf den Weg des ARUG werde bringen können. – Eine solche tiefgreifende Reform ist indessen unverändert erforderlich; denn die Vorschläge des ARUG vertiefen tendenziell die Unzulänglichkeiten des geltenden Rechts noch. Unter II. soll diese These zunächst begründet werden, um im Anschluss (unter III.) den Vorschlag des Arbeitskreises Beschlussmängelrecht in seinen Grundzügen vorzustellen.

II. Warum sind die Maßnahmen des ARUG zur Reform des Beschlussmängelrechts unzureichend?

Zunächst sollte noch einmal betont werden, dass Ziel einer Neuregelung nicht allein die sichere Ausschaltung bestehender Missbrauchsrisiken sein darf; vielmehr ist ein insgesamt ausgewogenes und konsistentes System anzustreben, das gleichsam bloß inzident Schutz gegen den missbräuchlichen Einsatz von Beschlussmängelklagen bietet. Gerade dies vermag der ARUG-Ansatz aber nicht.

Problematisch ist zunächst die aufrecht erhaltene Diskrepanz zwischen Hauptsache- und Freigabeverfahren; sie ist durch das ARUG durch den Ausschluss von Rechtsmitteln im Freigabeverfahren noch verschärft worden (§ 246a Abs. 3 S. 4 AktG). Die Begründung stellt hierzu im Ansatz zutreffend fest, dass die problematische Verfahrenslänge derzeit vor allem durch den Instanzenzug bewirkt werde, der aber verfassungsrechtlich nicht geboten sei.[4]

Zwei Einwände liegen gleichwohl auf der Hand:

Erstens: So richtig es ist, den Instanzenzug zu verkürzen, so problematisch ist eine Lösung, die auf das Freigabeverfahren begrenzt bleibt, wobei immerhin ein deutlicher Fortschritt darin zu sehen ist, dass statt des zunächst geplanten LG nunmehr das OLG zuständig ist. Weist aber das OLG – unanfechtbar (§ 246a Abs. 3 S. 4 AktG) – den Freigabeantrag ab, weil es irrigerweise der Ansicht ist, dass wenigstens einige der geltend gemachten Nichtigkeitsgründe vorliegen,

[4] BVerfG v. 30. 4. 2003 – 1 PBvU 1/02, NJW 2003, 1924.

könnte das Prozessgericht zwar noch in der Hauptsache entscheiden, was angesichts zahlreicher Kläger und Mängelrügen (und wegen der mündlichen Verhandlung) aber dauert. Und auch dann könnte die beklagte Gesellschaft im Erfolgsfall noch immer nicht eintragen, weil mit Sicherheit Rechtsmittel eingelegt würde.

Man mag darauf entgegnen, dass das Gericht hier richtigerweise die Begründetheit der Anfechtungsklage zu unterstellen und sodann bloß die Interessen des klagenden Aktionärs gegen die der Gesellschaft und der übrigen Aktionäre abzuwägen habe, was nach der *endgültigen* Gesetzesfassung nur dann nicht zur Eintragung führt, wenn der Anfechtungskläger=Antragsgegner die „besondere Schwere des Rechtsverstoßes" darlegen kann – eine Hinzufügung übrigens, mit welcher der Gesetzgeber auf die Kritik des Arbeitskreises reagieren wollte. Aber auch wenn man davon absieht, dass diese Entgegnung mitten in die Problematik der Interessenabwägung hineinführt, wird sich ein Gericht, das *überzeugt* ist von Nichtigkeitsgründen, auch auf Basis des ARUG kaum zu einer Freigabe durchringen können. Immerhin dürfte das Risiko durch die Wahl des OLG als Eingangsinstanz gegenüber der ursprünglich geplanten Fassung geringer geworden sein.

Damit bin ich *zweitens* bei der Problematik der Interessenabwägung und nehme insofern die entgegengesetzte Perspektive ein: Nach § 246a Abs. 2 Nr. 3 AktG soll es für die bestandskräftige Eintragung auf die Rechtswidrigkeit (bzw. Rechtmäßigkeit) des Beschlusses im Grundsatz gar nicht mehr ankommen, sofern nur das *wirtschaftliche* Interesse der Gesellschaft, wie regelmäßig, dasjenige des *einzelnen* Klägers überwiegt.[5] Hinzu kommt die im Wege der Freigabe erreichte Eintragung Bestandskraft, mag sie auch in ihrer Reichweite umstritten sein.[6] Nach § 246a Abs. 4 S. 2 AktG lassen *„Mängel des Beschlusses seine Durchführung unberührt"* und kann die Beseitigung dieser Eintragungswirkung auch nicht im Wege des Schadensersatzes verlangt werden. Zugleich ist der – nominell bestehende – Schadensersatzanspruch regelmäßig praktisch wertlos, weil er auf den Ausgleich einer *individuellen* Vermögenseinbuße beim klagenden Aktionär beschränkt ist. Diese Regelung ist hochgradig inkonsistent, und zwar deshalb, weil sie die Anfechtungsbefugnis als solche unberührt lässt, die Anfechtungswirkungen aber in einer Weise beschneidet, die nur als verdeckte materielle Beschränkung, wenn nicht als Ausschluss, des Anfechtungsrechts bezeichnet werden kann, zumal sie ausgerechnet bei besonders wichtigen Entscheidungen und sogar bei Nichtigkeit eines Beschlusses wirkt. Sie ist nicht hinnehmbar. Einzuräumen ist zwar, dass die schließlich Gesetz gewordene Fassung das Problem etwas abmildert, indem sie bei besonders

[5] So denn deutlich auch *Seibert/Florstedt*, ZIP 2008, 2145, 2152: Nur das wirtschaftliche Interesse des klagenden Aktionärs, nicht der Gesamtheit der Aktionäre.

[6] Dazu ausführlich *Schäfer*, in: FS K. Schmidt, 2009, S. 1389ff.

schweren Rechtsverstößen die Eintragung ausdrücklich auch dann ausschließt, wenn die wirtschaftlichen Interessen der Gesellschaft überwiegen – wie erwähnt ein Zugeständnis an die Kritik des Arbeitskreises. Ausweislich der Begründung soll es sich hierbei aber nur um extreme Fälle handeln, der Beschluss müsse so „krass rechtswidrig" sein, „dass eine Eintragung unerträglich" wäre, was aber keineswegs bei allen Nichtigkeitsgründen der Fall sei. Das ist eine durchaus bedenklich stimmende Bemerkung; denn bei einem ausgewogenen Fehlerregime sollte es eigentlich selbstverständlich sein, dass innerhalb der höchsten Fehlerkategorie – der Nichtigkeit also – keine weiteren Abstufungen mehr erforderlich sind, diese vielmehr von vornherein auf die wirklich ernsten Mängel beschränkt bleibt. – Das ARUG mag in diesem Punkt also zwar einen gewissen Fortschritt darstellen – die grundsätzlichen Defizite des auf die Freigabe beschränkten Ansatzes des geltenden Rechts vermochte es indessen nicht auszugleichen.

Endlich wird *drittens* die Annahme trügen, die Verschärfung des Freigabeverfahrens erschöpfe das Potential der sog. räuberischen Aktionäre. Das Freigabeverfahren erfasst überhaupt nur einen Teil der eintragungsbedürftigen Beschlüsse und erst recht nicht solche Beschlüsse, die – wie die Entlastung – keiner Eintragung bedürfen. Solche nichteintragungsbedürftigen Beschlüsse, zu denen neben der Entlastung insbesondere auch Wahlbeschlüsse zum Aufsichtsrat und Gewinnverwendungsbeschlüsse gehören, scheinen neuerdings sogar in besonderem Maße im Fokus der Anfechtungskläger zu stehen.[7] Auf den ersten Blick mag das verwundern, weil etwa die Wirkung der Entlastung bekanntlich begrenzt ist. Doch reagieren betroffene Verwaltungsmitglieder recht empfindlich, sofern es um die implizite Feststellung geht, dass sie gegen Gesetz oder Satzung verstoßen haben, so dass in Gerichtsverfahren oft erbittert um die Entlastung gestritten wird.[8] Ein weiteres Feld hat sich derzeit mit dem Streit um die Korrektheit der Entsprechenserklärung eröffnet, der ebenfalls im Rahmen der Entlastung, aber auch der Anfechtung von Wahlbeschlüssen ausgetragen wird – erinnert sei nur an die Entscheidung in Sachen MAN, bei der das OLG München obiter sogar Wahlbeschlüsse für anfechtbar gehalten hat, wenn eine Entsprechenserklärung nicht rechtzeitig korrigiert worden ist.[9] Kurz: es zeichnet sich bereits deutlich ab, dass Anfechtungsprofis schon jetzt erhebliche neue Bereiche für sich entdeckt haben, in denen die ARUG-Reformen schon im Ansatz

---

[7] S. die Hinweise bei *Habersack/Stilz*, ZGR 2010, 710, 722; s.a. *Peltzer*, NZG 2009, 1336f.

[8] *Habersack/Stilz*, ZGR 2010, 710, 722.

[9] OLG München v. 6. 8. 2008 – 7 U 5628/07, ZIP 2009, 133, 134f. (*MAN*) (Anfechtbarkeit eines Wahlbeschlusses wg. ausgebliebener Korrektur einer Entsprechenserklärung obiter bejaht – i.E. Verstoß gegen Kodex aber verneint, weil Gesellschaft Altersgrenze lediglich als Regel formuliert hatte und daher Ausnahmen zuließ.).

keine Wirkung entfalten können. Thesenförmig lässt sich der Befund zur Situation des geltenden Rechts daher wie folgt zusammenfassen:

1. Die Konzentration auf eine Instanz – und zwar das OLG – ist im Ansatz begrüßenswert. Es sollte allerdings eine übergreifende, nicht auf das Freigabeverfahren beschränkte Lösung gefunden werden, die eine verfahrensrechtliche Aufspaltung zwischen Hauptsache- und Freigabeverfahren schon im Ansatz vermeidet und nicht auf eintragungsbedürftige Beschlüsse beschränkt bleibt.
2. Abzulehnen ist der Ansatz des ARUG (§ 246a Abs. 2 Nr. 3 AktG), das Freigabeverfahren in einer Weise zu effektuieren, dass es für die bestandskräftige Eintragung auf die Rechtswidrigkeit (bzw. Rechtmäßigkeit) des Beschlusses im Grundsatz gar nicht mehr ankommen soll, sofern das *wirtschaftliche* Interesse der Gesellschaft dasjenige des *einzelnen* Klägers überwiegt.
3. Der Ansatz des ARUG beim Freigabeverfahren ist unzureichend, weil er naturgemäß auf eintragungspflichtige Beschlüsse beschränkt ist und auch diese nicht vollständig erfasst. Wie jüngere Erfahrungen zeigen, verlagern sich Anfechtungsschwerpunkte derzeit besonders auf Entlastungs- und Wahlbeschlüsse. Es bedarf deshalb einer grundsätzlichen Neuorientierung, die schon bei den Beschlussmängeln ansetzen sollte.

III. Der Vorschlag des Arbeitskreises Beschlussmängelrecht

1. Rechtlicher Ansatz und Eckpunkte

Das leitet über zu dem Vorschlag des Arbeitskreises Beschlussmängelrecht aus dem Jahre 2008. Die Mitglieder des Arbeitskreises stammten aus allen einschlägigen juristischen Professionen, so dass ein – davon sind wir jedenfalls überzeugt – inhaltlich ausgewogener Vorschlag herausgekommen ist. Hätte man wegen einschlägiger Vorveröffentlichungen erwarten können, dass die Verständigung auf *einen* einheitlichen Vorschlag – ohne dissenting votes – nahezu ausgeschlossen sein musste, so ist vielleicht überraschenderweise, aber aufgrund ausführlichen gemeinsamen Grübelns das Gegenteil eingetreten, so dass die Vorschläge trotz ihres vom geltenden Recht grundlegend abweichenden Ansatzes von breitem Konsens getragen waren.

Anders als nach dem auch noch im ARUG verfolgten Ansatz, der, wie dargestellt, eine verdeckte Beschränkung des Anfechtungsrechts (nur) bei eintragungsbedürftigen Beschlüssen bewirkt, zielen die Vorschläge des AK auf eine *offene* Inhaltsbeschränkung des Anfechtungsrechts. Denn es ist ja keineswegs gottgegeben, dass *jeder* noch so unbedeutende Verstoß gegen Gesetz oder Satzung, insbesondere bloße Verfahrensmängel, zur rückwirkenden Vernichtung des Beschlusses führen muss. Auch mit allgemeinen rechtsgeschäftlichen Kategorien ist dies kaum in Einklang zu bringen, wie wir aus der Beschlussmängellehre im Personengesellschaftsrecht wissen. Gleichzeitig kann und sollte aber am bewährten Kern des Anfechtungsrechts als ein Instrument zur Durchsetzung rechtmäßiger Zustände in der Aktiengesellschaft festgehalten und damit zugleich Ansätzen eine Absage erteilt werden, welche diese notwendige Kontrollfunktion einem Aktienamt (etwa der BaFin) überantworten wollen. Daraus ergeben sich die folgenden Grundannahmen:

Die Kategorie der *Nichtigkeit* ist beizubehalten, die *verfahrensbezogenen* Nichtigkeitsgründe sind allerdings klarer und enger zu fassen; die *inhaltliche* Nichtigkeit ist auf wirklich gravierende Fälle zu begrenzen.

Die *Anfechtbarkeit* im bisherigen Sinne, also die rückwirkende Vernichtung des Beschlusses, ist auf *besonders schwere Beschlussmängel* zu beschränken. Während nach geltendem Recht jeder noch so unbedeutende Mangel zur Kassation des Beschlusses führt, soll diese Folge nur noch bei gravierenden Mängeln in Betracht kommen, wodurch gleichsam nebenbei auch das Erpressungspotential der Anfechtungsklage substantiell gemindert würde. Insbesondere die in der Praxis derzeit ganz im Vordergrund stehenden Verfahrensmängel gefährdeten dann regelmäßig nicht mehr die Wirksamkeit des Beschlusses bzw. den Bestand der beschlossenen Maßnahme.

Alle sonstigen Beschlussmängel sind durch *andere* hinreichend wirksame und ggf. zu kumulierende Folgen zu sanktionieren.

Das Verfahren ist zu *beschleunigen* durch die *Zuständigkeit der Oberlandesgerichte* als Eingangsinstanz für Beschlussmängelklagen sowie durch eine Entscheidung in der Hauptsache innerhalb von drei Monaten.

Das Freigabeverfahren ist in seiner gegenwärtigen Form zu ersetzen durch eine *Zwischenentscheidung des Prozessgerichts* über die Eintragung des Beschlusses im Handelsregister, falls ausnahmsweise nicht innerhalb von drei Monaten abschließend entschieden werden kann; es soll also künftig in jedem Falle ein *einheitliches* Verfahren geben.

2. Zu einzelnen Regelungsvorschlägen

a) Ausgangspunkt und Nichtigkeit

Wie Sie *§ A Abs. 1 (Grundsatz)* entnehmen können, schlägt der Arbeitskreis eine einheitliche Beschlussmängelklage vor, bei der die traditionelle Unterscheidung zwischen Anfechtungs- und Nichtigkeitsgründen nur noch mittelbar bei den Fehlerkategorien und bei der Klagefrist eine Rolle spielt. Dem entspricht es, die Fehlerhaftigkeit allgemein zu definieren, wie dies in Abs. 1 vorgesehen ist; hinzu kommt eine Regelung, dass Bewertungsrügen *generell* nicht im Wege der Beschlussmängelklage verfolgt werden können *(§ A Abs. 2)*. Über das geltende Recht hinaus sollen auch Informationsmängel im *Vorfeld* der Hauptversammlung, insbesondere (angeblich unzureichende) Vorstandsberichte, *keinen* Beschlussfehler mehr begründen.

Auch die in *§ A Abs. 3* geregelten *Nichtigkeitsgründe* sollen neu konturiert und auf ihren berechtigten Kern zurückgeführt werden. Diesen sieht der Arbeitskreis in drei Aspekten, nämlich elementaren Minderheitenschutz, Gläubigerschutz und öffentliche Interessen. *Verfahrensrechtlich* muss dafür gesorgt sein, dass die wesentlichen Formalia der Einberufung einer HV gewahrt sind, denn sonst fehlt es an der Grundlage für die Beschlussfassung. Ferner muss der Beschluss identifizierbar sein.[10]

Nach geltendem Recht besonders einschneidend sind Mängel im Zusammenhang mit der *Einberufung.* Allerdings hat schon das ARUG mögliche Fehler bei der Angabe der *Teilnahmebedingungen* zu Recht zu Anfechtungsgründen herabgestuft (§ 241 Abs. 2 Nr. 1 bezieht sich nur noch auf Abs. 3 *S. 1* AktG). Immer noch droht aber Nichtigkeit zum Beispiel, wenn namentlich bekannte Aktionäre mit einfachem Brief, und nicht per Einschreiben eingeladen werden (§ 131 Abs. 4 AktG, dazu *Hüffer* § 241 Rn. 9). Gerechtfertigt ist die Kategorie der Nichtigkeit gewiss dann, wenn keine hinreichende Identifizierung der Gesellschaft erfolgt oder Zeit und Ort der Versammlung im Vagen bleiben. Doch wenn kein vernünftiger Zweifel besteht, *welche* Gesellschaft gemeint ist und *wo* das Treffen stattfindet, sollte für die Nichtigkeit gefasster Beschlüsse kein Raum sein. Auch bei *Beurkundungsmängeln* kommt Nichtigkeit nur bei vollständigem Fehlen einer notariellen Niederschrift in Betracht, zumal sich die Verwaltung nur dann inkorrekt verhält, wenn sie keinen Notar engagiert, während Fehler in der Niederschrift – der Notar vergisst zu unterschreiben – eine Pflichtverletzung des Notars darstellen.

Materiellrechtlich kann zwar ein Beschluss richtigerweise keinen Bestand haben, wenn er gegen zwingendes Recht verstößt, das nicht in erster Linie Aktionäre, sondern Gläubiger oder die Institution schützt, – auch dann nicht, wenn alle Aktionäre zustimmen oder keiner anficht. Man denke etwa an die Abschaffung des Aufsichtsrats oder die Herabsetzung des Grundkapitals unter das Mindestkapital. Die Nrn. 3 und 4 bei § 241 AktG sollten aber gestrafft und zusammengefasst werden. Nur ein nicht hinnehmbarer Verstoß gegen den Gläubigerschutz oder die Grundprinzipien der Unternehmensverfassung führt dann noch zur Nichtigkeit.

b) Mängel, die zur Kassation des Beschlusses führen (§ B Abs. 2)

Die Kassation des Beschlusses soll nach dem Vorschlag des Arbeitskreises nur *eine* der dem Gericht zu Gebote stehenden Reaktionsmöglichkeiten sein und auf Fälle begrenzt bleiben, in denen besonders schwere Rechtsverstöße diese

---

[10] Zust. *Grunewald*, NZG 2009, 967, 968.

Folge *gebieten*. Das ist freilich nur hinnehmbar, wenn zugleich andere wirksame, aber eben abgestufte Sanktionen geschaffen werden.

Der Arbeitskreis hat darüber nachgedacht, ob speziell für Verfahrensmängel außerdem die Kategorie der *„Erheblichkeit für die Beschlussfassung"* eingeführt werden sollte, hat darauf aber schließlich verzichtet (s. § B Abs. 2). Einerseits soll nicht das Missverständnis gefördert werden, dass ein erheblicher Mangel schon dann vorliegt, wenn er für das Beschlussergebnis *potentiell* kausal geworden ist, wie es die Rechtsprechung lange Zeit bei Verfahrensfehlern angenommen hat. Andererseits erschien es nicht angemessen, Verfahrensfehler ganz allgemein, also unabhängig von ihrer Schwere, von der Kassation auszunehmen. Insbesondere bei bewusst zu Lasten einzelner Aktionäre eingesetzten Rechtsverletzungen sollte das Gericht nach wie vor die Möglichkeit haben, die Nichtigkeit festzustellen.

Auf dem Erfurter Juristentag sind insbesondere gegen diese Beschränkung der Kassation Bedenken erhoben worden. Vor allem wurde eingewandt, dass der Begriff des „besonders schweren Mangels" Rechtsunsicherheit schaffe, indem er den Gerichten zu großen Spielraum eröffne. Der Arbeitskreis ist sich darüber im Klaren, dass der ausfüllungsbedürftige Begriff des *besonders schweren Rechtsverstoßes* dem Gericht einen gewissen Beurteilungsspielraum einräumt. Dies erscheint jedoch notwendig, um den eindimensionalen Ansatz des geltenden Rechts zu überwinden, das ja jeden überhaupt relevanten Mangel zur Kassation führen lässt. Indessen ist die offene Anknüpfung des Gesetzes an die Mängelqualität schon im Tatbestand klarer als die Korrektur einer (zu) weiten Gesetzeslage durch Relevanzerwägungen, wie sie gegenwärtig zu beobachten ist. Die Gerichte sollten deshalb von der zwingenden Bindung an die Rechtsfolge der Nichtigkeit befreit werden, und es sollte ihnen lediglich die klar ausgedrückte Linie vorgegeben werden, dass die Nichtigkeit nur in gravierenden Fällen in Betracht kommt.

Die Rechtsfolge der Nichtigkeit würde danach deutlich seltener als bisher ausgesprochen werden, so dass die befürchtete erhöhte Rechtsunsicherheit letztlich nur in Bezug auf die alternativ vorgeschlagenen Rechtsfolgen (Veröffentlichung, Rügegeld etc.), also gewissermaßen nach unten hin, bestünde. Hier hielten sich ihre schädlichen Wirkungen aber schon deshalb in engen Grenzen, weil der Bestand der beschlossenen Maßnahme eben nicht mehr in Gefahr wäre. Die Erfahrungen der letzten Jahre haben gezeigt, dass der Preis für Rechtssicherheit bei Beschlussmängeln, nämlich drakonische Folgen auch bei unbedeutenden Mängeln, untragbar hoch (geworden) ist. Das hiergegen derzeit eingesetzte Instrument, in einer wertenden Betrachtung nach der *„Relevanz"* eines Mangels für das Abstimmungsergebnis zu fragen, hat in den meisten Fällen nicht weitergeholfen und wegen der Konturlosigkeit *dieses* Begriffs erst recht zu Unsicherheiten geführt.

Rechtsprechung und Lehre werden den Begriff des schweren Mangels überdies fallgruppenorientiert, aber unter Berücksichtigung der Besonderheiten des Einzelfalles hinreichend rechtssicher machen. Als Beispiele für kassationsfähige Mängel kann man sich vorstellen:

- die fehlerhafte Beschlussfeststellung, z.B. weil vom Stimmrecht ausgeschlossene oder treuwidrig abgegebene Stimmen zu Unrecht mitgerechnet oder vermeintlich ausgeschlossene Stimmen nicht mitgerechnet wurden oder weil sich der Versammlungsleiter schlicht verzählt hat. (Die Anfechtbarkeit wegen *Fehlern* bei der WpHG-Meldung von Anteilsbesitz sollte freilich künftig generell ausgeschlossen werden.) Erforderlich ist in jedem Falle aber die Kausalität für das Beschlussergebnis.
- das Nichterreichen eines im Gesetz vorgesehenen Kapitalquorums, etwa in den Fällen der §§ 319 Abs. 1 S. 1, 320 Abs. 1 S. 1, 327a Abs. 1 S. 1 AktG.
- inhaltliche Mängel des Beschlusses, etwa die Verletzung der Treupflicht oder des Gleichbehandlungsgrundsatzes, die zwar per se keinen Nichtigkeitsgrund im Sinne des § A Abs. 3 darstellen, aber abhängig von den konkreten Umständen sonst so gewichtig sein mögen, dass die Nichtigkeitsfolge geboten erscheint.
- ganz ausnahmsweise auch Verfahrensfehler, etwa wenn der Rechtsverstoß gezielt zum Nachteil einzelner Aktionäre begangen wurde.

c) Nicht zur Kassation führende Beschlussmängel (§ B Abs. 3)

Sofern die Schwere des Rechtsverstoßes die Kassation *nicht* gebietet, stellt das Gericht zunächst fest, dass der Beschluss fehlerhaft war (Satz 1). Sodann kann es zusätzlich eine oder mehrere der in Satz 2 aufgelisteten Rechtsfolgen anordnen, z.B. die Veröffentlichung des Tenors mit dem Rügegeld kombinieren.

Die weitestgehende Folge enthält Nr. 1, wonach der Beschluss (nur) mit Wirkung für die Zukunft aufgehoben wird. In Betracht kommt diese Folge bei sämtlichen Beschlussgegenständen. „Kassierende" Wirkung entfaltet sie namentlich in Fällen, in denen die Hauptversammlung dem Vorstand eine Ermächtigung – etwa zur Ausgabe neuer Aktien (§ 202 AktG) – erteilt hat, von der noch kein Gebrauch gemacht wurde. Bei sonstigen Beschlüssen, etwa Wahlbeschlüssen nach § 101 AktG (Aufsichtsrat) oder § 318 Abs. 1 HGB (Abschlussprüfer), verleiht Abs. 3 S. 2 Nr. 1 dem Beschluss auch insoweit Bestand für die Vergangenheit, als die Lehre von der fehlerhaften Gesellschaft derzeit hierzu nicht imstande sein sollte. Stets erforderlich ist, dass der Fehler hinreichend gewichtig ist. Wiederum hält Satz 3 das Gericht ausdrücklich an, die Rechtsfolgen in Abhängigkeit der Schwere des Rechtsverstoßes abzustufen. Da es hier um weniger schwere Fälle geht, kann in die Beurteilung auch das Interesse der Gesellschaft und der nicht klagenden Aktionäre an der Aufrechterhaltung des Beschlusses für die Zukunft einfließen. Auch hier kann aber keineswegs eine *reine* Interessenabwägung den Ausschlag geben, so dass es auf das Vorliegen eines Mangels gar nicht mehr ankäme. Vielmehr ist die Interessenabwägung lediglich in die Bewertung des Mangels im Hinblick auf die Rechtsfolge einzubeziehen.

Die Anordnung einer Rechtsfolge nach Nr. 2 – Rügegeld – kommt insbesondere bei Verfahrensfehlern in Betracht; auf diese Weise bleibt das Präventionsinteresse gewahrt, ohne dass die Wirksamkeit des Beschlusses gefährdet wird.[11]

Der Arbeitskreis hat ferner diskutiert, ob als Rechtsfolge zusätzlich auch eine Pflicht zur *Folgenbeseitigung* vorgesehen werden sollte, etwa zum Ausgleich wirtschaftlicher Einbußen bei Betroffenheit einer Gruppe von Aktionären (z. B. im Fall des § 255 Abs. 2 AktG oder beim rechtswidrigen Bezugsrechtsausschluss) oder durch nachträgliches Gewähren einer zu Unrecht verweigerten Information. Hier wird es allerdings häufig so sein, dass der Vorteil nicht bei der Gesellschaft, sondern bei einem anderen Aktionär eingetreten ist, weshalb über geeignete Anwendungsfälle einer Folgenbeseitigungsregelung kein Einvernehmen erzielt worden ist. Hinzu kommt, dass für (eintragungsbedürftige) Strukturmaßnahmen ohnehin die Sonderregeln nach § D gelten sollen. Der Arbeitskreis hat daher zunächst davon abgesehen, eine solche Rechtsfolge vorzuschlagen.

d) Bestandskraft (§ B Abs. 5)

De lege lata ist bekanntlich für einzelne Strukturmaßnahmen eine Bestandskraft nach erfolgter Handelsregistereintragung vorgesehen. Der Arbeitskreis hat sich – trotz gewisser Bedenken – entschlossen, an einer besonderen Bestandskraftregelung festzuhalten, hat aber eine Vereinheitlichung nach dem Muster des § 20 Abs. 2 UmwG vorgeschlagen. Die Bestandskraft solle auch auf die Eingliederung und den Squeeze-out ausgedehnt werden; dem ist der ARUG-Geber in § 319 Abs. 6 bzw. § 327e Abs. 2 AktG mittlerweile gefolgt, so dass sich weitere Ausführungen hierzu erübrigen.

Eine Bestandskraftregelung erscheint in unserem Modell hinnehmbar, weil die Zwischenentscheidung nach § D Abs. 3 die Hauptsache ohnehin teilweise vorwegnimmt und überdies nicht in einem eigenständigen Verfahren, sondern innerhalb des Hauptsacheverfahrens getroffen wird. Es ist deshalb vertretbar, auch solche Eintragungen, die aufgrund des Zwischenverfahrens ins Register gelangen, mit *Bestandskraftwirkung* auszustatten. Hierfür ist insbesondere die Annahme entscheidend, dass die Frage, ob ein zur Kassation führender schwerer

---

[11] Kritisch dazu *Grunewald*, NZG 2009, 967, 968; gegen sie *Habersack/Stilz*, ZGR 2010, 710, 729, Fn. 83 (berücksichtige nicht, dass in erster Linie nicht eintragungsbedürftige Beschlüsse in Betracht kämen und die Gesellschaft keinen Anlass zum Vergleich habe, wenn sie von der Rechtmäßigkeit des Beschlusses überzeugt sei).

Mangel vorliegt, in aller Regel innerhalb von drei Monaten zu entscheiden sein sollte.

Der Arbeitskreis hat intensiv darüber beraten, ob man in Anlehnung an ausländische Rechtsordnungen *jeder* Eintragung eines Beschlusses Bestandskraft beimessen und als Rechtsbehelf opponierender Aktionäre zur Verhinderung einer solchen Eintragung nur ein Verfahren des einstweiligen Rechtsschutzes gegen die Eintragung vorsehen sollte. Er hat sich aber im Ergebnis gegen eine solche Lösung entschieden. Immerhin liegen aber auch nach seinem Vorschlag Darlegungs- und Beweislast für die Voraussetzungen der ausnahmsweise anzuerkennenden Nichtigkeit des Hauptversammlungsbeschlusses beim Kläger, während de lege lata die Gesellschaft als Antragstellerin im Freigabeverfahren die Darlegungs- und Beweislast für die Voraussetzungen einer ausnahmsweisen Anordnung der Eintragung trägt. Der Vorteil des Vorschlags gegenüber dem Alternativmodell liegt vor allem darin, dass er eine Aufspaltung der Rechtsbehelfe sowie die besondere Abwägung eines Aussetzungs- gegen ein Vollzugsinteresse vermeidet.

e) Klagefrist (§ C Abs. 1)

An der bewährten *Monatsfrist* für die Klageerhebung soll festgehalten werden. Sie soll aber künftig auch für die Geltendmachung von Nichtigkeitsgründen (§ A Abs. 3) gelten, wobei hier freilich der Fristlauf erst mit Kenntniserlangung beginnt; die strengere Regelung des Umwandlungsgesetzes (§ 14 UmwG) wird also nicht übernommen. Sie erschien dem Arbeitskreis deshalb etwas weitgehend, weil der Vorschlag zugleich ja auch auf den Abbau von Nichtigkeitsgründen zielt. Für den in der Praxis am häufigsten auftretenden Fall der Geltendmachung von Beschlussmängeln durch Aktionäre dürfte aber ohnehin im Regelfall unterschiedslos eine Frist von einem Monat nach der Hauptversammlung gelten.

f) Zuständigkeit des OLG (§ C Abs. 3)

Zu den Kernzielen des Vorschlags gehört es, die gerichtlichen Beschlussmängelverfahren zu beschleunigen. Dem dient wesentlich die Eingangszuständigkeit der Oberlandesgerichte für alle Beschlussmängelklagen. Gegen die Entscheidungen der Landgerichte über Beschlussmängelklagen wird praktisch immer ein Rechtsmittel eingelegt; im Ergebnis müssen deshalb stets die Oberlandesgerichte entscheiden. Werden die Oberlandesgerichte als Eingangsinstanz tätig, entfallen eine Überprüfungsinstanz und die zugehörigen Rechtsmittelfristen. Die Verkürzung des Instanzenzugs bewirkt also eine erhebliche Verfahrensbeschleunigung. Das ARUG hat sich diesem Vorschlag sozusagen in letzter Minute für das Freigabeverfahren angeschlossen. In der Tat ist ein beim Oberlandesgericht eingerichteter Spezialspruchkörper als Ideallösung anzusehen, und zwar nicht nur für das Freigabeverfahren jetziger Machart.

g) Zwischenentscheidung (§ D Abs. 3)

Ziel der Reform ist es, Beschlussmängelklagen möglichst innerhalb einer Frist von drei Monaten nach Klageerhebung abzuschließen. Für den Fall, dass dies nicht möglich ist, hat das Gericht im Rahmen des Hauptsacheverfahrens durch Beschluss darüber zu entscheiden, ob die Klage der Eintragung entgegensteht. Im Hinblick auf die beschleunigte Herbeiführung der Eintragung entspricht diese Zwischenentscheidung weitgehend dem Freigabeverfahren (§§ 246 a, 319 Abs. 6 AktG und § 16 Abs. 3 UmwG). Dogmatisch und verfahrensrechtlich bestehen allerdings gravierende Unterschiede:

Während die Entscheidung im Freigabeverfahren einen eigenständigen Regelungsgegenstand betrifft, über den ohne Einleitung dieses Verfahrens nicht zu entscheiden wäre, wird in der Zwischenentscheidung nach § D Abs. 3 lediglich eine Entscheidung getroffen, die im Hauptsacheverfahren ohnehin zu treffen ist. Der Grundgedanke des Vorschlags, die Erweiterung der zur Verfügung stehenden Rechtsfolgen begründeter Beschlussmängelklagen, führt dazu, dass das Gericht bei Begründetheit der Klage im Hauptsacheverfahren zwingend zwei Fragen zu entscheiden hat:

- (1.) Ist der Beschluss fehlerhaft und die Beschlussmängelklage daher begründet? und
- (2.) Mit welcher Rechtsfolge soll der Mangel sanktioniert werden?

Mit der Zwischenentscheidung wird lediglich die Entscheidung über die zweite Frage in denjenigen Fällen vorgezogen, in denen die Überprüfung der Fehlerhaftigkeit des Beschlusses längere Zeit in Anspruch nimmt, während typischerweise kurzfristig entschieden werden kann, ob Nichtigkeit oder rückwirkende Vernichtung des Beschlusses in Betracht kommen.

Anders als derzeit beim Freigabeverfahren sind bei Zwischenverfahren keine Überlegungen und Wertungen maßgeblich, die von der Anfechtungsklage unabhängig sind. Am Freigabeverfahren wird de lege lata zu Recht kritisiert, dass es auf eine Interessenabwägung gestützt ist und damit auf Wertungen, die keinen Bezug zu den Beschlussmängeln haben, um die im Hauptsacheverfahren gestritten wird. Kritikwürdig ist ferner, dass es eine Entscheidung zulässt, die das Hauptsacheverfahren konterkarieren kann. Demgegenüber basiert die Zwischenentscheidung auf demselben Streitgegenstand und begnügt sich nur mit einem geringeren Grad der Wahrscheinlichkeit auf der Tatsachenebene, nämlich mit einem glaubhaft gemachten Sachverhalt; eine eigenständige, von § B Abs. 2 losgelöste Interessenabwägung erfolgt hierbei also nicht. Letztlich kommt es daher darauf an, ob nach freier Überzeugung des Gerichts eine überwiegende Wahrscheinlichkeit für das Vorliegen von Beschlussmängeln spricht, die zur Kassation führen.

IV. Fazit

Das ARUG hat den Bedarf nach einer grundsätzlichen Neuorientierung des Beschlussmängelrechts nicht vermindert. Der Ansatz bei nur bestimmten eintragungsbedürftigen Beschlüssen ist defizitär, weil er z.B. keine Wirkung bei Entlastungs-, Wahl- und Gewinnverwendungsbeschlüssen entfaltet. Zudem ist die derzeitige Regelung von Bestandskraft durch Freigabeverfahren inkonsistent, weil sie die verdeckte Beschränkung des formal unangetasteten Anfechtungsrechts bewirkt. Klar vorzugswürdig ist deshalb eine Regelung, die Beschlussmängel und deren Folgen einer grundlegenden Neuordnung unterzieht und die verfahrensmäßige Aufspaltung zwischen Hauptsache- und Freigabeverfahren künftig vermeidet. Dass ein solcher Neuansatz gleichsam nebenbei – nämlich durch weitgehende Vermeidung der Kassation als Regelfolge – dem Missbrauchsproblem abhelfen kann, sei nur ergänzend erwähnt. Denn dem Entwurf geht es nicht primär um Missbrauchsbekämpfung; er erreicht diese vielmehr gleichsam von selbst dadurch, dass er das Anfechtungsrecht auf seinen berechtigten Kern zurückführt und den problematischen Ansatz des geltenden Rechts korrigiert, dass jeder noch so unbedeutende Mangel zur rückwirkenden Vernichtung eines Beschlusses führt.

Anhang

I. Beschlüsse der wirtschaftsrechtlichen Abteilung des 67. DJT 2008

(Auszug)

14. Die Möglichkeiten der Anfechtungsklage sind weiter einzuschränken. Mit dem ARUG kann ein erster begrüßenswerter Schritt dazu getan werden. (angenommen: 62:12:5)

15. Bei börsennotierten Gesellschaften ist auf eine qualifizierte Aktionärsminderheit abzustellen, die nicht unter einem Prozent des Nennkapitals / 100.000 Euro liegen sollte. (angenommen 47:28:4)

16. a) Das Beschlussmängelrecht ist im Grundsätzlichen zu reformieren. (angenommen: 65:3:10)

b) Anfechtungsklagen sollten eine Registereintragung nur blockieren, wenn ein Gericht die Registersperre anordnet (umgekehrtes Freigabeverfahren). (angenommen 52:15:10)

c) Das Freigabeverfahren soll durch eine beschleunigte Eintragungsfreigabe im Hauptsacheverfahren ersetzt werden (Zwischenverfahren). (angenommen: 43:22:13)

d) Nur gravierende (besonders schwere) Mängel, die eine Tolerierung durch die Rechtsordnung nicht dulden, sollten zur Nichtigkeitsfolge führen (angenommen: 62:8:9)

17. Für Beschlussmängelklagen sollte das Oberlandesgericht als Eingangsinstanz vorgesehen werden (angenommen: 63:4:13)

II. Vorschlag des Arbeitskreises Beschlussmängelrecht[12]

Anmerkung: Der Vorschlag ist mit Begründung abgedruckt in AG 2008, 617ff.

§ A Beschlussmängel

(1) Ein Beschluss der Hauptversammlung, der das Gesetz oder die Satzung verletzt, ist fehlerhaft.

(2) Als Fehler eines Beschlusses gelten nicht
1. eine Verletzung des § 128,
2. Gründe, die ein Verfahren nach § 318 Abs. 3 des Handelsgesetzbuchs rechtfertigen,
3. unrichtige, unvollständige oder verweigerte Informationen über die Ermittlung, Höhe oder Angemessenheit von Ausgabebetrag, Mindestbetrag oder Kompensation, wenn das Gesetz für Bewertungsrügen ein Spruchverfahren vorsieht.

(3) Ein Beschluss der Hauptversammlung ist außer in den Fällen des [*wie geltende Fassung § 241*] nur dann nichtig, wenn er
1. in einer Hauptversammlung gefasst worden ist, deren Einberufung nach § 121 die Gesellschaft, die Zeit oder den Ort der Versammlung nicht hinreichend deutlich erkennen ließ,
2. entgegen § 130 Abs. 1 nicht in eine notarielle Niederschrift aufgenommen ist,
3. im Gläubiger- oder sonstigen öffentlichen Interesse nicht hinnehmbare, gegen zwingendes Gesetzesrecht verstoßende Regelungen trifft.

(4) Die Nichtigkeit des Hauptversammlungsbeschlusses kann nicht mehr geltend gemacht werden, wenn
1. rechtskräftig eine Beschlussmängelklage abgewiesen oder eine andere Rechtsfolge als die Nichtigerklärung von Anfang an ausgesprochen wurde,
2. der Beschluss in das Handelsregister eingetragen worden und seitdem ein Jahr vergangen ist,
3. bei nicht eintragungsbedürftigen Beschlüssen seit der Beschlussfassung drei Jahre vergangen sind.

Ist bei Ablauf der Frist nach Satz 1 Nr. 2 oder 3 eine Klage auf Feststellung der Nichtigkeit des Hauptversammlungsbeschlusses rechtshängig, so verlängert sich die Frist, bis über die Klage rechtskräftig entschieden ist oder sie sich auf andere Weise endgültig erledigt hat. Eine Löschung des eingetragenen Beschlusses von Amts wegen nach § 144 Abs. 2 des Gesetzes über die Angelegenheiten der freiwilligen Gerichtsbarkeit wird durch Zeitablauf nicht ausgeschlossen.

---

[12] Dem Arbeitskreis Beschlussmängelrecht gehören an: Volker Butzke, Syndikus, Frankfurt; Prof. Dr. Mathias Habersack, München; Dr. Peter Hemeling, Syndikus, München; Dr. Roger Kiem, RA, Frankfurt; Prof. Dr. Peter O. Mülbert, Mainz; Prof. Dr. Ulrich Noack, Düsseldorf; Prof. Dr. Carsten Schäfer, Mannheim; Eberhard Stilz, Präsident des OLG, Stuttgart; Dr. Jochen Vetter, RA, Düsseldorf.

(5) Absatz 4 gilt entsprechend, wenn in den Fällen des § 217 Abs. 2, § 228 Abs. 2, § 234 Abs. 3 und § 235 Abs. 2 die erforderlichen Eintragungen nicht fristgerecht vorgenommen worden sind.

§ B Beschlussmängelfolgen

(1) Liegt einer der in § A Abs. 3 genannten Nichtigkeitsgründe vor, stellt das Gericht die Nichtigkeit des Beschlusses fest.

(2) Aus anderen Gründen fehlerhafte Beschlüsse werden für nichtig erklärt, wenn die besondere Schwere des Rechtsverstoßes diese Sanktion an Stelle der Rechtsfolgen nach Abs. 3 gebietet. Die unrichtige, unvollständige oder verweigerte Erteilung von Informationen gebietet die Sanktion des Satzes 1 nur dann, wenn davon auszugehen ist, dass der Hauptversammlungsbeschluss bei richtig und vollständig erteilter Information nicht gefasst worden wäre.

(3) Ist ein Beschluss fehlerhaft, ohne dass die Voraussetzungen von Abs. 1 oder Abs. 2 vorliegen, stellt das Gericht die Fehlerhaftigkeit des Beschlusses fest. Es kann daneben

1. die Wirkungen des Beschlusses für die Zukunft aufheben, soweit nicht die Mängel nach der Eintragung in das Handelsregister seine Wirksamkeit unberührt lassen,
2. der Gesellschaft zur Rüge des Verstoßes ein an die Staatskasse zu leistendes Rügegeld bis zur Höhe von einer Million Euro auferlegen und
3. die Veröffentlichung des Tenors der Entscheidung und der Auferlegung eines Rügegeldes in den Gesellschaftsblättern anordnen.

Das Gericht hebt die Wirkungen des Beschlusses nach Satz 2 Nr. 1 nur dann auf, wenn dies unter Berücksichtigung der Bedeutung des Rechtsverstoßes sowie des Interesses der Gesellschaft und ihrer Aktionäre an der Wirksamkeit des Beschlusses im Verhältnis zu den Nachteilen aus der Wirksamkeit des Beschlusses für den Kläger geboten ist. Abs. 5 bleibt unberührt.

(4) Trifft das Gericht eine Entscheidung nach Abs. 3, so ist die Gesellschaft verpflichtet, dem Kläger den Schaden zu ersetzen, der ihm aus der Aufrechterhaltung des Hauptversammlungsbeschlusses entstanden ist. Die Beseitigung der Wirkungen des Hauptversammlungsbeschlusses kann nicht als Schadensersatz verlangt werden.

(5) Nach erfolgter Eintragung der Durchführung einer Maßnahme der Kapitalbeschaffung oder der Kapitalherabsetzung (§§ 182 bis 240), eines Unternehmensvertrages (§§ 291 bis 307), einer Eingliederung (§§ 319 bis 327) oder des Ausschlusses von Minderheitsaktionären (§§ 327a bis 327f) in das Handelsregister lassen Mängel des Beschlusses dessen Wirksamkeit unberührt.

§ C Beschlussmängelklage

(1) Mängel eines Hauptversammlungsbeschlusses können innerhalb eines Monats nach der Beschlussfassung durch Klageerhebung geltend gemacht werden. Liegt ein Mangel gem. § A Abs. 3 vor, so beginnt die Frist nicht, bevor der Kläger von den zugrunde liegenden Tatsachen Kenntnis erlangt hat.

(2) Die Klage ist gegen die Gesellschaft zu richten. Die Gesellschaft wird durch Vorstand und Aufsichtsrat vertreten. Klagt der Vorstand oder ein Vorstandsmitglied, wird die Gesellschaft durch den Aufsichtsrat, klagt ein Aufsichtsratsmitglied, wird sie durch den Vorstand vertreten.

(3) Zuständig für die Klage ist das Oberlandesgericht, in dessen Bezirk die Gesellschaft ihren Sitz hat. Mehrere Klagen sind zur gleichzeitigen Verhandlung und Entscheidung zu verbinden.

(4) Der Vorstand hat die Erhebung der Klage und den Termin zur mündlichen Verhandlung unverzüglich in den Gesellschaftsblättern bekanntzumachen.

§ D Eintragung im Handelsregister

(1) Bei der Anmeldung eines der in § B Abs. 5 genannten Hauptversammlungsbeschlüsse zur Eintragung in das Handelsregister hat der Vorstand mitzuteilen, ob eine Beschlussmängelklage anhängig ist; hierüber hat der Vorstand dem Registergericht auch nach der Anmeldung Mitteilung zu machen. Ist eine Beschlussmängelklage anhängig, darf der Hauptversammlungsbeschluss nur eingetragen werden, wenn entweder die klageberechtigten Aktionäre durch notariell beurkundete Verzichtserklärung auf eine Klage gegen die Wirksamkeit des Beschlusses verzichtet haben oder die Klage nach Abs. 2 oder 3 der Eintragung nicht entgegensteht.

(2) Wird nicht durch das Gericht die Nichtigkeit des Beschlusses nach § B Abs. 1 festgestellt oder nach § B Abs. 2 angeordnet, steht die Klage der Eintragung nicht entgegen, auch wenn gegen die Entscheidung ein Rechtsmittel eingelegt wird.

(3) Kann eine Entscheidung in der Hauptsache nicht binnen drei Monaten nach Klageerhebung ergehen, ordnet das Gericht in dieser Frist durch Beschluss an, dass die Klage der Eintragung nicht entgegensteht, wenn es nicht nach freier Überzeugung zu der Auffassung gelangt, dass die Klage zulässig ist und eine überwiegende Wahrscheinlichkeit für das Vorliegen von Beschlussmängeln nach § A Abs. 3 oder § B Abs. 2 spricht. Gegen den Beschluss findet eine Beschwerde nicht statt.

[Weiter geltende Vorschriften]

[Die §§ 244 (Bestätigung anfechtbarer Hauptversammlungsbeschlüsse), 245 (Anfechtungsbefugnis), 247 (Streitwert), 248, 248a und §§ 250–257 des Aktiengesetzes gelten (bei redaktioneller Anpassung) fort.]

Anfechtungsklage und Freigabeverfahren – das ARUG in der Bewährungsprobe*

RA Dr. Christian E. Decher

Inhaltsübersicht

* Schriftfassung des Vortrags vom 17. Juni 2011 anlässlich des Fünften Hamburger Forums am Institut für Unternehmens- und Kapitalmarktrecht der Bucerius Law School. Zwischenzeitliche Entwicklungen bis zum 31. 12. 2011 wurden für die Schriftfassung noch berücksichtigt.

I. Einleitung

1. Entwicklung bis zum ARUG

Der Individual- und Minderheitenschutz der Aktionäre vor Rechtsverstößen der Verwaltung oder eines Mehrheitsaktionärs wird in Deutschland traditionell vor allem durch die Anfechtungsklage gewährleistet. Diese ist auf eine Beseitigung der Wirksamkeit des betreffenden Hauptversammlungsbeschlusses gerichtet. Wird eine Anfechtungsklage gegen wesentliche Strukturmaßnahmen, wie eine Umwandlung (insbesondere Verschmelzung) oder einen Squeeze-out gerichtet, so ordnet das Gesetz ein Verbot der Eintragung und damit eine Blockade der Maßnahme an. Selbst in Fällen, wo das Gesetz kein zwingendes Eintragungsverbot vorsieht, darf das Registergericht in Fällen einer Anfechtungsklage gegen andere wesentliche Strukturmaßnahmen, wie Kapitalerhöhungen oder Unternehmensverträge, die Eintragung verweigern und die angegriffene Maßnahme wird vorerst nicht wirksam. Diese Blockadewirkung haben sich professionelle Aktionäre durch Klagen gegen Strukturmaßnahmen zunutze gemacht. Die Folge waren Vergleiche, bei denen die Kläger durch häufig beträchtliche finanzielle Zusagen zur Rücknahme ihrer Klagen bewegt wurden. Aus der Sicht der Unternehmen und von Investoren war die notwendige Transaktionssicherheit für wesentliche Strukturmaßnahmen nicht mehr gewährleistet.

Auf diesen Missstand hat der Gesetzgeber durch die Einführung des Freigabeverfahrens reagiert. Dieses zunächst in § 16 Abs. 3 UmwG nur für Umwandlungen vorgesehene gerichtliche Eilverfahren ermöglicht eine Überwindung der Registersperre bei Überwiegen des Vollzugsinteresses gegenüber dem Aufschubinteresses. Das Freigabeverfahren wurde zeitgleich in § 319 Abs. 6 AktG auf die Eingliederung (und nachfolgend auf den Squeeze-out, § 327e Abs. 2 AktG) sowie später in § 246a AktG auch auf Unternehmensverträge und Kapitalmaßnahmen ausgedehnt.

Die Gerichte haben die gesetzlichen Voraussetzungen zur Überwindung der Registersperre allerdings zunächst vielfach restriktiv gehandhabt. So ließen manche Gerichte anfangs die Eintragung vorbehaltlich eines glaubhaft gemachten überragenden Vollzugsinteresses nicht zu, wenn die von den Anfechtungsklägern behaupteten Mängel eines Beschlusses nicht schon nach erster Plausibilitätsprüfung offensichtlich ausschieden.[1] Auch nachdem sich die Gerichte zunehmend und mehr zu einer umfassenden Prüfung der geltend gemachten Mängel der angegriffenen Strukturmaßnahmen bekannten,[2] fiel den betrof-

---

[1] Vgl. etwa LG Duisburg v. 4. 2. 1999 – 44 O 3/99 SH, NZG 1999, 564; LG Frankfurt/M. v. 28. 5. 2003 – 3-13 O 22/03, NZG 2003, 731, 732; LG Hanau v. 5. 10. 1995 – 5 O 183/95, ZIP 1995, 1820, 1821.

[2] Vgl. etwa OLG Düsseldorf v. 16. 10. 2004 – I-16 W 63/03, ZIP 2004, 359; OLG Frank-

fenen Unternehmen die erfolgreiche Durchführung eines Freigabeverfahrens in Fällen schwer, in denen sich finanzielle Nachteile eines unterlassenen Vollzugs nicht in Millionenhöhe niederschlugen. Dies betraf zunächst insbesondere die Fälle eines Formwechsels[3] und alsdann nach dessen gesetzlicher Einführung insbesondere den Squeeze-out.[4] Selbst wenn durch die Blockade einer Strukturmaßnahme massive Nachteile drohten, wie dies z.B. bei Verschmelzungen oft der Fall ist, konnten Nichtigkeitsgründe oder behauptete materielle Mängel, wie insbesondere Bewertungsrügen auf der Ebene der übernehmenden Gesellschaft, im Freigabeverfahren häufig nicht überwunden werden.[5] Dementsprechend waren die Parteien bei Verschmelzungen auf umständliche Ausweichkonstruktionen, wie eine Verschmelzung auf eine neue Drittgesellschaft (NewCo-Merger) oder das Angebot eines freiwilligen Spruchverfahrens, angewiesen.[6] Zudem dauerten Freigabeverfahren bis zum rechtskräftigen Abschluss beim OLG regelmäßig länger als sechs Monate und konnten durch nachgeschobene Nichtigkeitsklagen weiter verzögert werden.

Mit der Einführung des Freigabeverfahrens in § 246a AktG auch für Unternehmensverträge und Kapitalmaßnahmen durch das UMAG im Jahre 2005 wollte der Gesetzgeber an sich der Freigabe von Strukturmaßnahmen unter Nutzung der Interessenabwägungsklausel einen breiteren Raum einräumen. Er betonte in den Gesetzesmaterialien, dass nur bei besonderer Schwere des behaupteten Rechtsverstoßes, also bei massiver Verletzung elementarer Aktionärsrechte, eine Versagung der Eintragung erfolgen solle.[7] Die Gerichte nahmen diesen Hinweis in den Gesetzesmaterialien, der im Gesetzestext keinen deutlichen Niederschlag fand, in Freigabeverfahren allerdings nur zurückhaltend auf.[8] Eine wesentliche dämpfende Wirkung auf die Praxis der Anfechtungsklagen hatte das UMAG daher nicht.[9]

Der Effekt des Freigabeverfahrens blieb damit für die Praxis unbefriedigend. Strukturmaßnahmen wurden weiterhin in großer Zahl durch Anfechtungs-

---

furt/M. v. 17.2. 1998 – 5 W 32/97, NJW-RR 1999, 334, 335; OLG Frankfurt v. 10.2. 2003 – 5 W 33/02, ZIP 2003, 1654, 1655; OLG Hamburg v. 11.4. 2003 – 11 U 215/02, ZIP 2003, 1344, 1350; OLG Hamburg v. 11.8. 2003 – 11 W 28/03, AG 2003, 696; OLG Hamm v. 4.3. 1999 – 8 W 11/99, NZG 1999, 560; OLG Köln v. 6.10. 2003 – 18 W 35/03, ZIP 2004, 760.

[3] Vgl. OLG Frankfurt/M. v. 9.6. 1997 – 10 W 12/97, ZIP 1997, 1291; LG Hanau v. 5.10. 1995 – 5 O 183/95, ZIP 1995, 1820; vgl. näher *Decher*, AG 1997, 388, 389.

[4] Vgl. etwa LG Frankfurt/M. v. 27.5. 2008 – 3–5 O 89/08 (nicht veröffentlicht).

[5] Vgl. etwa *Vetter*, in: FS Maier-Reimer, 2010, S. 819, 821.

[6] Vgl. dazu *Decher*, in: FS Lutter, 2000, S. 1209, 1215.

[7] RegBegr., BT-Drs. 15/5092, S. 29

[8] Vgl. etwa OLG Jena v. 12.10. 2006 – 6 W 452/06, NZG 2007, 147, 151 f.; LG Frankfurt/M. v. 17.12. 2008 – 3–05 O 241/08, Beck RS 2009, 06212 (*Deutsche Bank*); LG Frankfurt/M. v. 27.5. 2008 – 3–5 O 89/08 (nicht veröffentlicht), S. 13 (*CorealCredit*).

[9] Vgl. *Baums/Drinhausen/Keinath*, Anfechtungsklagen und Freigabeverfahren. Eine empirische Studie, 2011, ILF Working Papers Series No. 130, IV. 2., S. 15, 17, abrufbar unter: http://www.ilf-frankfurt.de/uploads/media/ILF_WP_130.pdf (Abruf am: 6.8. 2012).

und Nichtigkeitsklagen angegriffen.[10] Dabei stieg die Zahl der Anfechtungskläger und der Nebenintervenienten auf Klägerseite kontinuierlich an und erreichte in mehreren Fällen 70 und mehr Kläger.[11] Squeeze-out-Beschlüsse wurden sogar nahezu ausnahmslos durch Klagen angegriffen.[12] Gerichtliche Vergleiche zur Erledigung von Anfechtungsklagen, die nicht selten zur Zahlung von Anwaltsgebühren in sechsstelliger Höhe führten, blieben weiterhin oft der letzte Ausweg für die Unternehmen.[13]

2. Wesentliche Änderungen durch das ARUG

Das ARUG ist ein entschlossener Schritt des Gesetzgebers zur Erleichterung des Freigabeverfahrens und damit zur Eindämmung von Anfechtungsklagen. Die gesetzlichen Voraussetzungen für eine Freigabe der angefochtenen Strukturmaßnahme wurden wesentlich zugunsten der Unternehmen und zulasten der Anfechtungskläger geändert.

Zunächst setzt der Gesetzgeber auf eine Beschleunigung des Freigabeverfahrens. Diese wird vor allem durch eine Beschränkung des Freigabeverfahrens auf eine einzige Gerichtsinstanz beim OLG erreicht, § 246a Abs. 1 Satz 3 AktG. Der Beschluss ist unanfechtbar, § 246a Abs. 3 Satz 4 AktG. Die Beschränkung auf (nur) eine Rechtsschutzinstanz beim OLG erfolgte erst im Laufe des Gesetzgebungsverfahrens.[14] Wie schon bisher soll der Beschluss spätestens drei Monate nach Antragstellung ergehen (§ 246a Abs. 3 Satz 6 AktG), so dass durch die Beschränkung auf eine Instanz eine Halbierung des zeitlichen Abschlusses des Freigabeverfahrens angestrebt wird.

Praktische Erleichterungen des Freigabeverfahrens ergeben sich zudem dadurch, dass gemäß § 246a Abs. 1 Satz 2 AktG i. V. m. §§ 82 ff. ZPO die Prozessvollmacht des Anfechtungsklägers im Anfechtungsverfahren auch für das Freigabeverfahren gilt. Dadurch wird verhindert, dass sich der Prozessbevollmächtigte des Anfechtungsklägers, wie es in der Vergangenheit der Fall war, als zur Zustellung eines Freigabeantrags als Antragsgegner nicht zuständig erklären kann und die Einleitung des Freigabeverfahrens damit verzögert wird. Zudem

---

[10] Vgl. *Baums/Keinath/Gajek*, ZIP 2007, 1629, 1649; *Baums/Drinhausen/Keinath* (Fn. 9), IV. 2., S. 15 ff.

[11] Vgl. auch *Verse*, NZG 2009, 1127 Fn. 3: 126 Kläger bei Anfechtung Squeeze-out HVB; tendenziell ebenso, aber mit deutlich geringeren Höchstzahlen, vgl. *Baums/Drinhausen/Keinath* (Fn. 9), III. 3.1.1, S. 20.

[12] Vgl. *DAI*, Squeeze-out. Recht und Praxis, Studien des Deutschen Aktieninstituts, Heft 39, Oktober 2007, S. 44.

[13] Vgl. *Baums/Drinhausen/Keinath* (Fn. 9), IV. 3.1.5, S. 35 f., Tz. 3.8, S. 72, Tz. 3.9, S. 75 f.

[14] RegBegr., BT-Drs. 16/13098, S. 19 f., 41; vgl. näher *Seibert*, in: FS U. H. Schneider, 2011, S. 1211, 1222 f.

waren einzelne Kläger dazu übergegangen, ihren Wohnsitz ins Ausland zu verlegen, was eine Zustellung des Freigabeantrags unmöglich machen sollte.[15]

Eine Beschleunigung der Einleitung des Freigabeverfahrens wird zudem durch die Einführung von § 246 Abs. 3 Satz 5 AktG erreicht: Danach hat die beklagte Gesellschaft unmittelbar nach Einreichung der Klage, aber vor deren Zustellung, bereits ein Akteneinsichtsrecht. Damit wird der Verzögerungstaktik von Klägern entgegengewirkt, die eine Anfechtungsklage erhoben, aber den Gerichtskostenvorschuss nicht einzahlten. Die Blockadewirkung war bereits eingetreten, die Zustellung der Klage und damit die Möglichkeit zur Einleitung eines Freigabeverfahrens wurden jedoch verzögert.

Noch wichtiger als die Maßnahmen zur Beschleunigung des Freigabeverfahrens sind die Änderungen der Voraussetzungen für eine Freigabeentscheidung nach § 246a Abs. 2 AktG. Insbesondere wurde das Mindestquorum von 1.000 EUR gemäß § 246a Abs. 2 Nr. 2 AktG eingeführt. Kann ein Kläger nicht binnen einer Woche nach Zustellung des Antrags ein derartiges Mindestquorum seit Bekanntmachung der Einberufung der Hauptversammlung durch Urkunden nachweisen, nimmt er am Freigabeverfahren nicht teil und der Freigabebeschluss ergeht ohne weitere Prüfung. Durch dieses – im Gesetzgebungsverfahren zunächst nur mit 100 EUR angesetzte[16] – spürbare Quorum wird der Praxis ein Riegel vorgeschoben, dass zahlreiche Kläger Anfechtungsklage erheben, von denen die große Mehrzahl nur eine oder wenige Aktien der Gesellschaft halten.

Nicht weniger gewichtig ist die Präzisierung der Interessenabwägungsklausel des § 246a Abs. 2 Nr. 3 AktG.[17] Danach erfolgt eine zweistufige Prüfung, wobei auf einer ersten Stufe eine Abwägung zwischen dem Interesse des Klägers einerseits und den wirtschaftlichen Interessen der Gesellschaft und ihrer übrigen Aktionäre andererseits erfolgt. Vor dieser Präzisierung war zunächst vielfach die Auffassung vertreten worden, dass das wirtschaftliche Interesse der Gesellschaft und ggfs. ihres Großaktionärs gegen das Interesse aller übrigen Aktionäre abzuwägen war.[18] Nach der Klarstellung durch den Gesetzgeber wird die Interessenabwägung praktisch immer zugunsten der Gesellschaft und der übrigen Aktionäre ausfallen.[19] Hier setzt nun die zweite Prüfungsstufe an, wonach die grundsätzlich vorgezeichnete Eintragung der Strukturmaßnahme nur ausnahmsweise bei einer besonderen Schwere des Rechtsverstoßes entfällt. Nach

---

[15] RegBegr., BT-Drs. 847/08, S. 63; ebenso schon LG Münster v. 27. 6. 2006 – 21 O 57/06, NZG 2006, 833.

[16] Vgl. RegBegr., BT-Drs. 847/08, S. 65.

[17] Vgl. auch *Seibert*, in: FS U. H. Schneider, 2011, S. 1211, 1213 ff.

[18] OLG Düsseldorf v. 15. 3. 1999 – 17 W 18/99, NZG 1999, 565, 568 f.; OLG Düsseldorf v. 27. 8. 2001 – 6 W 28/01, NZG 2002, 191, 194 ff.; OLG Nürnberg v. 20. 2. 1996 – 12 W 3317/95, AG 1996, 229, 230; OLG Stuttgart v. 17. 12. 1996 – 12 W 44/96, AG 1997, 138, 139; LG Hanau v. 5. 10. 1995 – 5 O 183/95, ZIP 1995, 1820, 1821.

[19] RegBegr., BT-Drs.16/13098, S. 42.

den gesetzlichen Voraussetzungen ist also die Eintragung der angegriffenen Strukturmaßnahme die Regel, das Unterbleiben der Eintragung hingegen die nur unter besonderen Umständen gerechtfertigte Ausnahme.[20]

II. Das Freigabeverfahren nach dem ARUG im Lichte der Rechtsprechung

Seit Inkrafttreten des ARUG am 1. 9. 2009 ist erst eine vergleichsweise überschaubare Anzahl von Gerichtsentscheidungen zum Freigabeverfahren zu verzeichnen.[21] Dabei überwogen am Anfang Entscheidungen, die sich mit der Frage der Verfassungsmäßigkeit der Neuregelungen zu befassen hatten (nachfolgend 1.). Seither hat die Anzahl der Entscheidungen weiter abgenommen.[22] In diesen Entscheidungen steht die Auslegung der Tatbestandsvoraussetzungen für eine Freigabeentscheidung im Mittelpunkt (nachfolgend 2.). Bereits der Umstand, dass innerhalb der ersten zwei Jahre seit Inkrafttreten des ARUG nur eine vergleichsweise geringe Anzahl von Gerichtsentscheidungen zu verzeichnen ist, spricht für die große praktische Durchschlagskraft der gesetzlichen Änderungen (näher unten 3.).

1. Verfassungsmäßigkeit der Neuregelungen

Sowohl die Beschränkung des Freigabeverfahrens auf eine einzige Instanz beim OLG als auch die Einführung des Bagatellquorums von 1.000 EUR wurden erst in einer späten Phase des Gesetzgebungsverfahrens auf entsprechende Forderungen aus der Praxis[23] etabliert. Beide Regelungen sind im deutschen Gesellschaftsrecht ungewöhnlich. Die Beschränkung des Rechtsschutzes auf eine Instanz beim OLG ist im deutschen Gesellschaftsrecht ein Novum und wurde vom Gesetzgeber deshalb auch ausdrücklich zur Überprüfung auf seine prak-

[20] RegBegr., BT-Drs.16/13098, S. 42.

[21] Vgl. auch *Baums/Drinhausen/Keinath* (Fn. 9), V. 3., S. 94: 21 Verfahren seit 1. 9. 2009 bis 1. 7. 2011; *Bayer/Hoffmann/Sawada*, ZIP 2012, 897, 907: 38 Verfahren seit Anf. 2005 bis 30. 9. 2011.

[22] Vgl. *Baums/Drinhausen/Keinath* (Fn. 9), V. 3., S. 94.

[23] Zur Forderung nach einer einzigen Rechtsschutzinstanz beim OLG vgl. *DAV-HRA*, NZG 2009, 96, 98, Tz. 29; vgl. auch Stellungnahme des Bundesrates zum ARUG-Entwurf, RegBegr., BT-Drs. 847/08, S. 12 f.; kritisch insoweit etwa *Florstedt*, AG 2009, 465, 469; für Anhebung des Bagatellquorums vgl. etwa *DAI*, Stellungnahme ARUG RefE v. 20. 6. 2008, S. 1, abrufbar unter: http://www.dai.de/internet/dai/dai-2-0.nsf/0/583454C1F74566EDC12574890034FB9D/$FILE/63A545FED99B3E5BC125747C0053B3E8.pdf?openelement&cb_content_name_utf=DAI%20Stellungnahme%20RefE%20ARUG.pdf (Abruf am: 6. 8. 2012); *Poelzig/Meixner*, AG 2008, 196, 203; *Vetter*, AG 2008, 177, 188; vgl. auch Stellungnahme des Bundesrates zum ARUG-Entwurf, RegBegr., BT-Drs. 847/08, S. 14; *DAV-HRA*, NZG 2009, 96, 98, Rn. 26; kritisch *Hirte*, in: FS Meilicke, 2010, S. 201, 209.

tischen Auswirkungen gestellt.[24] Durch das Bagatellquorum, das nur im Freigabeverfahren gelten soll, nicht aber an die Erhebung einer Anfechtungsklage geknüpft wird, wird letztlich „durch die Hintertür" der jahrzehntelange Grundsatz durchbrochen, dass ein Aktionär mit einer einzigen Aktie den Individualschutz der Anfechtungsklage für sich in Anspruch nehmen kann.[25] So ist es kein Wunder, dass beide Neuerungen von Aktionären als verfassungswidrig angegriffen wurden. Entsprechende Rügen in Freigabeverfahren blieben jedoch erfolglos. Eine Entscheidung des Bundesverfassungsgerichts zu diesen Fragen steht noch aus.

Die Beschränkung des Freigabeverfahrens auf eine einzige Instanz beim OLG wurde vom KG als verfassungsgemäß anerkannt. Das Gebot des gesetzlichen Richters gemäß Art. 19 Abs. 4 GG und der Justizgewährungsanspruch, der sich aus Art. 2 Abs. 1 GG in Verbindung mit dem Rechtsstaatsprinzip ergibt, gewähren keinen Anspruch auf einen Instanzenzug. Wie und in welchem Umfang effektiver Rechtsschutz gewährt wird, bleibt dem Gesetzgeber überlassen.[26]

Auch das Bagatellquorum von 1.000 EUR ist verfassungsgemäß. Dies gilt auch unter Berücksichtigung der Tatsache, dass als Bezugsgröße der anteilige Betrag am Grundkapital, also der Nennbetrag, maßgeblich ist und nicht der Börsenwert.[27] Der Gesetzgeber hatte damit die Erwartung zum Ausdruck gebracht, dass ein Kläger im Regelfall Aktien mit einem Börsenwert von 10.000–20.000 EUR halten müsse, um das Quorum zu erfüllen.[28] Demgegenüber wird darauf hingewiesen, dass das Quorum im Einzelfall dazu führe, dass Aktien im Wert von bis zu 1 Mio. EUR gehalten werden müssten.[29] Die Oberlandesgerichte sind den Rügen der Kläger, ein solches Bagatellquorum sei willkürlich und verfassungswidrig, nicht gefolgt.[30] Der Eigentumsschutz des Art. 14 GG

---

[24] RegBegr., BT-Drs. 16/13098, S. 41.

[25] Kritisch deshalb etwa *Arbeitskreis Beschlussmängelrecht*, AG 2008, 617, 619; *Habersack/Stilz*, ZGR 2010, 710, 714; *Hirte*, in: FS Meilicke, 2010, S. 201, 206; *Schäfer*, in: FS K. Schmidt, 2009, S. 1389, 1408; *Verse*, NZG 2009, 1127, 1129, 1130; *Zöllner*, in: FS Westermann, 2008, S. 1631, 1643; dafür etwa *Baums/Drinhausen*, ZIP 2008, 145, 148; *Winter*, in: FS Ulmer, 2003, S. 699, 715 f.

[26] KG v. 10. 12. 2009 – 23 AktG 1/09, AG 2010, 166, 168; *Wilsing/Saß*, DB 2011, 919, 920; vgl. auch BVerfG v. 9. 12. 2009 – 1 BvR 1542/06, AG 2010, 160, 161.

[27] Vgl. RegBegr., BT-Drs. 16/13098, S. 41; ebenso OLG Hamburg v. 11. 12. 2009 – 11 AR 2/09, AG 2010, 214; OLG Hamburg v. 11. 12. 2009 – 11 AR 1/09, AG 2010, 215; OLG Stuttgart v. 19. 10. 2009 – 20 AR (Freig) 1/09, NZG 2010, 27, 28.

[28] RegBegr., BT-Drs. 16/13098, S. 41.

[29] Vgl. *Hirte*, in: FS Meilicke, 2010, S. 201, 209.

[30] OLG Nürnberg v. 27. 9. 2010 – 12 AktG 1218/10, ZIP 2010, 2498, 2499; OLG Frankfurt/M. v. 23. 2. 2010 – 5 Sch 2/09, AG 2010, 596, 598; OLG Hamburg v. 11. 12. 2009 – 11 AR 2/09, AG 2010, 214; OLG Hamburg v. 11. 12. 2009 – 11 AR 2/09, AG 2010, 215; OLG Stuttgart v. 19. 10. 2009 – 20 AR (Freig) 1/09, NZG 2010, 27, 28; kritisch dagegen *Baums/Drinhausen*, ZIP 2008, 145, 148; *Baums/Drinhausen/Keinath* (Fn. 9), V. 6. c), S. 98; *Schwab*, in: Schmidt/Lutter, AktG, 2. Aufl. 2010, § 246a Rn. 7.

gewährt einem Aktionär nicht das Individualrecht auf Kassation eines Hauptversammlungsbeschlusses durch Anfechtungsklage.

2. Voraussetzungen für die Freigabe

a) Unzulässigkeit oder offensichtliche Unbegründetheit der Klage

Einem Freigabeantrag ist gemäß § 246a Abs. 2 Nr. 1 AktG zunächst dann stattzugeben, wenn die Klage unzulässig oder offensichtlich unbegründet ist. Diese erste Voraussetzung zur Ermöglichung der Freigabe wurde durch das ARUG nicht verändert. Eine Unzulässigkeit der Klage wird nur selten vorliegen.[31]

Die Frage der offensichtlichen Unbegründetheit der Klage spielte vor der Neufassung der Interessenabwägungsklausel der Nr. 3 eine große Rolle.[32] Das sollte sich in Zukunft ändern: Die Gerichte können diese Frage letztlich offenlassen, wenn sie schon aufgrund des Regel-/Ausnahmeverhältnisses zu einer Freigabeentscheidung gelangen. Dementsprechend sollte die Prüfung der offensichtlichen Unbegründetheit der Klage in erster Linie bei Zurückweisung des Antrags von Bedeutung sein.[33] Dennoch neigen die Gerichte bislang dazu, nicht alleine auf die Interessenabwägungsklausel abzustellen, sondern mindestens zusätzlich die Frage der offensichtlichen Unbegründetheit der Klage eingehend zu prüfen.[34]

Dementsprechend haben die Gerichte auch seit Inkrafttreten des ARUG vielfach eine offensichtliche Unbegründetheit der Klage bejaht, etwa wegen nicht hinreichenden Vortrags und Glaubhaftmachung der Klagebefugnis in der Hauptsacheklage gemäß § 245 Nr. 1 AktG, mangels Übertragung des Besitzes an den Aktien auf einen Legitimationsaktionär, wegen fehlender Anfechtbarkeit eines Übertragungsbeschlusses aufgrund von angeblichen Mängeln des Prüfungsberichts des gerichtlich bestellten Prüfers und wegen angeblicher Treuwidrigkeit des Mehrheitsaktionärs.[35] Die Freigabe einer Kapitalherabsetzung mit anschließender Kapitalerhöhung wurde wegen offensichtlicher Unbegründetheit der Klage bejaht bei fehlendem Nachweis der Geschäftsunfähigkeit

---

[31] Vgl. etwa *Satzl*, Freigabe von Gesellschafterbeschlüssen im Kapitalgesellschaftsrecht, 2011, S. 183; *Baums/Drinhausen/Keinath* (Fn. 9), V. 6. c), S. 97: Ein Fall von 61 Fällen vom 1. 9. 2009 bis 1. 7. 2011.

[32] Vgl. *Baums/Drinhausen/Keinath* (Fn. 9), VI. 6. c), S. 97.

[33] Vgl. etwa KG v. 18. 5. 2010 – 14 AktG 1/10, AG 2010, 494, 494 f.; OLG Frankfurt/M. v. 30. 3. 2010 – 5 Sch 3/09, NZG 2010, 824, 826; OLG München v. 28. 7. 2010, BeckRS 2010, 18828; OLG München v. 4. 11. 2009 – 7 A 2/09, AG 2010, 170, 172.

[34] *Baums/Drinhausen/Keinath* (Fn. 9), V. 6. c), S. 98; beispielhaft etwa KG v. 10. 12. 2009 – 23 AktG 1/09, AG 2010, 166, 168 f.; OLG Frankfurt/M. v. 11. 4. 2011, 5 Sch 4/10 (nicht veröffentlicht); OLG Hamm v. 22. 9. 2010 – I-8 AktG 1/10, AG 2011, 136; OLG München v. 4. 11. 2009 – 7 A 2/09, AG 2010, 170; OLG München v. 28. 7. 2010 – 7 AktG 2/10, BeckRS 2010, 18828; OLG München v. 16. 6. 2010 – 7 AktG 1/10, AG 2010, 715; OLG Saarbrücken v. 7. 12. 2010 – 4 U AktG 476/10, NZG 2011, 358, 359.

[35] KG v. 10. 12. 2009 – 23 AktG 1/09, AG 2010, 166, 168 ff.

des Erblassers der Aktien.[36] Eine Verschmelzung wurde freigegeben, weil die Rüge, ein 109 Seiten umfassender Verschmelzungsbericht werde den gesetzlichen Anforderungen des § 8 Abs. 1 Satz 1 UmwG nicht gerecht, ebenso offensichtlich unbegründet war wie die Rüge einer unzureichenden Beantwortung des Auskunftsrechts der Aktionäre.[37]

b) Bagatellquorum

Erwartungsgemäß spielt die Frage, ob die Anfechtungskläger das Bagatellquorum erreicht und nachgewiesen haben, in der Praxis der Freigabeverfahren eine große Rolle. Haben die Anfechtungskläger das Bagatellquorum unstreitig nicht erreicht, kann die Freigabe ohne weitere Prüfung erteilt werden.[38] Allerdings erstrecken die Gerichte trotz Fehlens des Bagatellquorums ihre Prüfung nach wie vor nicht selten auf weitere Freigabegründe.[39]

aa) Keine Zusammenrechnung

In einigen Fällen waren die Anfechtungskläger zwar nicht einzeln in der Lage, das Quorum zu stellen, wohl aber gemeinsam mit anderen Anfechtungsklägern. Die Gerichte haben eine derartige Zusammenrechnung nicht anerkannt, sondern gefordert, dass jeder Antragsgegner einzeln das Quorum erfüllen müsse.[40] Für dieses Verständnis spricht schon der Wortlaut des § 246a Abs. 2 Nr. 2 AktG, wonach „der Kläger“ das Quorum nachweisen muss. Anders als bei anderen aktienrechtlichen Schwellenwerten (vgl. § 142 Abs. 2 Satz 1 AktG; § 148 Abs. 1 Satz 1 AktG) ist eine Zusammenrechnung gerade nicht vorgesehen. Vor allem lässt sich aber für dieses Verständnis der Sinn und Zweck des Bagatellquorums anführen. Es soll gerade ausschließen, dass ein Aktionär eine Blockade wichtiger Strukturmaßnahmen erreichen kann, ohne dass er ein ökonomisch ins Gewicht fallendes Investment getätigt hat und damit ein Interesse an einer nachhaltigen Entwicklung des Unternehmens darlegen kann. Zudem ging es dem Gesetzgeber darum, die hohe Anzahl von Klagen und Klägern deutlich einzudämmen. Dem entspricht es, dass auch bei Erfüllung des Quorums durch

---

[36] OLG München v. 16. 6. 2010 – 7 AktG 1/10, AG 2010, 715.

[37] OLG Saarbrücken v. 7. 12. 2010 – 4 U AktG 476/10, NZG 2011, 358, 359f.; vgl. ferner OLG Hamm v. 22. 9. 2010 – I-8 AktG 1/10, AG 2011, 136.

[38] OLG München v. 16. 8. 2011, 23 AktG 2/11 (nicht veröffentlicht); *Weber/Kersjes*, Hauptversammlungsbeschlüsse vor Gericht, 2010, § 3 Rn. 36; zu Unrecht einschränkend für Fälle von Nichtigkeitsgründen, Behauptung der Verletzung drittschützender Normen und Rechtsmissbrauch, vgl. *Satzl* (Fn. 31) S. 203.

[39] Vgl. *Baums/Drinhausen/Keinath* (Fn. 9), V. 6. b), S. 97.

[40] OLG Frankfurt/M. v. 30. 3. 2010 – 5 Sch 3/09, NZG 2010, 824, 826; OLG Frankfurt/M. v. 23. 2. 2010 – 5 Sch 2/09, AG 2010, 596, 598; OLG Hamburg v. 11. 12. 2009 – 11 AR 1/09, AG 2010, 215; ebenso etwa *Merkner/Sustmann*, CF law 2011, 65, 69; *Satzl* (Fn. 31), S. 201; *Verse*, NZG 2009, 1127, 1129; *Weber/Kersjes* (Fn. 38), § 3 Rn. 48.

einzelne Kläger nicht andere Kläger als „Trittbrettfahrer" am Freigabeverfahren teilnehmen können.

bb) Nachweis des Aktienquorums

Das Bagatellquorum muss durch den Antragsgegner binnen einer Woche nachgewiesen werden. Im Einzelfall war das Erreichen des Quorums durch die antragstellende Gesellschaft nicht bestritten worden oder es wurde nachträglich unstreitig, der Antragsgegner hatte das Erreichen des Quorums aber nicht binnen der Wochenfrist durch Urkunden nachgewiesen. In einem solchen Fall soll die Erfüllung des Nachweiserfordernisses durch den Antragsgegner nach Auffassung einiger Oberlandesgerichte entbehrlich sein, wobei auf die Parallele zum Urkundenprozess hingewiesen wird.[41] Nach der von anderen Oberlandesgerichten vertretenen Gegenauffassung ist der Nachweis des Bagatellquorums durch Urkunden demgegenüber ein eigenständiges materiell-rechtliches Erfordernis und nicht lediglich eine Verfahrensregelung, so dass auf das Erfüllen des gesetzlichen Erfordernisses nicht verzichtet werden könne.[42] Dem wird man nur insoweit zustimmen müssen, als ein erst nachträglich unstreitig werdender Aktienbesitz nicht genügen kann. Wird dagegen das Aktienquorum schon im Freigabeantrag unstreitig gestellt, erscheint das Festhalten am Nachweiserfordernis als unnötige Formalität.

Der Nachweis des Aktienquorums hat sich auf den Tag der Bekanntmachung der Einberufung der Hauptversammlung zu beziehen, was genauer meint, dass der Tag vor der Bekanntmachung maßgeblich ist.[43] Der Nachweis des Quorums für das record date, also den Stichtag, der im Fall von § 123 Abs. 2 AktG für die Berechtigung zur Teilnahme an der Hauptversammlung maßgeblich ist, reicht nicht.[44] Darüber hinausgehend muss der Nachweis ununterbrochen für den Zeitraum vom Tag der Bekanntmachung der Einberufung der Hauptversammlung bis zur Einleitung des Freigabeverfahrens erbracht werden.[45] Nicht erforderlich ist der Nachweis, dass das Quorum bis zur Entscheidung über den Freigabeantrag gehalten wird. Denn anders als in der Regelung des § 142 Abs. 2

---

[41] Vgl. OLG Nürnberg v. 27.9. 2010 – 12 AktG 1218/10, ZIP 2010, 2498, 2499f.; OLG Frankfurt/M. v. 30.3. 2010 – 5 Sch 3/09, NZG 2010, 824, 826.

[42] OLG Hamm v. 6.6. 2011 – I-8 AktG 2/11, ZIP 2011, 2257, 2259; KG v. 6.12. 2010 – 23 AktG 1/10, ZIP 2011, 172, 173; *Lieder*, GWR 2011, 418; *Reichard*, NZG 2011, 775, 776; *Satzl* (Fn. 31), S. 204; *Wilsing/Saß*, DB 2011, 919, 923.

[43] *Wilsing/Saß*, DB 2011, 919, 922; abweichend *Bosse*, NZG 2009, 807, 811: Tag der Bekanntmachung.

[44] OLG Nürnberg v. 27.9. 2010 – 12 AktG 1218/10, ZIP 2010, 2498, 2499.

[45] Vgl. *Marsch-Barner*, in: Kallmeyer, UmwG, 4. Aufl. 2010, § 16 Rn. 41b; *Reichard*, NZG 2011, 292; *Wilsing/Saß*, DB 2011, 919, 922; tendenziell ebenso OLG Nürnberg v. 27.9. 2010 – 12 AktG 1218/10, ZIP 2010, 2498, 2500; abweichend *Satzl* (Fn. 31), S. 203: Nachweis lediglich bis einschließlich Klageerhebung.

Satz 2 AktG zur Sonderprüfung findet sich ein entsprechender Hinweis im § 246a Abs. 2 Nr. 2 AktG nicht.[46]

cc) Keine Berücksichtigung des Sachvortrags ohne Erreichen des Bagatellquorums

Noch nicht geklärt ist, ob der Sachvortrag eines Antragsgegners, der das Mindestquorum nicht erreicht hat, im Freigabeverfahren unerheblich ist oder ob er vom Gericht zu berücksichtigen ist. Schon vor der Einführung des Bagatellquorums ergab sich eine vergleichbare Frage, wenn die beklagte Gesellschaft mit einer Reihe von Klägern einen Teilprozessvergleich erreicht hatte, mit anderen Klägern jedoch nicht. In einem solchen Fall führt die aufgrund des Teilprozessvergleichs erfolgte Klagerücknahme der betreffenden Kläger dazu, dass deren Vortrag nicht mehr zu berücksichtigen ist. Denn auch in Fällen notwendiger Streitgenossenschaft bleibt es gemäß § 63 ZPO bei selbständigen Prozessrechtsverhältnissen.[47] Daher wirkt der Vortrag eines Streitgenossen nur dann für und gegen die anderen, wenn und soweit er sich diesen zu eigen macht. Eine pauschale Bezugnahme, wie sie in der Praxis zum Teil schon bei Einreichung der Klagen erfolgt, ist nicht ausreichend, denn der Vortrag der übrigen Kläger ist zu diesem Zeitpunkt ganz oder teilweise noch nicht bekannt.[48] Ein Zueigenmachen nach Klagerücknahme ist nicht mehr möglich.

Diese Grundsätze gelten auch im Freigabeverfahren. Der Sachvortrag eines Antragsgegners in der Anfechtungsklage, der das Mindestquorum nicht erreicht, ist dementsprechend im Freigabeverfahren nicht zu berücksichtigen, sondern lediglich der Sachvortrag des Antragsgegners, der das Quorum erreicht.[49] Demgegenüber tendierte das OLG München zur Berücksichtigungsfähigkeit auch eines solchen Sachvortrags, es hat die Frage aber letztlich offengelassen.[50] Mit der Intention des Gesetzgebers, durch Einführung des Mindestquorums das Verfahren übersichtlicher zu gestalten und damit auch zur Verfahrensbeschleunigung beizutragen, erscheint dies schwerlich vereinbar.

c) Interessenabwägung

Große Bedeutung hat in der Rechtsprechung zu Freigabeverfahren seit dem ARUG die Interessenabwägungsklausel des § 246a Abs. 2 Nr. 3 AktG. Auf einer ersten Stufe erfolgt eine rein wirtschaftliche Abwägung der Interessen. Die Er-

---

[46] OLG Saarbrücken v. 7. 12. 2010 – 4 U AktG 476/10, NZG 2011, 358.

[47] BGH v. 29. 1. 2001 – II ZR 331/00, NJW 2001, 1056, 1058.

[48] OLG Köln v. 1. 4. 2009 – 18 U 134/08 (nicht veröffentlicht) und LG Köln v. 18. 7. 2008 – 82 O 63/07 (nicht veröffentlicht).

[49] Vgl. OLG Frankfurt/M. v. 11. 4. 2011 – 5 Sch 4/10 (nicht veröffentlicht); *Kläsener/Wasse*, AG 2010, 202, 204; *Lorenz/Pospiech*, BB 2010, 2515, 2518; *Satzl* (Fn. 31) S. 204, 221; *Verse*, NZG 2009, 1127, 1129; *Wilsing/Saß*, DB 2011, 919, 923.

[50] OLG München v. 4. 11. 2009 – 7 A 2/09, AG 2010, 170, 171 f.

folgsaussichten der Klage sind auf dieser Stufe der Prüfung auszublenden.[51] Dieser Aspekt wird auf der zweiten Stufe bei der Prüfung berücksichtigt, ob die besondere Schwere des Rechtsverstoßes der Eintragung entgegensteht.

aa) Notwendigkeit eines zeitnahen Freigabeantrags?

Nach einer Entscheidung des OLG München soll von vornherein kein vorrangiges Interesse der Gesellschaft und der übrigen Aktionäre an einer Eintragung anzuerkennen sein, wenn der Freigabeantrag nicht zeitnah nach Erhebung der Anfechtungsklage gestellt wird.[52] Im konkreten Fall war im März 2009 der Formwechsel einer AG in eine GmbH beschlossen worden. Das Landgericht erklärte den Beschluss Ende September 2009 für nichtig. Offenbar in Erwartung dieser negativen Entscheidung stellte die Gesellschaft am 1. 9. 2009 – dem Tag des Inkrafttretens des ARUG – beim OLG München den Antrag auf Freigabe der Eintragung.

Die Problematik dürfte sich in erster Linie für Fälle vor Inkrafttreten des ARUG ergeben haben und für heutige Fälle nur selten praktisch werden. Dennoch ist die vom OLG München propagierte faktische Antragsfrist von ca. drei Monaten abzulehnen. Die gesetzlichen Bestimmungen sehen keine Frist für eine Antragstellung vor und erfordern auch nicht die Glaubhaftmachung eines besonderen Eilinteresses. Zudem war die Möglichkeit eines Freigabeverfahrens schon nach der Rechtsprechung zum alten Recht auch nach erfolgter Eintragung im Hinblick auf die mit einem erfolgreichen Freigabeverfahren verbundene Schaffung eines Bestandsschutzes anerkannt.[53] So kann es bei einer Anfechtung gegen sanierende Kapitalmaßnahmen wegen der fehlenden Registersperre durchaus sinnvoll sein, dass sich die Gesellschaft zunächst um eine rasche Eintragung der Maßnahme bemüht, um die dringend benötigte Transaktionssicherheit für die Sanierung zu erhöhen. In einem zweiten Schritt kann dann die Schaffung eines endgültigen Bestandsschutzes durch Einleitung eines Freigabeverfahrens nach erfolgter Eintragung sinnvoll sein. Die herrschende Meinung in Rechtsprechung und Literatur ist daher zu Recht der Auffassung, dass ein nicht zeitnah nach Erhebung der Anfechtungsklage gestellter Freigabeantrag einem vorrangigen Vollzugsinteresse nicht entgegensteht.[54]

---

[51] Deutlich *Seibert*, in: FS U. H. Schneider, 2011, S. 1211, 1214; aus der Rspr. vgl. etwa OLG Hamm v. 22. 9. 2010 – I-8 AktG 1/10, AG 2011, 136, 138.

[52] OLG München v. 4. 11. 2009 – 7 A 2/09, AG 2010, 170, 172f.; ebenso *Hirte*, in: FS Meilicke, 2010, S. 201, 211; *Weber/Kersjes* (Fn. 38), § 3 Rn. 33–35.

[53] OLG Düsseldorf v. 15. 12. 2008 – I-6 W 24/08, AG 2009, 538, 539; OLG Frankfurt/M. v. 21. 7. 2008 – 23 W 13/08, AG 2008, 826; OLG Celle v. 27. 11. 2011 – 9 W 100/07, ZIP 2008, 318; *Weber/Kersjes* (Fn. 38), § 3 Rn. 28.

[54] OLG Frankfurt/M. v. 30. 3. 2010 – 5 Sch 3/09, NZG 2010, 824, 825; KG v. 12. 3. 2010 – 14 AktG 1/09, AG 2010, 497, 498; ebenso etwa *Habersack/Stilz*, ZGR 2010, 710, 720; *Merkner/Sustmann*, CF law 2011, 65, 71; *Wilsing/Saß*, DB 2011, 919, 924.

bb) Abwägung der wirtschaftlichen Interessen

Auf der ersten Stufe der Interessenabwägungsklausel sind die wirtschaftlichen Interessen der Gesellschaft und ihrer Aktionäre an einer Vollziehung der Maßnahme gegen die Nachteile für den oder die Antragsgegner abzuwägen. Diese Abwägung wird in aller Regel zugunsten der antragstellenden Gesellschaft ausfallen. Das entspricht auch dem klaren Willen des Gesetzgebers.[55]

Dementsprechend wurde ein überwiegendes Eintragungsinteresse bejaht bei Kapitalmaßnahmen zum Zwecke der Sanierung der Gesellschaft,[56] bei der Beschlussfassung über ein genehmigtes Kapital zur Ermöglichung flexibler Handlungsmöglichkeiten der Gesellschaft[57] bzw. zur Verbreiterung der Eigenkapitalbasis.[58]

Bei der Beschlussfassung über eine Verschmelzung wurde ein überwiegendes Eintragungsinteresse bejaht im Hinblick auf eine Gefährdung oder ein Scheitern eines geplanten Börsengangs im Anschluss an die Verschmelzung sowie im Hinblick auf schlechtere Finanzierungsmöglichkeiten, steuerliche Nachteile und höhere Verwaltungskosten bei Unterbleiben der Verschmelzung.[59] Ebenso wurde ein überwiegendes Vollzugsinteresse bejaht wegen der Realisierung durch die Verschmelzung zu erwartenden Synergieeffekten und der Vermeidung der Kosten einer wiederholten Hauptversammlung.[60]

Auch bei der Vollziehung eines Squeeze-out sollte die Berücksichtigung des wirtschaftlichen Interesses der antragstellenden Gesellschaft und der übrigen Aktionäre (insbesondere des Hauptaktionärs) nunmehr regelmäßig zu einem überwiegenden Vollzugsinteresse führen. Allerdings ist die Rechtsprechung insoweit bislang noch nicht einheitlich. Vereinzelt wurde unter Bezugnahme darauf, dass der Antragsteller „wesentliche" Nachteile darlegen müsse, das Anfallen von vergleichsweise geringen Kosten einer Hauptversammlung oder des Fortbestands der Börsenzulassung in Übereinstimmung mit der früheren Rechtsprechung (vgl. oben I. 1.) als nicht ausreichend für ein Vollzugsinteresse angesehen. Dabei wurde ausdrücklich betont, dass andernfalls im Ergebnis in Abwesenheit eines besonders schweren Rechtsverstoßes die Freigabe immer zu erteilen sei, was nicht der Intention des Gesetzgebers entsprechen könne.[61] Demgegenüber ergibt sich aus den Gesetzesmaterialien gerade das vom Gesetzgeber beabsichtigte Regel-/Ausnahmeverhältnis von Vollzug und Aufschub.[62]

---

55 RegBegr., BT-Drs. 16/13098, S. 42.

56 KG v. 6. 12. 2010 – 23 AktG 1/10, ZIP 2011, 172, 174; KG v. 12. 3. 2010 – 14 AktG 1/09, AG 2010, 497, 498 f.; vgl. auch KG v. 18. 5. 2010 – 14 AktG 1/10, AG 2010, 494, 495.

57 OLG Frankfurt/M. v. 30. 3. 2010 – 5 Sch 3/09, NZG 2010, 824, 827.

58 OLG Frankfurt/M. v. 23. 2. 2010 – 5 Sch 2/09, AG 2010, 596, 598.

59 OLG Hamm v. 16. 5. 2011 – I-8 AktG 1/11, AG 2011, 624, 625.

60 OLG Saarbrücken v. 7. 12. 2010 – 4 AktG 476/10, NZG 2011, 358, 360.

61 Vgl. OLG Frankfurt/M. v. 11. 4. 2011 – 5 Sch 4/10 (nicht veröffentlicht): Kosten von 100.000 EUR nicht ausreichend.

62 Vgl. RegBegr., BT-Drs. 16/13098, S. 41.

Zudem hat der Gesetzgeber ausdrücklich bereits Kosten der Wiederholung einer Hauptversammlung oder des Fortbestands der Börsenzulassung als beachtlich bezeichnet.[63] Dementsprechend können im Einzelfall auch Kosten einer Hauptversammlung und eines Fortbestands der Börsennotierung, die beim Squeeze-out der Aktionäre kleinerer Gesellschaften typischerweise nur im hohen fünfstelligen oder niedrigen sechsstelligen Eurobereich liegen, geeignet sein, das Aufschubinteresse der Antragsgegner zu überwiegen.[64]

cc) Besondere Schwere des Rechtsverstoßes

Trotz an sich bei wirtschaftlicher Abwägung vorrangigen Vollzugsinteresses ist eine Freigabe ausgeschlossen bei Vorliegen eines besonders schweren Rechtsverstoßes. Die Anforderungen an das Vorliegen eines besonders schweren Rechtsverstoßes sind schon ausweislich der Gesetzesmaterialien hoch: Erforderlich ist, dass der Rechtsverstoß derart krass rechtswidrig ist, dass eine Eintragung und damit die Durchführung des Beschlusses ohne vertiefte Prüfung im Hauptsacheverfahren für die Rechtsordnung unerträglich wäre.[65]

Nach einer zum früher geltenden Recht vertretenen Auffassung wurde für die Beurteilung einer schweren Rechtsverletzung, die einen Aufschub der Eintragung rechtfertigt, vielfach auf die Unterscheidung zwischen Nichtigkeits- und Anfechtbarkeitsgründen abgestellt. Beim Vorliegen von Nichtigkeitsgründen wurde regelmäßig ein Aufschubinteresse bejaht.[66] Die Gesetzesmaterialien stellen nunmehr klar, dass nicht jeder Nichtigkeitsgrund ein Aufschubinteresse rechtfertigt.[67]

Eine besondere Schwere des Rechtsverstoßes wird zu bejahen sein bei einer unberechtigten Nichtzulassung eines Aktionärs zur Hauptversammlung oder bei einem unberechtigten Ausschluss von der Hauptversammlung,[68] bei absichtlichen Verstößen gegen das Gleichbehandlungsgebot, z.B. bei Durchführung einer Geheimversammlung mit schweren Folgen,[69] bei Fehlen einer notariellen Beurkundung der Hauptversammlung einer börsennotierten Gesell-

---

[63] Stellungnahme des Rechtsausschusses RegBegr., BT-Drs. 16/13098, S. 41 f.

[64] OLG Hamm v. 22.9. 2010 – I-8 AktG 1/10, AG 2011, 136, 138: Kosten von rund 200.000 EUR; *Weber/Kersjes* (Fn. 38), § 3 Rn. 53.

[65] RegBegr., BT-Drs. 16/13098, S. 42.

[66] Vgl. etwa *Bork*, in: Lutter, UmwG, 4. Aufl. 2009, § 16 Rn. 26; *Noack*, ZHR 164 (2000), 274, 284; für den Regelfall auch *Rettmann*, Die Rechtsmäßigkeitskontrolle von Verschmelzungsbeschlüssen, 1998, S. 140; *Stratz*, in: Schmitt/Hörtnagel/Stratz, UmwG, 5. Aufl. 2009, § 16, Rn. 50; für Abwägung im Einzelfall dagegen *Decher*, in: Lutter, UmwG (Fn. 66), § 198, Rn. 49; *Kösters*, WM 2000, 1921, 1928.

[67] RegBegr., BT-Drs. 16/13098, S. 42; OLG Hamm v. 16.5. 2011 – I-8 AktG 1/11, AG 2011, 624, 626; OLG Saarbrücken v. 7.12. 2010 – 4 AktG 476/10, NZG 2011, 358, 360; KG v. 6.12. 2010 – 23 AktG 1/10, ZIP 2011, 172, 174; vgl. auch *Florstedt*, AG 2009, 465, 471.

[68] OLG München v. 28.7. 2010 – 7 AktG 2/10, AG 2010, 842, 843.

[69] RegBegr., BT-Drs. 16/13098, S. 42; KG v. 6.12. 2010 – 23 AktG 1/10, ZIP 2011, 172, 174; OLG Hamm v. 22.9. 2010 – I-8 AktG 1/10, AG 2011, 136, 139.

schaft[70] oder bei Verstößen gegen grundlegende Strukturprinzipien des Aktienrechts, z. B. bei Herabsetzung des Grundkapitals der AG auf einen Nennbetrag unter dem zulässigen Betrag.[71] Zu letzteren sollen Verstöße gegen die Kapitalerhaltungsregeln bei Qualifizierung eines Darlehens als eigenkapitalersetzend zählen.[72]

Kein besonders schwerer Rechtsverstoß liegt regelmäßig vor bei formalen Fehlern, z. B. bei Bildung von Schlangen an den Sicherheitsschleusen und damit verbundenem zeitlich verzögerten Einlass,[73] bei einer möglichen Übergehung der Wortmeldung eines Aktionärs[74] oder bei einem möglicherweise nicht ausreichenden mündlichen Bericht in der Hauptversammlung über die Ausübung eines genehmigten Kapitals.[75] Ebenso wenig liegt eine besondere Schwere eines Rechtsverstoßes vor bei provisorischer Übernahme der Versammlungsleitung durch den Notar.[76]

Ungeklärt ist noch, ob bei Verstößen gegen die Mitteilungspflichten nach §§ 21, 22 WpHG oder nach § 20 AktG ein besonders schwerer Rechtsverstoß vorliegen kann. Im Vergleich zu den in den Gesetzesmaterialien genannten Fällen besonders schwerer Rechtsverstöße ist schon angesichts der zahlreichen Streit- und Zweifelsfragen hinsichtlich der richtigen Darstellung der Stimmrechtsverhältnisse bei komplexen Beteiligungsverhältnissen regelmäßig die Versagung eines Freigabebeschlusses nicht gerechtfertigt.[77] Ein besonders schwerer Rechtsverstoß wird regelmäßig auch zu verneinen sein bei Verstößen gegen die Auskunftspflicht gemäß § 131 AktG. Dies gilt jedenfalls in solchen Fällen, in denen die beklagte Gesellschaft eine Vielzahl von Informationen gegeben hat und lediglich die mangelhafte Beantwortung von einzelnen Fragen gerügt wird.[78]

---

[70] RegBegr., BT-Drs. 16/13098, S. 42; KG v. 6. 12. 2010 – 23 AktG 1/10, ZIP 2011, 172, 174.

[71] KG v. 6. 12. 2010 – 23 AktG 1/10, ZIP 2011, 172, 174.

[72] KG v. 18. 5. 2010 – 14 AktG 1/10, AG 2010, 494, 496 f.

[73] OLG Frankfurt/M. v. 23. 2. 2010 – 5 Sch 2/09, AG 2010, 596, 598.

[74] OLG Frankfurt/M. v. 23. 2. 2010 – 5 Sch 2/09, AG 2010, 596, 598.

[75] OLG Frankfurt/M. v. 23. 2. 2010 – 5 Sch 2/09, AG 2010, 596, 598.

[76] KG v. 6. 12. 2010 – 23 AktG 1/10, ZIP 2011, 172, 174.

[77] Vgl. auch *Baums/Drinhausen/Keinath* (Fn. 9), VI. 5. S. 104: de lege ferenda für Bußgeldsanktion und Einschränkung von § 28 WpHG; ferner *Marsch-Barner*, in: Kallmeyer, UmwG (Fn. 45), § 16 Rn. 46b: nur bei Vorsatz; abweichend für Squeeze-out bei Verstoß gegen § 20 AktG vgl. OLG Frankfurt/M. v. 11. 4. 2011 – 5 Sch 4/10 (nicht veröffentlicht).

[78] Vgl. auch KG v. 12. 3. 2010 – 14 AktG 1/09, AG 2010, 497, 501; OLG Frankfurt/M. v. 23. 2. 2010 – 5 Sch 2/09, AG 2010, 596, 598: Antworten ggfs. nicht erschöpfend genug; generell für Informationsmängel vgl. auch *Marsch-Barner*, in: Kallmeyer, UmwG (Fn. 45), § 16 Rn. 46b.

III. Auswirkungen auf die Praxis

Die Neuerungen durch das ARUG beim Freigabeverfahren haben erhebliche Auswirkungen auf die Praxis. Vor Inkrafttreten des ARUG musste davon ausgegangen werden, dass nahezu jeder Squeeze-out-Beschluss durch Anfechtungsklage angegriffen wird. Zwischenzeitlich ist festzustellen, dass Squeeze-out-Beschlüsse deutlich seltener durch Anfechtungsklagen angegriffen werden.[79] Dies ist in erster Linie dann der Fall, wenn Aktionäre über das Mindestquorum verfügen. Auch Anfechtungsklagen gegen sonstige Strukturmaßnahmen sind deutlich zurückgegangen.[80] Dementsprechend werden auch Freigabeverfahren nur noch relativ selten durchgeführt.[81]

Spürbar bleiben allerdings Anfechtungsklagen gegen sonstige Hauptversammlungsbeschlüsse, insbesondere gegen die Entlastung von Vorstand und Aufsichtsrat[82] sowie gegen Aufsichtsratswahlen.[83] Zudem ist festzustellen, dass sich die rechtliche Auseinandersetzung bei Strukturmaßnahmen nunmehr vor allem auf das Spruchverfahren konzentriert, wo die Zahl der Antragsteller sprunghaft zugenommen hat und selbst in kleineren Fällen nicht selten 50–100 Antragsteller und in größeren Fällen bis zu 300 Antragsteller zu verzeichnen sind (vgl. dazu auch IV. 2. am Ende).[84]

Es kann somit festgehalten werden, dass das ARUG seinen gesetzgeberischen Zweck erfüllt. Anfechtungsklagen gegen Strukturmaßnahmen sind signifikant zurückgegangen. Damit geht eine erheblich höhere Transaktionssicherheit für wesentliche Strukturmaßnahmen einher. Diese erhöhte Transaktionssicherheit stärkt gleichzeitig die Attraktivität des Standorts Deutschland für Investitionen durch ausländische Unternehmen, die erfahrungsgemäß gerade auf diesen Punkt erheblichen Wert legen.

Auch das Ziel einer Beschleunigung des Freigabeverfahrens ist erreicht worden.[85] Zwar liegen Entscheidungen der Oberlandesgerichte nicht immer innerhalb der angestrebten Dreimonatsfrist vor. Insgesamt erscheint der zeitliche Abstand zwischen der Beschlussfassung der Hauptversammlung und der Eintragung der Maßnahme aber nunmehr aus der Sicht der Praxis als vertretbar.

---

[79] Ebenso *Baums/Drinhausen/Keinath* (Fn. 9), IV. 2., S. 17; *Bayer/Hoffmann/Sawada*, ZIP 2012, 897, 907f.

[80] Ebenso *Baums/Drinhausen/Keinath* (Fn. 9), IV. 2., S. 17; *Bayer/Hoffmann/Sawada*, ZIP 2012, 897, 909.

[81] Vgl. *Baums/Drinhausen/Keinath* (Fn. 9), V. 3., S. 94.

[82] Vgl. *Decher*, in: FS Hopt, 2010, S. 497; vgl. auch *Baums/Drinhausen/Keinath* (Fn. 9), IV. 2., S. 17f., die allerdings den wesentlichen Grund hierfür in der Finanzmarktkrise sehen; anders *Bayer/Hoffmann/Sawada*, ZIP 2012, 897, 900.

[83] Vgl. *Baums/Drinhausen/Keinath* (Fn. 9), IV. 2., S. 18.

[84] Vgl. *Decher*, in: FS Maier-Reimer, 2010, S. 57.

[85] Vgl. *Bayer/Hoffmann/Sawada*, ZIP 2012, 897, 907.

Weniger positiv wird in statistischen Auswertungen der Effekt des ARUG auf das „Klägergewerbe" gesehen: Noch immer konzentriere sich ein beträchtlicher Teil von Klagen auf einen harten Kern von Anfechtungsklägern und es komme nach wie vor häufig zu Vergleichen zum Vorteil dieser Anfechtungskläger.[86] Demgegenüber kann jedenfalls konstatiert werden, dass das Bagatellquorum zu einer spürbaren Verringerung des harten Kerns der Anfechtungskläger geführt hat.[87] Auch dürften Vergleiche zu Anfechtungsklagen gegen Strukturmaßnahmen schon deshalb seltener geworden sein, weil die Zahl der Klagen gegen Strukturmaßnahmen zurückgegangen ist und die Erfolgsaussichten der Unternehmen im Freigabeverfahren deutlich gestiegen sind. Das bedeutet nicht, dass das ARUG sämtliche Probleme rechtsmissbräuchlicher Anfechtungsklagen beseitigt hat (nachfolgend IV. 1. a).

IV. Ausblick

Mit dem durch das ARUG erreichten Zwischenstand ist für die Praxis schon viel erreicht worden. Allerdings befinden wir uns wohl noch nicht am Ende des Weges zu einem stimmigen Gesamtsystem.[88] Dementsprechend hat auch der Rechtsausschuss eine grundlegende Reform des Beschlussmängelrechts in der nächsten Legislaturperiode in Aussicht gestellt.[89] Eine derartige Reform sollte insgesamt noch konsequenter abrücken vom traditionellen Modell des Individualschutzes der Aktionäre durch Kassation (nachfolgend 1.) und sich zu einem Vermögensschutz der Aktionäre vor pflichtwidrigem Verhalten der Organe fortentwickeln (nachfolgend 2.). Das kann nachfolgend nur kurz skizziert werden.

1. Weiterer Rückbau der Kassation

a) Rechtsmissbräuchliche Aktionärsklagen

Durch das ARUG ist die Zahl von Klagen signifikant zurückgegangen. Damit relativiert sich auch das jahrzehntelange Problem rechtsmissbräuchlicher Anfechtungsklagen. Der Schutz der Gesellschaften vor solchen Klagen durch die Rechtsprechung ist aber nach wie vor praktisch nicht befriedigend.[90] So ist die Rechtsprechung bislang noch nicht über die Formel hinausgelangt, dass eine

---

86 Vgl. *Baums/Drinhausen/Keinath* (Fn. 9), IV. 3.1.4, S. 33, 37.

87 Vgl. auch *Bayer/Hoffmann/Sawada*, ZIP 2012, 897, 902f.

88 Vgl. etwa *Arbeitskreis Beschlussmängelrecht*, AG 2008, 617; *Bayer/Hoffmann/Sawada*, ZIP 2012, 897, 910f.; *Florstedt*, AG 2009, 465, 473; *Habersack/Stilz*, ZGR 2010, 710, 723; *Verse*, NZG 2009, 1127, 1132; insoweit auch *Hirte*, in: FS Meilicke, 2010, S. 201, 204.

89 RegBegr., BT-Drs. 16/13098, S. 35.

90 Vgl. auch *Baums/Drinhausen/Keinath* (Fn. 9), IV. 3.1.4, S. 33, 37.

Anfechtungsklage rechtsmissbräuchlich sei, wenn der Kläger damit in grob eigennütziger Weise Vermögensvorteile erzielen wolle, auf die er keinen Anspruch habe.[91] In der Praxis lässt sich die von der Rechtsprechung insoweit geforderte verwerfliche innere Einstellung regelmäßig nicht nachweisen.[92]

Allein die Bereitwilligkeit zum Vergleich, die Tatsache einer flächendeckenden Anfechtung von Beschlüssen der Hauptversammlung unter Berufung auf Formalfehler, der geringe Aktienbesitz des Anfechtungsklägers und die Mitwirkung des Klägers an Vergleichen in der Vergangenheit mit Vereinbarung erheblicher Zahlungen an die Rechtsanwälte soll nach der Rechtsprechung nicht ausreichen als Indiz für eine verwerfliche innere Einstellung.[93] Damit bleibt der Vorwurf rechtsmissbräuchlichen Verhaltens in der Praxis regelmäßig erfolglos, weil nur wenige Kläger offen vermögenswerte Leistungen verlangen, auf die sie keinen Anspruch haben.

Wo das im Einzelfall ausnahmsweise einmal der Fall war, haben sich die beklagten Gesellschaften in jüngerer Zeit verschiedentlich erfolgreich gewehrt und im Wege einer Eventual-Widerklage eine Schadensersatzpflicht des Anfechtungsklägers feststellen lassen. Der BGH hat dieses von einer Anwaltskanzlei als „Düsseldorfer Modell" propagierte Konzept gebilligt und eine Schadensersatzpflicht des Klägers gegenüber der Gesellschaft bejaht.[94] Für die Praxis ist der damit verbundene Entlastungseffekt jedoch bescheiden. Denn es bleibt dabei, dass nur bei einem im Einzelfall offenem Verlangen nach ungerechtfertigten Vermögensvorteilen ein rechtsmissbräuchliches Verhalten der Kläger durch die Rechtsprechung festgestellt und eine Pflicht des Klägers zum Schadensersatz gegenüber der Gesellschaft bejaht werden kann. Das ist in der Praxis die große Ausnahme. Der drastische Rückgang von Anfechtungsklagen ist daher nicht, wie behauptet, auf das „Düsseldorfer Modell" zurückzuführen, sondern auf die oben dargestellten Änderungen des Freigabeverfahrens durch das ARUG.

Die Rechtsprechung bleibt aufgefordert, mutigere Regeln zum Schutz vor rechtsmissbräuchlichen oder mutwilligen Klagen zu entwickeln.[95] Einen Ansatz dazu zeigt eine Entscheidung des LG Mannheim auf. Im konkreten Fall lagen die beklagte Gesellschaft und ein Unternehmer wegen eines gescheiterten Projekts der Zusammenarbeit in einem jahrelangen Rechtsstreit, in dem beide

---

[91] BGH v. 14.5. 1992 – II ZR 299/90, ZIP 1992, 1081, 1082; BGH v. 14.10. 1991 – II ZR 249/90, ZIP 1991, 1577, 1578; BGH v. 22.5. 1989 – II ZR 206/88, ZIP 1989, 980; KG v. 29.10. 2010 – 14 U 96/09, ZIP 2011, 123, 124; OLG Frankfurt/M. v. 13.1. 2009 – 5 U 183/07, ZIP 2009, 271, 272.

[92] Vgl. auch *Baums/Drinhausen/Keinath* (Fn. 9), IV. 3.1.5, S. 34, 3.6, S. 65.

[93] KG v. 29.10. 2010 – 14 U 96/09, ZIP 2011, 123, 124.

[94] BGH v. 10.8. 2010 – VI ZR 47/09, BB 2010, 2249; ebenso die Vorinstanzen, OLG Frankfurt/M. v. 13.1. 2009 – 5 U 183/07, ZIP 2009, 271; LG Frankfurt/M. v. 2.10. 2007 – 3/5 O 177/07, NZG 2007, 949.

[95] Ebenso *Bayer/Hoffmann/Sawada*, ZIP 2012, 897, 900f.

Seiten gegenseitig Schadensersatz in dreistelliger Millionenhöhe forderten. Der betroffene Unternehmer engagierte einen professionellen HV-Redner und eine Rechtsanwältin, die fortan die Hauptversammlungen der Gesellschaft durch stundenlange Fragenrunden lahmlegten und anschließend gegen sämtliche Beschlüsse der Hauptversammlung in drei aufeinander folgenden Jahren mit nur geringfügig variierender Begründung Klagen erhoben. Nachdem die Klagen in den ersten beiden Jahren vom LG Mannheim und zum Teil vom OLG Karlsruhe rechtskräftig in der Sache zurückgewiesen wurden, wies das LG Mannheim die dritte Klage wegen Rechtsmissbrauchs zurück. Die mutwillige jahrelange Erhebung von Klagen mit im Wesentlichen ähnlichen formalen Rügen entspreche nicht dem Verhalten eines durchschnittlichen Aktionärs und sei daher rechtsmissbräuchlich.[96] In eine ähnliche Richtung geht eine Entscheidung des OLG Celle, wonach bei mutwilliger Rechtsverfolgung keine Prozesskostenhilfe für einen Aktionärsberufskläger bewilligt wurde.[97] Dieser Ansatz geht über die bisherige Rechtsprechungslinie hinaus, ist aber zutreffend. Es wird zu Recht auf den durchschnittlichen Aktionär abgestellt, der durchaus im Einzelfall Anlass zu Klagen sehen kann, der aber nicht eine Gesellschaft, an der er finanziell beteiligt ist, jahrelang mit flächendeckenden Klagen überzieht. Ein derartiges Verhalten ist mutwillig. Auf die Feststellung einer inneren verwerflichen Gesinnung kommt es in soweit nicht an.

b) Eindämmung von nachgeschobenen Nichtigkeitsklagen

Ein weiterer gesetzlicher Schritt zum Rückbau der Kassation zeichnet sich bereits mit dem Regierungsentwurf von § 249 Abs. 3 AktG ab, der mit der Aktienrechtsnovelle 2013 Gesetz werden soll.[98] Danach sollen Nichtigkeitsklagen nur noch innerhalb eines Monats nach Bekanntmachung einer Anfechtungsklage erhoben werden können.

Damit soll dem Phänomen nachgeschobener Nichtigkeitsklagen ein Riegel vorgeschoben werden. Eine kleine Gruppe von „Nichtigkeitsspezialisten“ hat die bisherige Möglichkeit einer Erhebung von Nichtigkeitsklagen noch Jahre nach einem Hauptversammlungsbeschluss ausgenutzt.[99] Besonders beliebt war die Erhebung einer Nichtigkeitsklage, nachdem die Gesellschaft sich gerade anschickte, ein Freigabeverfahren erfolgreich abzuschließen. Durch die nachgeschobene Nichtigkeitsklage musste sie erneut ein Freigabeverfahren einleiten und die Strukturmaßnahme blieb blockiert.[100]

---

[96] LG Mannheim v. 5. 7. 2010 – 24 O 59/09 (nicht veröffentlicht).
[97] OLG Celle v. 25. 3. 2010 – 9 W 19/10, ZIP 2010, 1198.
[98] RegE zur Aktienrechtsnovelle 2012, RegBegr., BT-Drs. 852/11, S. 24.
[99] Vgl. RegBegr., BT-Drs. 852/11, S. 21.
[100] Vgl. etwa OLG Köln v. 1. 4. 2009 – 18 U 134/08 (nicht veröffentlicht).

Der gesetzliche Ansatz geht in die richtige Richtung, bleibt aber halbherzig. Vorzugswürdig wäre die Einführung einer generellen Monatsfrist für Nichtigkeitsklagen gegen Strukturmaßnahmen, wie sie etwa bei Umwandlungen bereits geltendes Recht ist (§ 14 Abs. 1 UmwG).[101]

2. Notwendigkeit eines umfassenden Reformansatzes

Der Gesetzgeber hat das ARUG als eine vorläufige Lösung begriffen und nicht zuletzt deshalb auch die Folgen der gesetzlichen Regelung für die Praxis genau beobachten lassen (vgl. oben II. 1.). Die Änderungen beim Freigabeverfahren durch das ARUG sind zudem konzeptionell nicht ganz schlüssig. Denn der Ausgangspunkt, dass jeder Aktionär auch nur mit einer einzigen Aktie eine Kassation eines Hauptversammlungsbeschlusses durch Anfechtungsklage erreichen kann, bleibt unangetastet. Die Einführung des Mindestquorums im Freigabeverfahren stellt demgegenüber in der Sache eine Einschränkung des Anfechtungsrechts dar (vgl. oben II. 1.).

Konsequent wäre – insoweit über Vorschläge des Arbeitskreises Beschlussmängelrecht hinausgehend[102] – ein genereller Weg weg von der Kassation und hin zu einem Vermögensschutz der Aktionäre. Die Möglichkeit der Anfechtung von Hauptversammlungsbeschlüssen mit einer einzigen Aktie ist ein deutscher Sonderweg, der im Ausland wenig Verständnis findet. Er schafft Transaktions- und damit Rechtsunsicherheit. Die Kassation von Hauptversammlungsbeschlüssen als Folge einer Anfechtungsklage ist auch vielfach unangemessen. Dies gilt z.B. für formale Fehler bei Stimmrechtsmitteilungen oder für die Nichtbeantwortung einer einzigen Frage in der Hauptversammlung unter Hunderten von Fragen, die eine Anfechtbarkeit bewirken soll, wenn sie nur zur Beurteilung der Tagesordnung relevant war. Die differenzierte Rechtsfolge des § 243 Abs. 4 Satz 2 AktG einer Anfechtbarkeit von bewertungsrelevanten Informationsmängeln stellt einen ersten Ansatz in diese Richtung dar.

Vorzugswürdig wäre deshalb eine Generalreform des Anfechtungs- und Nichtigkeitsrechts. Erwägenswert wäre eine Kassation nur bei schwerwiegenden Mängeln des Hauptversammlungsbeschlusses. Im Übrigen sollte der Aktionär auf einen vermögensrechtlichen Schutz seiner Position als Kapitalanleger verwiesen werden. Dieser Vermögensschutz müsste dann allerdings auch effizient ausgestaltet werden.

---

[101] Vgl. *DAV-HRA*, NZG 2010, 217, 221.

[102] *Arbeitskreis Beschlussmängelrecht*, AG 2008, 617; entgegengesetzt etwa *Hirte*, in: FS Meilicke, 2010, S. 208, 218.

Workshop 2: Anfechtungsklage und Freigabeverfahren Diskussionsbericht 5. Hamburger Forum

Prof. Dr. Rüdiger Veil

An der Diskussion über die beiden Referate von *Carsten Schäfer* und *Christian Decher* beteiligten sich mehr als 20 Personen aus der Rechtsanwaltschaft, Gerichtspraxis, Unternehmen, Verbänden und Wissenschaft. Sie hatte zunächst die Neuregelung des Anfechtungsrechts zum Gegenstand. Der These von *Decher*, der Gesetzgeber habe mit der Reform durch das ARUG seine Ziele erreicht, stimmten alle Diskutanten zu. Die Zahl der Kläger gegen von der Hauptversammlung beschlossene Strukturmaßnahmen sei erheblich zurückgegangen. Als positiv wurde unisono herausgestellt, dass nunmehr die Oberlandesgerichte für die Freigabeanträge zuständig seien. Einige Auslegungsfragen der Neuregelungen, insbesondere zur Bagatellklausel (§ 246a Abs. 2 Nr. 2 AktG), seien von den Gerichten überzeugend beantwortet worden. Auch die Einschätzung von *Decher*, dass die Interessenabwägungsklausel (§ 246a Abs. 2 Nr. 3 AktG) die größte Bedeutung habe, wurde von den Vertretern der Anwaltspraxis bestätigt. Auf die offensichtliche Unbegründetheit der Klage (vgl. § 246a Abs. 2 Nr. 1 Alt. 2 AktG) stellen die Gerichte nur selten ab. Die praktische Bedeutung des Freigabeverfahrens liege, so der Referent auf Nachfrage eines Teilnehmers, bei der Aktiengesellschaft. Dem stimmten andere Diskutanten zu – für die GmbH sei das Freigabeverfahren nicht geschaffen.

Hoch interessant war die Beobachtung einiger Rechtsanwälte und Unternehmensjuristen, dass die „bekannten" Anfechtungskläger vermehrt Beschlüsse angreifen würden, bei denen eine Freigabe nicht erfolge bzw. vorgesehen sei. Als Beispiele wurden Beschlüsse über die Gewinnverwendung, Entlastungsbeschlüsse, Wahlbeschlüsse und satzungsändernde Beschlüsse genannt. Eine Mehrheit der Teilnehmer sprach sich für eine Ausweitung des Freigabeverfahrens aus. In der Diskussion kristallisierte sich zudem heraus, dass bestimmte Rechtsrügen häufig erhoben werden. Dazu gehören angebliche Informationsmängel, Verstöße gegen die Regeln über die Corporate Governance-Berichterstattung sowie ein Rechtsverlust wegen Verletzung kapitalmarktrechtlicher Mitteilungspflichten. Kontrovers erörtert wurde, ob bestimmte Rechtsmängel von der Anfechtbarkeit ausgeschlossen werden sollten. Erwogen wurde dies vereinzelt bezüglich eines Rechtsverlusts gemäß § 28 WpHG und § 59 WpÜG und hinsichtlich Informationsmängel vor der Hauptversammlung. Die Ansichten darüber waren allerdings gespalten.

Die von *Schäfer* vorgestellten Reformvorschläge des *Arbeitskreises Beschlussmängelrecht* wurden in der Diskussion grundsätzlich begrüßt. Es bestand aber Einigkeit darüber, dass eine etwaige Reform nicht hinter den Stand des derzeit Erreichten führen dürfe. Dies gelte insbesondere für den Bestandsschutz, der durch ein Freigabeverfahren erreicht werde und für die Unternehmen zur Transaktionssicherheit beitrage. In diesem Zusammenhang wurde noch geltend gemacht, dass der vermögensrechtliche Schutz der Aktionäre noch nicht überzeugend gelöst sei.

D. Professionalisierung des Aufsichtsrats

Professionalisierung des Aufsichtsrats

Prof. Dr. Andreas Cahn

Inhaltsübersicht

I. Einleitung und Gang der Untersuchung

Obwohl die Leitung der Aktiengesellschaft Aufgabe des Vorstands ist, hat sich die Corporate Governance Diskussion der vergangenen Jahre in hohem Maße auf den Aufsichtsrat konzentriert. In der Annahme, dass Fehler in der Unternehmensführung und Unternehmensschieflagen sich durch bessere Überwachung vermeiden ließen, wird eine Professionalisierung des Aufsichtsrats angemahnt. Die folgenden Überlegungen befassen sich mit der Frage, ob eine solche Professionalisierung wünschenswert und erfolgversprechend erscheint und wie sie gegebenenfalls aussehen könnte. Dabei geht die Untersuchung anhand folgender Fragen vor:

1. Welche Aufgaben hat der Aufsichtsrat?
2. Welche Bedingungen müssen erfüllt sein, um eine „professionelle" Bewältigung dieser Aufgaben zu gewährleisten?
3. Welche Bedingungen für eine „professionelle" Aufgabenbewältigung sind derzeit nicht hinreichend erfüllt?
4. Welche Abhilfe ist möglich und geboten?

II. Die Aufgaben des Aufsichtsrats

1. Personalzuständigkeit

Der Aufsichtsrat ist zuständig für die Bestellung und Abberufung des Vorstands einschließlich des Abschlusses der Anstellungsverträge. Seit dem VorstAG[1] obliegen alle diese Aufgaben zwingend dem Aufsichtsratsplenum.

2. Überwachung der Geschäftsführung

Im Hinblick auf die Kontrollaufgabe des Aufsichtsrats ist zwischen vergangenheitsbezogener und zukunftsbezogener Überwachung zu unterscheiden. Zur letzteren gehören vor allem die Überwachung der Unternehmensplanung, die Beratung des Vorstands und der Einsatz von Zustimmungsvorbehalten. Verbreitet wird sogar angenommen, der Aufsichtsrat müsse die gesamte Unternehmensplanung einem Zustimmungsvorbehalt unterwerfen.[2]

---

[1] Gesetz zur Angemessenheit der Vorstandsvergütung v. 31.7.2009, BGBl. I, S. 2509.

[2] So etwa *Kropff*, in: Semler/v. Schenck ArbeitsHdb AR, 3. Aufl., 2009, § 8 Rn. 34, 47; *ders.*, NZG 1998, 613, 618; *Brouwer*, Zustimmungsvorbehalte des Aufsichtsrats im Aktien- und GmbH-Recht, 2008, S. 115, 151; für die Budgetplanung für das kommende Jahr, die Mittelfristplanung für die nächsten 3 bis 5 Jahre und für die strategische Planung *Schönberger*, Der Zustimmungsvorbehalt des Aufsichtsrates bei Geschäftsführungsmaßnahmen des Vorstands (§§ 111 Abs. 4 Satz 2–4 AktG), 2006, S. 160; dagegen zu Recht *Hopt/Roth*, in: Großkomm AktG, 4. Aufl., 2005, § 111 Rn. 631.

Der Aufsichtsrat muss sich davon überzeugen, dass das Führungsinstrumentarium, also die Rechnungslegung und der Rechnungslegungsprozess, die Unternehmensplanung, das Berichtswesen und die Unternehmensorganisation, insbesondere das Überwachungssystem zur Früherkennung bestandsgefährdender Risiken nach § 91 Abs. 2 AktG oder entsprechende aufsichtsrechtliche Organisationspflichten, etwa nach § 25a KWG,[3] sowie eine etwaige Compliance-Organisation,[4] ein internes Kontrollsystem und eine interne Revision den Anforderungen entsprechen und funktionieren.[5] Richtet der Vorstand, wozu er von Gesetzes wegen nicht verpflichtet ist,[6] ein umfassendes Risikomanagementsystem ein, hat der Aufsichtsrat auch dessen Wirksamkeit zu überwachen.[7]

Dabei erstreckt sich die Überwachungspflicht auch auf die konzernbezogene Geschäftsführung des Vorstands.[8] Für die Überwachung der Rechtmäßigkeit, Ordnungsmäßigkeit und Zweckmäßigkeit konzernbezogener Geschäftsführungsmaßnahmen gilt im Prinzip nichts anderes als für die Geschäftsführung der Gesellschaft selbst. Im Konzern erweitert sich die Überwachungsaufgabe des Aufsichtsrats parallel mit der Erweiterung der Vorstandspflichten.[9] Deren Bezugspunkt ist nicht allein die eigene Gesellschaft, sondern der Unternehmens-

---

[3] Vgl. dazu OLG Düsseldorf v. 9. 12. 2009 – I-6 W 45/09, AG 2010, 126, 129.

[4] Zu ihrer Überwachung *Lutter*, in: FS Hüffer, 2010, S. 617, 619 ff.; *Winter*, in: FS Hüffer, 2010, S. 1103, 1118 ff.; *Hönsch*, Der Konzern 2010, 553, 560 ff.

[5] *Hopt/Roth*, in: Großkomm AktG (Fn. 2), § 111 Rn. 153, 220 f.; *Habersack*, in: MünchKomm AktG, 3. Aufl., 2008, § 111 Rn. 20; *Spindler*, in: Spindler/Stilz, AktG, 2. Aufl., 2010, § 111 Rn. 21; *Drygala*, in: K. Schmidt/Lutter, AktG, 2. Aufl., 2010, § 111 Rn. 9; *v. Schenck*, in: Semler/v. Schenck, ArbeitsHdb AR (Fn. 2), § 7 Rn. 118; *Lutter/Krieger*, Rechte und Pflichten des Aufsichtsrats, 5. Aufl., 2009, Rn. 63, 79 ff.; *Blasche*, CCZ 2009, 62, 64 ff.; *Braun/Louven*, GmbHR 2009, 965, 967 f.; *Claussen/Korth*, in: FS Lutter, 2000, S. 327, 331 f.; *Kropff*, NZG 2003, 346 ff.; *Semler*, ZGR 1983, 1, 16 ff.; *Götz*, AG 1995, 337, 348 f., 350 f.; *Lutter*, ZHR 159 (1995), 287, 290 ff. sowie für den Konzern *Habersack*, in: MünchKomm AktG, 3. Aufl. 2008, § 111 Rn. 55; *Scheffler*, DB 1994, 793, 796 f.

[6] Begr. RegE BilMoG, BT-Drs. 16/10067, S. 102; *Lutter/Krieger*, Rechte und Pflichten des Aufsichtsrats (Fn. 5), Rn. 82; *Dreher*, in: FS Hüffer, 2010, S. 161, 164 f.; *Vetter*, ZGR 2010, 751, 770; a. A. *Hopt/Roth*, in: Großkomm AktG (Fn. 2), § 111 Rn. 219 ff.; wohl auch *Spindler*, in: FS Hüffer, 2010, S. 985, 989 ff.

[7] *Drygala*, in: K. Schmidt/Lutter, AktG (Fn. 5), § 111 Rn. 9; *Lutter/Krieger*, Rechte und Pflichten des Aufsichtsrats (Fn. 5), Rn. 82; *Blasche*, CCZ 2009, 62, 64 ff.; *Lanfermann/Röhricht*, BB 2009, 887, 889 f.; *Lutter*, DB 2009, 775, 776.

[8] *Hopt/Roth*, in: Großkomm AktG (Fn. 2), § 111 Rn. 370; *Hambloch-Gesinn/Gesinn*, in: Hölters, AktG, 2011, § 111 Rn. 26; *Hoffmann-Becking*, in: Hoffmann-Becking, MünchHdb AG, 3. Aufl., 2007, § 29 Rn. 25; *v. Schenck*, in: Semler/v. Schenck, ArbeitsHdb AR (Fn. 2), § 7 Rn. 40; *Lutter/Krieger*, Rechte und Pflichten des Aufsichtsrats (Fn. 5), Rn. 138 ff.; *Semler*, Leitung und Überwachung der Aktiengesellschaft, 2. Aufl., 1996, S. 239 f., Rn. 396 ff.; *Hoffmann-Becking*, ZHR 159 (1995), 325, 333.

[9] Vgl. *Hopt/Roth*, in: Großkomm AktG (Fn. 2), § 111 Rn. 370; *Hambloch-Gesinn/Gesinn*, in: Hölters, AktG (Fn. 8), § 111 Rn. 26; *Hoffmann-Becking*, in: Hoffmann-Becking, MünchHdb AG (Fn. 8), § 29 Rn. 25; *v. Schenck*, in: Semler/v. Schenck, ArbeitsHdb AR (Fn. 2), § 7 Rn. 40; *Lutter/Krieger*, Rechte und Pflichten des Aufsichtsrats (Fn. 5), Rn. 138 ff.; *Semler* (Fn. 8), S. 239 f., Rn. 396 ff.; *Hoffmann-Becking*, ZHR 159 (1995), 325, 333.

verbund. Dementsprechend hat sich auch der Aufsichtsrat zu vergewissern, dass der Vorstand für eine ordnungs- und zweckmäßige Beteiligungsverwaltung Sorge trägt, namentlich ein konzernweites Risikofrüherkennungssystem einrichtet.[10]

Auch den Aufsichtsrat einer abhängigen AG können besondere konzernspezifische Überwachungspflichten treffen. Gewährt eine abhängige Gesellschaft dem herrschenden Unternehmen Kredit, ist der Vorstand der Gesellschaft nach der Rechtsprechung des Bundesgerichtshofs verpflichtet, fortlaufend etwaige Änderungen des Kreditrisikos zu prüfen und auf eine Bonitätsverschlechterung gegebenenfalls mit einer Kreditkündigung oder einer Anforderung von Sicherheiten zu reagieren. Bei umfangreichen Kreditgewährungen kann er gehalten sein, zu diesem Zweck ein Informations- oder Frühwarnsystem einzurichten.[11] Der Aufsichtsrat hat die Erfüllung dieser Vorstandspflichten zu überwachen.[12] Konsequenterweise wird man annehmen müssen, dass diese Pflichten Vorstand und Aufsichtsrat der faktisch abhängigen Aktiengesellschaft im Hinblick auf jeden ihr vom herrschenden Unternehmen zugefügten erheblichen Nachteil i.S.v. § 311 AktG treffen, der nicht sofort ausgeglichen wird, denn der zeitlich hinausgeschobene Nachteilsausgleich nach § 311 AktG ist in der Sache nichts anderes als eine Kreditgewährung durch die abhängige Gesellschaft.[13]

3. Weitere ausdrücklich zugewiesene Aufgaben und Befugnisse

Zusätzlich zu den zentralen Aufgaben der Personalzuständigkeit und der Überwachung der Geschäftsführung des Vorstands weist das Gesetz dem Aufsichtsrat eine ganze Reihe von Befugnissen und Pflichten bei Gründung und Leitung der Gesellschaft zu,[14] die teilweise Konkretisierungen der Überwachungsaufgabe darstellen und von denen für die Zwecke der folgenden Betrachtung vor allem die Pflicht nach § 171 AktG zur Prüfung des Jahres- und Konzernabschlusses von Interesse ist.

Gegenstand der folgenden Überlegungen sollen nicht alle Aufgaben des Aufsichtsrats sein, sondern vor allem die Bereiche Personalhoheit und Überwa-

---

[10] *Habersack*, in: MünchKomm AktG (Fn. 5), § 111 Rn. 55; *Drygala*, in: K. Schmidt/Lutter, AktG (Fn. 5), § 111 Rn. 29; *Lutter/Krieger*, Rechte und Pflichten des Aufsichtsrats (Fn. 5), Rn. 138, 141 f.; *Löbbe*, Unternehmenskontrolle im Konzern, 2003, S. 240 ff., der aber darüber hinaus gehende Kontrollpflichten des Vorstands der Obergesellschaft und korrespondierende Überwachungsaufgaben des Aufsichtsrats bejaht.

[11] BGH v. 1. 12. 2008 – II ZR 102/07, BGHZ 179, 71, 79 Rn. 14, AG 2009, 81.

[12] BGH v. 1. 12. 2008 – II ZR 102/07, BGHZ 179, 71, 82 Rn. 21, AG 2009, 81; näher dazu etwa *Habersack*, ZGR 2009, 347, 363 f.; *Wand/Tillmann/Heckenthaler*, AG 2009, 148, 157 f.

[13] Näher dazu *Cahn*, Der Konzern 2009, 67, 77 f.

[14] Vgl. §§ 33 Abs. 1, 59 Abs. 3, 77 Abs. 2 S. 1, 88 Abs. 1, 89, 90, 112, 124 Abs. 3, 161, 171, 172, 188 Abs. 1, 204 Abs. 1 S. 2, 223, 245 Nr. 5, 249 Abs. 1, 314 AktG, sowie § 32 MitbestG und § 15 MitbestErgG; hinzu kommt die Übertragung bestimmter Vorstandsaufgaben bei Führungslosigkeit der Gesellschaft, §§ 78 Abs. 1 S. 2 AktG,15a Abs. 3 InsO.

chung; auch insoweit konzentrieren sich die Ausführungen auf ausgewählte Themen, die besondere Anforderungen an die Professionalität des Aufsichtsrats stellen.

III. Welche Bedingungen müssen erfüllt sein, um eine „professionelle" Aufgabenbewältigung zu gewährleisten?

1. Sachverstand

Jede professionelle Tätigkeit setzt vor allem hinreichende fachliche Kompetenz auf dem betreffenden Gebiet voraus. Der Aufsichtsrat benötigt daher Sachverstand im Hinblick auf seine zentralen Aufgaben der Personalzuständigkeit und der Überwachung der Geschäftsführung. Im Folgenden soll näher untersucht werden, welche Anforderungen insoweit bereits gegenwärtig nach h. M. an das Gesamtorgan und seine Mitglieder gestellt werden.

a) Sachverstand im Hinblick auf die Personalzuständigkeit

Die Personalkompetenz des Aufsichtsrats ist eine seiner wichtigsten Befugnisse. Entgegen dem Eindruck, den man aus dem Umfang der Diskussion über den Aufsichtsrat gewinnen könnte, liegen die Leitung der Gesellschaft einschließlich der Festlegung der Unternehmenspolitik und die Geschäftsführung von Rechts wegen (noch) beim Vorstand. Die Auswahl der Vorstandsmitglieder ist daher eine wesentliche Weichenstellung für die Gesellschaft. Die Auswahl der geeigneten Personen setzt aber voraus, dass der Aufsichtsrat mit dem Unternehmen, seinen Zukunftsperspektiven und nicht zuletzt auch den persönlichen Befindlichkeiten der Vorstandsmitglieder und deren Verhältnis zueinander bestens vertraut ist und dazu noch den Markt für Vorstandsmitglieder kennt. Aus diesen Gründen dürften die Vorschläge für die Besetzung von Vorstandspositionen regelmäßig nicht ohne Abstimmung mit dem Vorstand, erfolgen, häufig sogar von ihm ausgehen.

Hinzu kommt der Abschluss des Anstellungsvertrags. Insbesondere die heute üblichen Anreizvergütungssysteme sind, sowohl was die wirtschaftliche Zweckmäßigkeit als auch die rechtliche Zulässigkeit anbetrifft, so komplex, dass ihre Ausgestaltung Expertenwissen erfordert – zuständig und verantwortlich ist aber seit dem VorstAG zwingend das Aufsichtsratsplenum (§ 107 Abs. 3 Satz 3 AktG). Nimmt man diese Aufgabenzuweisung ernst, dann darf sich kein Aufsichtsratsmitglied darauf beschränken, den Vorschlag eines Personalausschusses oder gar eines externen Vergütungsberaters abzunicken, sondern muss sich selbst ein Urteil über die Funktionsweise von Anreizbestandteilen und die Angemessenheit der Vergütung insgesamt bilden.

b) Sachverstand im Hinblick auf die Überwachungsaufgabe

Maßstab der Überwachung der Geschäftsführung ist zunächst deren Rechtmäßigkeit, also die Vereinbarkeit mit Gesetz, Satzung und den Pflichten eines ordentlichen Geschäftleiters, darüber hinaus aber auch Zweckmäßigkeit und Wirtschaftlichkeit.

aa) Zukunftsbezogene Überwachung

Letzteres gilt in besonderem Maße für die zukunftsbezogene Überwachung, vor allem also im Hinblick auf die Beratung des Vorstands, die Stellungnahme zur Unternehmensplanung des Vorstands und die Erteilung der Zustimmung bei Zustimmungsvorbehalten. Wie soll der Aufsichtsrat eines Automobilherstellers zu den Plänen des Vorstands über die Umstellung auf Hybrid- und Elektrofahrzeuge oder über den Aufbau einer Premium-Klasse und die damit verbundenen Investitionen Stellung nehmen, wenn er mit dem Markt nicht bestens vertraut ist, wie der Aufsichtsrat eines Filmproduzenten oder Fernsehsenders zu neuen Formaten, wenn er weder das Zielpublikum noch den Markt für Werbekunden kennt, wie der Aufsichtsrat eines Chemieunternehmens zu den Expansions- oder Akquisitionsplänen oder zur Aufgabe bestimmter Produktsparten oder der Aufsichtsrat eines Pharmazieunternehmens zu der Frage, ob eher in eigene Forschung und Entwicklung oder besser in den Erwerb kleiner Biotechnologieunternehmen investiert werden sollte, wenn sie von den jeweiligen Produkten und Märkten nichts oder nur wenig verstehen?

Der Aufsichtsrat muss daher nicht nur in der Lage sein, die Geschäftsführung des Vorstands auf seine Rechtmäßigkeit hin zu kontrollieren. Von ihm wird vielmehr auch nicht unerhebliche unternehmerische Expertise erwartet.

bb) Überwachung der Rechnungslegung

Die Prüfung des Jahresabschlusses und des Lageberichts sowie des Konzernabschlusses und des Konzernlageberichts (§ 171 Abs. 1 AktG) ist eine anspruchsvolle Aufgabe. Zwar kann sich der Aufsichtsrat auf die Prüfungsergebnisse des Abschlussprüfers stützen, der ihm zu berichten und an den Sitzungen des Aufsichtsrats oder des Prüfungsausschusses teilzunehmen hat. Letztlich sind aber die Prüfung des Einzel- und des Konzernabschlusses sowie der Bericht über das Ergebnis der Prüfung an die Hauptversammlung (§ 171 Abs. 2 Satz 1 AktG) und die Stellungnahme zum Ergebnis der Prüfung des Abschlussprüfers (§ 171 Abs. 2 Satz 1 AktG) Aufgabe des Aufsichtsrats. Es ist nur dann sinnvoll, dem Aufsichtsrat die Prüfung des Jahresabschlusses auf der Grundlage des Ergebnisses der Abschlussprüfung und eine Stellungnahme zum Ergebnis der Abschlussprüfung aufzugeben, wenn sich der Aufsichtsrat nicht blindlings auf den Abschlussprüfer verlässt, sondern sich selbst Gedanken zu allen wesentlichen Fragen der Rechnungslegung macht.

Zudem muss der Aufsichtsrat im Vorfeld der Prüfung die Prüfungsschwerpunkte mit dem Abschlussprüfer abstimmen.[15] Auch dafür sind vertiefte Kenntnisse in den Bereichen Rechnungslegung und Abschlussprüfung erforderlich.

cc) Überwachung des Führungsinstrumentariums

Die Überwachung des Führungsinstrumentariums, neben Rechnungslegung und Unternehmensplanung (dazu bereits oben, aa) und bb)) also der organisatorischen Voraussetzungen des Rechnungslegungsprozesses, des Berichtswesens und der Unternehmensorganisation, insbesondere des Überwachungssystems zur Früherkennung bestandsgefährdender Risiken nach § 91 Abs. 2 AktG oder entsprechender aufsichtsrechtlicher Organisationspflichten, etwa nach § 25a KWG, sowie einer etwaigen Compliance-Organisation, eines internen Kontrollsystems, einer internen Revision und – sofern es eingerichtet ist – auch eines umfassenden Risikomanagementsystems, erfordert detaillierten Einblick in die Vorkehrungen der jeweiligen Gesellschaft und hinreichende Kenntnisse und Erfahrungen im Hinblick auf die Funktionsweise solcher Systeme, um Schwachstellen identifizieren zu können.

c) Bedeutung einer Aufgabendelegation im Aufsichtsrat für die Anforderungen an den Sachverstand der Aufsichtsratsmitglieder

Bislang ging es darum, über welches Maß an Sachverstand „der Aufsichtsrat", also das Gesamtgremium verfügen muss, um seinen Aufgaben gerecht zu werden. Damit ist noch nicht gesagt, dass Sachverstand in allen Aufgabenbereichen bei allen Aufsichtsratsmitglieder vorhanden sein müsste. Tatsächlich dürften nur sehr wenige Aufsichtsratsmitglieder in der Lage sein, die gesamte Bandbreite der regelmäßig anfallenden Aufgaben des Aufsichtsrats kompetent abzudecken. Das wird man von den Mitgliedern des Aufsichtsrats auch ebenso wenig wie von den Vorstandsmitgliedern erwarten können. Wie im Vorstand eine Geschäftsverteilung eine gewisse Entlastung der anderen Gremienmitglieder mit sich bringt,[16] darf vielmehr auch der Aufsichtsrat bestimmte Aufgaben vorrangig denjenigen Mitgliedern zur Wahrnehmung zuweisen, die in dem betreffenden Bereich über die größte Sachkenntnis verfügen.

Eine solche Entlastung ist für die Übertragung von Aufgaben auf einen Ausschuss anerkannt. Die Delegation an einen Ausschuss, aber auch an ein einzelnes Aufsichtsratsmitglied, verändert die Haftungssituation der anderen Aufsichtsratsmitglieder; denn sie selbst sind in diesem Fall von der unmittelbaren Erfüllung jener Aufgabe entlastet.[17] Jedoch muss jedes Mitglied aufgrund der ihm persönlich obliegenden Pflicht zur Kontrolle des Vorstands nicht nur dafür

[15] Vgl. dazu etwa *Hopt/Roth*, in: Großkomm AktG (Fn. 2), § 111 Rn. 467.

[16] Näher dazu *Mertens/Cahn*, in: Kölner Komm AktG, 3. Aufl. 2010, § 77 Rn. 15 ff.

[17] *Mertens/Cahn*, in: Kölner Komm AktG, 3. Aufl., 2012, § 107 Rn. 179; *Habersack*, in:

sorgen, dass der Aufsichtsrat insgesamt seiner Aufgabe gerecht wird und die Aufgabenverteilung im Aufsichtsrat zweckentsprechend organisiert ist, sondern vor allem auch dafür, dass die Organisation der Aufsichtsratsarbeit ihm selbst jederzeit die Möglichkeit bietet, an der Überwachung des Vorstands in ausreichender Weise teilzunehmen. Somit haben sich alle Aufsichtsratsmitglieder fortlaufend davon zu überzeugen, dass sie sich mit einer Untereinheit des Aufsichtsrats des richtigen und richtig organisierten Mittels bedienen, um den Aufgaben zu genügen, die der Aufsichtsrat dadurch erfüllen will.[18] Diese Pflicht bringt u.a. die Verantwortung der Aufsichtsratsmitglieder für die Kontrolle der mit Ressortaufgaben betrauten Ausschüsse oder Personen mit sich.[19] Zudem müssen zumindest die Ausschussmitglieder, bei beschließenden Ausschüssen also mindestens drei, über hinreichenden Sachverstand für die Aufgabenwahrnehmung verfügen.

Der Aufsichtsrat kann aber auch einem einzelnen Aufsichtsratsmitglied selbst jenseits der in §111 Abs.2 Satz 2 AktG genannten Aufgaben Aufträge zum Zwecke der Vorbereitung, Ausführung oder Überwachung der Ausführung von Aufsichtsratsbeschlüssen erteilen.[20] Dabei ist der Delegation von Aufgaben an ein einzelnes Aufsichtsratsmitglied kein engerer Rahmen gezogen als für die Übertragung von Aufgaben auf einen Zweimannausschuss. Wenn der Aufsichtsrat ein einzelnes Aufsichtsratsmitglied mit einer Aufgabe betraut, so bedarf dieses allerdings intensiverer Beobachtung als ein Ausschuss, bei dem man auf die wechselseitige Kontrolle der Mitglieder bauen kann. Bei der Übertragung von Aufgaben auf ein einzelnes Aufsichtsratsmitglied bleibt demgemäß die „Restverantwortung" der übrigen Mitglieder größer.[21] Zudem ändert die Vorbereitung von Entscheidungen durch Zweipersonenausschüsse und einzelne Aufsichtsratsmitglieder nichts daran, dass die Beschlussfassung durch das Aufsichtsratsplenum oder einen beschließenden Ausschuss erfolgen muss. Durch die Beschlussfassung übernimmt aber jedes Mitglied die Verantwortung für die

---

MünchKomm AktG (Fn.5), §107 Rn.159; nur terminologisch anders, in der Sache aber ebenso wie hier *Hopt/Roth*, in: Großkomm AktG (Fn.2), §107 Rn.449f.

[18] *Mertens/Cahn*, in: Kölner Komm AktG (Fn.17), §107 Rn.179; *Hopt/Roth*, in: Großkomm AktG (Fn.2), §107 Rn.449f.; *Habersack*, in: MünchKomm AktG (Fn.5), §107 Rn.159.

[19] OLG Hamburg v. 29.9.1995 – 11 U 20/95, AG 1996, 84, 85; *Hopt/Roth*, in: Großkomm AktG (Fn.2), §107 Rn.449f.; *Habersack*, in: MünchKomm AktG (Fn.5), §107 Rn.159; *Hoffmann-Becking*, in: Hoffmann-Becking, MünchHdb AG (Fn.8), §32 Rn.23; *Ulmer/Habersack*, in: Ulmer/Habersack/Henssler, MitbestR, 2.Aufl., 1996, §25 MitbestG Rn.120, 130; *Rellermeyer*, Aufsichtsratsausschüsse, 1986, S.57ff.; *Schwark*, in: FS Werner, 1984, S.841, 846.

[20] *Hopt/Roth*, in: Großkomm AktG (Fn.2), §107 Rn.452; *Spindler*, in: Spindler/Stilz, AktG (Fn.5), §107 Rn.141; *Hüffer*, AktG, 9.Aufl., 2010, §107 Rn.17; *Lutter/Krieger*, Rechte und Pflichten des Aufsichtsrats (Fn.5), Rn.749; *Rellermeyer*, (Fn.19), S.89.

[21] *Mertens/Cahn*, in: Kölner Komm AktG (Fn.17), §107 Rn.181; *Hopt/Roth*, in: Großkomm AktG (Fn.2), §107 Rn.452; *Spindler*, in: Spindler/Stilz, AktG (Fn.5), §107 Rn.141.

Entscheidung und muss daher auch in der Lage sein, sich – wenn auch mit Hilfe der an der Vorbereitung beteiligten besonders sachverständigen Mitglieder – über deren Inhalt eine eigene Meinung zu bilden.

Selbst bei einer Aufgabendelegation auf einen Ausschuss oder auf einzelne Aufsichtsratsmitglieder verbleibt also den übrigen Aufsichtsratsmitgliedern eine nicht weiter delegierbare Kontrollverantwortung und gegebenenfalls auch Entscheidungsverantwortung, deren Wahrnehmung hinreichende Mindestkenntnisse des jeweiligen Sachgebiets voraussetzt, um die Vorschläge, Beschlüsse und Maßnahmen der sachverständigen Mitglieder auf ihre Plausibilität hin kontrollieren und kritisch hinterfragen zu können.

Eine Reihe von Aufgaben, darunter etwa die Prüfung der Rechnungslegung und die Bestellung von Vorstandsmitgliedern sowie der Abschluss ihrer Anstellungsverträge, sind ohnehin nach § 107 Abs. 3 Satz 3 AktG zwingend dem Plenum vorbehalten. Das Gleiche gilt für die Überwachungsaufgabe nach § 111 Abs. 1 AktG, die trotz fehlender Erwähnung in § 107 Abs. 3 Satz 3 AktG nicht delegierbar ist.[22]

Das Plenum kann sich daher etwa von der Verantwortung für die Prüfung des Einzel- und Konzernabschlusses nicht einmal in beschränktem Umfang durch Delegation auf einen Prüfungsausschuss entlasten (§ 107 Abs. 3 AktG).[23] Der Ausschuss kann zwar Vorbereitungsarbeiten leisten; in jedem Fall muss sich aber das Plenum ein selbständiges Urteil bilden.[24] Nimmt man das Gesetz ernst, muss also jedes Mitglied des Aufsichtsrats über so viel Sachverstand im Bereich Rechnungslegung verfügen, dass es sich jedenfalls mit Hilfe des Abschlussprüfers ein eigenes Urteil über den Einzel- und den Konzernabschluss bilden kann. Bei multinationalen Konzernen sind hierfür nicht nur Kenntnisse des deutschen Bilanzrechts, sondern auch internationaler Rechnungslegungsregeln erforderlich.[25]

Vergleichbares gilt für den Abschluss der Anstellungsverträge der Vorstandsmitglieder, der durch das VorstAG zwingend dem Aufsichtsratsplenum zugewiesen worden ist. Das hat zur Folge, dass kein Aufsichtsratsmitglied sich mehr unter Hinweis darauf entlasten kann, das Aushandeln und der Abschluss des

---

[22] OLG Hamburg v. 29. 9. 1995 – 11 U 20/95, AG 1996, 84, 85; *Hopt/Roth*, in: Großkomm AktG (Fn. 2), § 111 Rn. 245, 370; *Habersack*, in: MünchKomm AktG (Fn. 5), § 111 Rn. 133; *Spindler*, in: Spindler/Stilz, AktG (Fn. 5), § 111 Rn. 87; *Hoffmann-Becking*, in: Hoffmann-Becking, MünchHdb AG (Fn. 8), § 32 Rn. 3.

[23] Zur Entlastungswirkung, die für den Gesamtaufsichtsrat mit einer Aufgabenübertragung auf einen Ausschuss ist, vgl. *Habersack*, in: MünchKomm AktG (Fn. 5), § 107 Rn. 159; nur terminologisch anders, in der Sache aber ebenso wie hier *Hopt/Roth*, in: Großkomm AktG (Fn. 2), § 107 Rn. 449 f.

[24] *Hopt/Roth*, in: Großkomm AktG (Fn. 2), § 107 Rn. 389; *Hüffer*, AktG (Fn. 20), § 171 Rn. 10; *Spindler*, in: Spindler/Stilz, AktG (Fn. 5), § 107 Rn. 88; *Lutter/Krieger*, Rechte und Pflichten des Aufsichtsrats (Fn. 5), Rn. 749.

[25] Vgl. etwa *Vetter*, BB 2005, 1689, 1690.

Vertrages sei einem Ausschuss übertragen worden, an dessen kompetenter Aufgabenwahrnehmung zu zweifeln kein Anlass bestanden habe.[26]

Anders als die Anordnung nach § 107 Abs. 3 Satz 3 AktG dem Aufsichtsratsplenum vorbehaltene Anordnung von Zustimmungsvorbehalten kann die Entscheidung über die Zustimmungserteilung an einen Ausschuss delegiert werden.[27] Unterwirft aber der Aufsichtsrat die Unternehmensplanung insgesamt oder weit gehend einem Zustimmungsvorbehalt,[28] ist allerdings das Verbot der Delegation der Überwachungsaufgabe zu beachten, denn eine Übertragung der Entscheidungszuständigkeit auf einen Ausschuss könnte hier auf eine unzulässigen Delegation des wesentlichsten Bereichs der zukunftsgerichteten Überwachung hinauslaufen.[29]

d) Zwischenergebnis

Der Aufsichtsrat insgesamt muss danach unter anderem verfügen über Sachverstand in Personal- und Vergütungsfragen;

hinreichende Kenntnisse des Unternehmens und der Branche sowie unternehmerische Expertise, um die Unternehmensplanung mit dem Vorstand beraten, Schwachstellen erkennen und gegebenenfalls eigene Anregungen geben zu können;

hinreichende Kenntnisse in nationaler und internationaler Rechnungslegung, um mit Hilfe des Abschlussprüfers den Jahres- und Konzernabschluss beurteilen und dazu Stellung nehmen zu können;

hinreichende Kenntnisse über Unternehmensorganisation, um die Zweckmäßigkeit und Wirksamkeit des Berichtswesens, des Überwachungssystems zur Früherkennung bestandsgefährdender Risiken, einer etwaigen Compliance-Organisation, eines internen Kontrollsystems und einer internen Revision und – sofern es eingerichtet ist – auch eines umfassenden Risikomanagementsystems beurteilen zu können.

Wegen der Möglichkeit der Aufgabendelegation innerhalb des Aufsichtsrats muss zwar nicht jedes Mitglied in all diesen Bereichen fachlich besonders ausgewiesen sein. Soweit aber Aufgaben dem Plenum vorbehalten sind, muss jedes Aufsichtsmitglied jeden Beschlussgegenstand hinreichend beurteilen können,

---

[26] Vgl. dazu etwa *Cahn*, in: FS Hopt, Band I, 2010, S. 431, 445 f.

[27] OLG Hamburg v. 29. 9. 1995 – 11 U 20/95, AG 1996, 84 f.; *Hopt/Roth*, in: Großkomm AktG (Fn. 2), § 111 Rn. 660; *Habersack*, in: MünchKomm AktG (Fn. 5), § 111 Rn. 125; *Spindler*, in: Spindler/Stilz„ AktG (Fn. 5), § 111 Rn. 72; *Lutter/Krieger*, Rechte und Pflichten des Aufsichtsrats (Fn. 5), Rn. 117; *Kropff*, in: Semler/v. Schenck ArbeitsHdb AR (Fn. 2), § 8 Rn. 52; *Rellermeyer* (Fn. 19), S. 26, 35; *Fonk*, ZGR 2006, 841, 845.

[28] Inwieweit dies möglich ist, ist umstritten; vgl. dazu *Mertens/Cahn*, in: Kölner Komm AktG, (Fn. 17), § 111 Rn. 68 m. w. N. zum Meinungsstand.

[29] *Mertens/Cahn*, in: Kölner Komm AktG (Fn. 17), § 111 Rn. 110; *Hopt/Roth*, in: Großkomm AktG (Fn. 2), § 111 Rn. 660; *Habersack*, in: MünchKomm AktG (Fn. 5), § 111 Rn. 125.

um sich eine eigene Meinung zu bilden. Eine Delegation an Ausschüsse oder einzelne Aufsichtsratsmitglieder von Aufgaben zum Zweck der Entscheidung oder Vorbereitung darf nur erfolgen, wenn die betreffenden Mitglieder über hinreichenden Sachverstand verfügen; nur unter dieser Voraussetzung kann die Delegation zu einer Beschränkung der Verantwortlichkeit der übrigen Aufsichtsratsmitglieder auf eine Kontrolle der Delegatare führen.

2. Zeiteinsatz

Wenn der Aufsichtsrat mehr tun soll als Vorschläge des Vorstands zur Kenntnis zu nehmen und dessen Präsentation auf offensichtliche Fehler, Widersprüche oder Lücken hin zu prüfen, erfordern die Überwachung und Entscheidungsfindung in den zuvor erwähnten Bereichen erheblichen Zeiteinsatz.

Ist etwa ein Vorstandsposten zu besetzen, müssen mögliche Kandidaten identifiziert und auf ihre sachliche Befähigung für die Aufgabe und die persönliche Eignung im Hinblick auf die Zusammensetzung des Managements hin geprüft werden. Komplexe Rechnungslegung kann nicht beiläufig nachvollzogen werden, sondern bedarf intensiven Studiums. Ebenso kann man sich mit der Unternehmensplanung des Vorstands nur dann sinnvoll auseinandersetzen, wenn man die Rahmenbedingungen, ihre Voraussetzungen und die Folgerungen des Vorstands kritisch hinterfragt und sich fundierte Gedanken über mögliche Alternativen macht. Gegebenenfalls muss man hierfür eigene Recherchen anstellen. Es liegt auf der Hand, daß dies bei komplexen Fragestellungen, mit denen unter Umständen dauerhaft die Weichen für das Unternehmen gestellt werden, erheblichen Zeitaufwand mit sich bringt. Das Gleiche gilt für die Überwachung des Führungsinstrumentariums in Form der diversen Überwachungssysteme, die Aktiengesellschaften heutzutage einzurichten und zu unterhalten haben.

Hinzu kommen zahlreiche zusätzliche Aufgaben. Im Hinblick auf die Bedeutung und das Erfordernis der eingehenden Befassung des Aufsichtsrats besonders hervorzuheben ist dabei die Erteilung der Zustimmungen zu zustimmungspflichtigen Geschäftsführungsmaßnahmen; weiterhin zu erwähnen sind etwa über Beschlussvorschläge an die Hauptversammlung und die Abgabe der Corporate Governance Erklärung nach § 161 AktG, deren Fehlerhaftigkeit erhebliche Folgen für die Gesellschaft haben kann.

Auch der Gesetzgeber sieht einen angemessenen zeitlichen Einsatz als wesentliches Element einer Verbesserung der Überwachung. Nach § 100 Abs. 2 Satz 3 AktG sind auf die Höchstzahl der Aufsichtsratsmandate nach § 100 Abs. 2 Satz 1 Nr. 1 AktG Mandate, bei denen das Mitglied zum Aufsichtsratsvorsitzenden gewählt worden ist, doppelt anzurechnen. Diese auf Art. 1 Nr. 10 lit. b) KonTraG beruhende Regelung soll dem erhöhten Zeitaufwand Rechnung tragen, der mit der Aufgabe des Aufsichtsratsvorsitzes verbunden ist, und durch die Aufwertung dieses Amtes einen Beitrag zu seiner *Professionalisierung* leisten.[30]

IV. Welche Bedingungen für eine „professionelle" Aufgabenbewältigung sind derzeit nicht hinreichend erfüllt?

1. Sachliche Eignung

Der Bundesgerichtshof formuliert die Anforderungen an die sachliche Eignung von Aufsichtsratsmitgliedern wie folgt: Das Gebot persönlicher und eigenverantwortlicher Amtsausübung setzt voraus, *„dass ein Aufsichtsratsmitglied diejenigen Mindestkenntnisse und -fähigkeiten besitzen oder sich aneignen muß, die es braucht, um alle normalerweise anfallenden Geschäftsvorgänge auch ohne fremde Hilfe verstehen und sachgerecht beurteilen zu können. Damit ist es nicht vereinbar, daß ein Aufsichtsratsmitglied seine Aufgaben oder einen wesentlichen Teil davon laufend einem Außenstehenden zur selbständigen Erledigung überträgt oder auch nur bei ihrer Wahrnehmung jeweils einen „ständigen Berater" einschaltet. ... Andererseits ist nicht zu erwarten, daß jedes Aufsichtsratsmitglied auf sämtlichen Gebieten, auf denen der Aufsichtsrat tätig wird, umfassende Spezialkenntnisse besitzt. ... Deshalb gibt das Gesetz dem Aufsichtsrat die Befugnis, Sachverständige zur Beratung über „einzelne" Gegenstände zuzuziehen ... oder sie für „bestimmte" Prüfungsaufgaben zu beauftragen. ... In dieser Beschränkung auf konkrete Einzelangelegenheiten kommt wiederum der für den Aufsichtsrat in seiner Gesamtheit, aber nicht minder für seine einzelnen Mitglieder geltende allgemeine Grundsatz zum Ausdruck, daß sie ihre Funktionen nicht generell auf andere abwälzen dürfen.*[31]*"*

Danach müssen alle Aufsichtsratsmitglieder einschließlich der Arbeitnehmervertreter[32] in der Lage sein, die regelmäßig anfallenden Pflichtaufgaben selbständig wahrzunehmen. Zu diesen regelmäßig anfallenden Aufgaben gehören unter anderem alle vorerwähnten Gegenstände, also Auswahl von Vorstandsmitgliedern, Abschluss der Anstellungsverträge, Kontrolle der Einzel- und Konzernrechnungslegung, Überwachung der Unternehmensplanung, Kontrolle der Wirksamkeit der diversen Überwachungs- und Warnsysteme. Die für die Aufgabenwahrnehmung notwenige Sachkunde hängt natürlich immer von Tätigkeitsbereich, Größe und Organisation des jeweiligen Unternehmens ab.[33] Nur für besondere Fragestellungen kann der Aufsichtsrat im Einzelfall Sachverständige hinzuziehen.

---

[30] Begr. RegE KonTraG, BT-Drs. 13/9712, S. 16.
[31] BGH v. 15. 11. 1982 – II ZR 27/82, BGHZ 85, 293, 295 f., NJW 1983, 991.
[32] BGH v. 15. 11. 1982 – II ZR 27/82, BGHZ 85, 293, 296, NJW 1983, 991.
[33] *Dreher*, in: FS Boujong, 1996, S. 71, 76 f.; *Wirth*, ZGR 2005, 327, 334.

Nimmt man das beim Wort, dürfte sich die Frage nach der Professionalisierung des Aufsichtsrats im Hinblick auf die fachliche Eignung der Mitglieder eigentlich gar nicht stellen. Im Schrifttum wird daher auch angenommen, die ausdrücklichen gesetzlichen Qualifikationsanforderungen für Aufsichtsratsmitglieder von Unternehmen des Finanzsektors nach §§ 36 Abs. 3 Satz 1 KWG, 7a Abs. 4 Satz 1 VAG[34] hätten nicht etwa zu einer Verschärfung für diese regulierten Unternehmen geführt, sondern lediglich die ohnehin geltenden Mindestanforderungen, wie die Rechtsprechung sie im Hertie-Urteil formuliert hat, ins Gesetz übernommen.[35]

Tatsächlich werden die Anforderungen an die Mindestqualifikation allerdings nicht wirklich ernst genommen. Besonders deutlich zeigt dies die Diskussion um den unabhängigen Finanzexperten nach § 100 Abs. 5 AktG. Die Prüfung des Einzel- und Konzernabschlusses und die Stellungnahme zum Bericht des Abschlussprüfers obliegen nach §§ 171, 107 Abs. 3 Satz 3 AktG dem Aufsichtsratsplenum. Alle Aufsichtsratsmitglieder müssen also in der Lage sein, die Rechnungslegung hinreichend zu beurteilen, um eigenverantwortlich an der Beschlussfassung mitwirken zu können. Nach § 100 Abs. 5 AktG muss aber Expertise im Bereich Rechnungslegung oder Abschlussprüfung nur bei einem einzigen Aufsichtsratsmitglied vorhanden sein, und auch das nur bei kapitalmarktorientierten Gesellschaften i. S. v. § 264d HGB, obwohl doch selbst bei einer Delegation von Vorbereitungsaufgaben auf einen Prüfungsausschuss zumindest dessen Mitglieder hinreichend sachkundig sein müssen, um Aufgaben erfüllen zu können, die mehr als nur Grundkenntnisse und -erfahrungen in der Rechnungslegung erfordern.

In der Diskussion um den unabhängigen Finanzexperten kristallisiert sich zudem heraus, dass sich der Aufsichtsrat trotz des – auch im Hertie-Urteil betonten – Grundsatzes der Gleichheit aller Mitglieder[36] zunehmend zu einem Organ mit mehreren Klassen von Mitgliedern entwickelt, an die jeweils unterschiedliche Anforderungen gestellt werden: Grundsätzlich können zwar auch Arbeitnehmervertreter die Anforderungen des § 100 Abs. 5 AktG erfüllen und als Finanzexperten fungieren.[37] Das zeigt nicht zuletzt der Hinweis in der Gesetzesbegründung auf die Weiterbildung von Betriebsräten zu Finanzexper-

---

[34] Die Aufsichtsratsmitglieder eines Instituts (§ 1 Abs. 1b KWG), einer Finanzholding-Gesellschaft (§ 1 Abs. 3a KWG), eines Versicherungsunternehmens (§ 1 Abs. 1 Nr. 1 VAG) oder einer Versicherungs-Holdinggesellschaft (§ 1b Abs. 1 VAG) müssen danach die die zur Wahrnehmung der Kontrollfunktion sowie zur Beurteilung und Überwachung der von dem Unternehmen betriebenen Geschäfte erforderliche Sachkunde besitzen.

[35] *Dreher*, ZGR 2010, 496, 508 ff., 511 f.; a.A wohl *Lehrl*, BKR 2010, 485, 496 f., der annimmt, die genannten Bestimmungen hätten zu einer Erhöhung der Anforderungen an die Sachkunde der Aufsichtsratsmitglieder beaufsichtigter Unternehmen geführt.

[36] Vgl. dazu *Mertens/Cahn*, in: Kölner Komm AktG (Fn. 17), § 107 Rn. 7 f.

[37] Vgl. *v. Falkenhausen/Kocher*, ZIP 2009, 1601, 1602; *Wardenbach*, GWR 2010, 207, 208; a. A. offenbar *Habersack*, AG 2008, 98, 105; *Hüffer*, ZIP 2006, 637, 639.

ten.[38] Dennoch und trotz des an sich geltenden Grundsatzes der Gleichheit aller Aufsichtsratsmitglieder klammert die Diskussion um den Finanzexperten die Arbeitnehmervertreter von vornherein aus und bezieht sich nahezu ausschließlich auf die Aktionärsvertreter im Aufsichtsrat. In der Tat lässt es das Gesetz nicht zu, dass in mitbestimmten Gesellschaften – beim Bestehen von Entsendungsrechten könnte konsequenterweise nichts anderes gelten – beide Seiten einander die Verantwortung für die Erfüllung der Voraussetzungen des § 100 Abs. 5 AktG zuschieben mit der Folge, dass die Missachtung der Vorschrift ohne Auswirkungen auf die Wirksamkeit der Aufsichtsratsbesetzung bliebe.[39] Wie die in der Gesetzesbegründung zu § 100 Abs. 5 AktG aufgeführten Beispiele für den Erwerb der Expertise zeigen, begründet die Vorschrift – ebenso wie die Bestimmungen zur Umsetzung der Abschlussprüferrichtlinie in Mitgliedstaaten ohne Arbeitnehmervertretung im Aufsichtsorgan – vielmehr für die Hauptversammlung eine Pflicht zu einer entsprechenden Aufsichtsratsbesetzung. An die Arbeitnehmervertreter als Gruppe werden damit implizit geringere fachliche Anforderungen gestellt als an die Aktionärsvertreter im Aufsichtsrat.

2. Zeiteinsatz

Professionelle, also berufsmäßige Ausübung einer Tätigkeit unterscheidet sich außer durch das höhere Maß des Sachverstands aber noch durch ein weiteres Element von einer bloß amateurhaften Betätigung, nämlich durch den erheblich höheren Zeitaufwand.

Wie vor allem § 100 Abs. 2 AktG über die Höchstzahl der Aufsichtsratsmandate, die Regelung der Sitzungsfrequenz des § 110 Abs. 3 AktG und das Fehlen eines § 88 AktG entsprechenden Wettbewerbsverbotes für Aufsichtsratsmitglieder zeigen, geht das Gesetz davon aus, dass die Aufsichtsratsmitgliedschaft eine Nebentätigkeit darstellt.[40]

---

[38] Begr. RegE BilMoG, BT-Drs. 16/10067, S. 102.

[39] So im Ergebnis auch die h.L., die die Anfechtbarkeit eines Wahlbeschlusses der Aktionäre nach § 251 Abs. 1 AktG bejaht, der zu einer mit § 100 Abs. 5 AktG unvereinbaren Zusammensetzung des Aufsichtsrats führt, ohne dass allerdings die Frage der Vereinbarkeit mit dem Grundsatz der Gleichheit der Aufsichtsratsmitglieder angesprochen würde; vgl. etwa *Mertens/Cahn*, in: Kölner Komm AktG (Fn. 17), § 100 Rn. 79 ff.; *Spindler*, in: Spindler/Stilz, AktG (Fn. 5), § 100 Rn. 44; *Bröcker/Mosel*, GWR 2009, 132, 133; *Diekman/Bidmon*, NZG 2009, 1087, 1091; *Ehlers/Nohlen*, in: GS Gruson, 2009, S. 107, 118; *Habersack*, AG 2008, 98, 106; *Jaspers*, AG 2009, 607, 612 f.; *Staake*, ZIP 2010, 1013, 1020 (Anfechtbarkeit nach § 243 AktG); *Vetter*, ZGR 2010, 751, 791; *Widmann*, BB 2009, 2602, 2603; *Wind/Klie*, DStR 2010, 1339, 1340; a. A. *Simons*, in: Hölters, AktG (Fn. 8), § 100 Rn. 56; *Wardenbach*, GWR 2010, 207, 208, denen zufolge die Anfechtbarkeit daran scheitert, dass die Arbeitnehmerwahlgremien in gleicher Weise für die ordnungsgemäße Besetzung des Aufsichtsrats verantwortlich seien.

[40] Vgl. etwa *Hoffmann-Becking*, in: FS Havermann, 1995, S. 229, 234; *Lutter/Quack*, in: FS Raiser, 2005, S. 259, 263 f.

Neben den zwei bzw. vier Pflichtsitzungen sind bei Bedarf zwar weitere Sitzungen anzuberaumen; auch finden zusätzlich zu den Sitzungen des Gesamtaufsichtsrats Ausschusssitzungen statt. Selbst wenn man aber von insgesamt 6–8 Sitzungen je Aufsichtsratsmitglied ausgeht, ist der dafür notwendige Zeiteinsatz mit dem für die mindestens wöchentlichen Vorstandssitzungen nicht zu vergleichen; zudem hat der Vorstand schon wegen der räumlichen Nähe der Gremienmitglieder die Möglichkeit, sich jederzeit bei Bedarf zu beraten, während die Terminfindung für Aufsichtsratssitzungen wegen der anderweitigen hauptberuflichen Tätigkeit und der Notwendigkeit der Anreise regelmäßig viel aufwendiger ist.

Im Schrifttum wird geschätzt, die professionelle Wahrnehmung eines Aufsichtsratsmandats erfordere 12 Arbeitstage im Jahr.[41] Zieht man davon 6 Sitzungstage ab, blieben für die Vorbereitung insgesamt 6 Tage im Jahr. Es ist schwer vorstellbar, dass das für eine *professionelle* Verarbeitung der Informationen, die der Vorstand zur Verfügung stellt, und für Vorbereitung von Entscheidungen des Aufsichtsrats und der Beratung des Vorstands ausreicht. Schon die Unterlagen, die Aktionäre zur Vorbereitung auf die Hauptversammlung erhalten, umfassen bei großen Gesellschaften leicht 100 Seiten. Will man sie nicht nur oberflächlich überfliegen, sondern tatsächlich verstehen und gegebenenfalls auch hinterfragen, benötigt man allein dafür häufig mehr als einen Tag. Ein Aufsichtsrat, der nicht nur einmal im Jahr einige wenige, oft nur routinemäßige, Entscheidungen treffen, sondern während des gesamten Jahres die wesentlichen Geschäftsführungsmaßnahmen des Vorstands einschließlich der Unternehmensorganisation überwachen, den Vorstand beraten und bei wichtigen Maßnahmen mitentscheiden soll, wird jedenfalls dann ganz erheblich mehr Zeit investieren müssen, wenn die Entscheidungen auf Augenhöhe mit dem Vorstand getroffen werden sollen, der schließlich nicht nur ständig und hauptberuflich mit den anstehenden Fragen befasst ist, sondern regelmäßig über eine Vielzahl von Mitarbeitern verfügt, die ihn mit Informationen versorgen und seine Entscheidungsfindung vorbereiten.

Dabei ist schon die erwähnte Auffassung, die Wahrnehmung eines Aufsichtsratsmandats erfordere etwa 12 Arbeitstage, nicht etwa als Beschreibung des status quo, sondern als Plädoyer für eine stärkere Professionalisierung der Aufsichtsratstätigkeit gemeint. Ihr liegt offensichtlich die Einschätzung zugrunde, dass der tatsächliche Zeiteinsatz für die Mandatswahrnehmung sogar noch erheblich geringer ist.

---

[41] *Säcker*, AG 2004, 180, 184.

3. Zwischenergebnis

Rechtsprechung und Schrifttum stellen an Qualifikation und Zeiteinsatz von Aufsichtsratsmitgliedern erhebliche Anforderungen, denen in der Praxis die ganz überwiegende Mehrzahl der Aufsichtsräte nicht gerecht werden dürfte.

V. Welche Abhilfe ist möglich und geboten?

1. Vorschläge zur Förderung der Professionalisierung des Aufsichtsrats

Im Schrifttum findet sich eine Reihe von Vorschlägen zur Beseitigung der – wirklichen oder vermeintlichen – Defizite der Überwachung durch den Aufsichtsrat. Sie reichen von einer Erhöhung der Sitzungsfrequenz und der Intensivierung der Ausschussarbeit bis hin zu einem Plädoyer für ein neues Berufsbild des Berufsaufsichtsrats,[42] das unter anderem durch eine weitere Begrenzung der Mandatshöchstzahl gefördert werden sollte,[43] und die Besetzung der Anteilseignerseite des Aufsichtsrats mit einer Reihe von Experten, die die verschiedenen Vorstandsressorts widerspiegeln sollen.[44]

Erhöhung der Sitzungsfrequenz und Intensivierung der Ausschussarbeit könnten das Problem des unzureichenden Zeiteinsatzes mildern, würden aber für sich genommen die sachliche Eignung der Mitglieder nicht steigern. Dafür bedürfte es der Besetzung zumindest der Anteilseignersitze im Aufsichtsrat mit entsprechend qualifizierten Mandatsträgern. Andererseits würde auch Sachkenntnis allein die Qualität der Überwachung noch nicht entscheiden verbessern, denn um den Vorstand beraten, mit ihm auf Augenhöhe diskutieren und gegebenenfalls fundierte eigene Gegenvorstellungen entwickeln zu können, müssen die Aufsichtsratsmitglieder das Unternehmen ähnlich gut kennen wie der Vorstand. Dafür bedarf es aber neben Fachexpertise auch eines erheblichen zeitlichen Einsatzes, um sich mit den jeweiligen Gegebenheiten und Entwicklungen vertraut zu machen. Der Vorschlag, Aufsichtsräte mit fachlich qualifizierten hauptberuflichen Kontrolleuren zu besetzen, scheint daher dem Anliegen einer Professionalisierung am besten zu entsprechen.

Dagegen ist der Einwand, Aufsichtsräte hätten zu wenige Mitglieder, um alle Vorstandsfunktionen zu spiegeln,[45] angesichts der Klage über die übermäßige

---

[42] *Roth/Wörle*, ZGR 2004, 565, 628f.; *Schiessl*, AG 2002, 593, 599.

[43] Vgl. Grünbuch „Europäischer Corporate Governance-Rahmen", KOM(2011) 164/3 vom 5.4. 2011, abrufbar unter: http://ec.europa.eu/internal_market/company/docs/modern/com2011-164_de.pdf (Abruf vom 6.8. 2012), Ziff. 1.2.

[44] *Lutter*, DB 2009, 775, 778 ([früherer] Unternehmensleiter, Produktionsfachmann, Entwicklungsfachmann, Finanzmann, Unternehmensrechtler, Steuerfachmann, Rechnungsleger); *Lutter/Krieger*, Rechte und Pflichten des Aufsichtsrats (Fn. 5), Rn. 25; *Säcker*, AG 2004, 180, 182.

[45] *Sünner*, ZIP 2003, 834ff.; *ders.*, CCZ 2009, 185, 189.

Größe des Aufsichtsrats und in Anbetracht der häufig nur geringen Zahl von Vorstandsmitgliedern wenig plausibel.

Folge einer solchen Professionalisierung der Überwachung wäre zunächst ein erhöhtes Haftungsrisiko für die Experten im Aufsichtsrat. Zwar wird verbreitet die Auffassung vertreten, im Rahmen des § 116 AktG gelte ein rein objektiver Sorgfaltsmaßstab, der Differenzierungen nach den individuellen Fähigkeiten der einzelnen Aufsichtsratsmitglieder nicht zulasse.[46] Das trifft aber nur insoweit zu, als kein Aufsichtsratsmitglied gegen Ansprüche wegen Sorgfaltspflichtverletzung einwenden kann, es verfüge nicht über die erforderliche Mindestqualifikation. Darüber hinaus gehende Kenntnisse und Fähigkeiten muss ein Aufsichtsratsmitglied dagegen schon von jeher im Rahmen seines Amtes einsetzen und kann sich seiner daraus folgenden Verantwortung gegenüber der Gesellschaft nicht unter Hinweis auf einen geringeren Mindeststandard entziehen.[47] Die Gegenauffassung ist spätestens mit der Einführung des unabhängigen Finanzexperten überholt und wäre erst recht bei einer Entwicklung hin zu einem mit professionellen Aufsehern besetzten Aufsichtsrat unhaltbar. Es wäre geradezu widersprüchlich, wenn das Gesetz einerseits verlangen würde, dass bestimmte Aufsichtsratsmitglieder über besondere Expertise verfügen, andererseits aber diesen Mitgliedern lediglich den Einsatz von Mindest- oder Durchschnittskenntnissen abverlangte. In Anbetracht der besonderen Aufgaben und des erhöhten Einsatzes der professionellen Aufseher müsste ihnen natürlich auch eine höhere Vergütung zugebilligt werden[48] – das Aufsichtsratsamt wäre für sie eben kein Neben- sondern ein Hauptamt.

2. Einwände

Den möglichen Vorteilen einer solchen Professionalisierung steht allerdings eine Reihe von Schwierigkeiten und Nachteilen gegenüber.

---

[46] *Hopt/Roth*, in: Großkomm AktG (Fn. 2), § 116 Rn. 51 f.; *Hüffer*, AktG (Fn. 20), § 116 Rn. 3; *Schwark*, in: FS Werner, 1984, S. 841, 852 f.; *Wirth*, ZGR 2005, 327, 335 f., der allerdings annimmt, bei einem bewussten „die-Augen-verschließen" handele das betreffende Mitglied mit bedingten Vorsatz.

[47] BGH v. 20.9. 2011 – II ZR 234/09, Der Konzern 2011, 554, 558 Rn. 28; LG Hamburg v. 11. 9. 1981 – 61 O 19/81, AG 1982, 53; *Mertens/Cahn*, in: Kölner Komm AktG (Fn. 17), § 116 Rn. 63; *Spindler*, in: Spindler/Stilz, AktG (Fn. 5), § 116 Rn. 17; *Dreher*, in: FS Boujong, 1996, S. 71, 77 ff., 83 (über das Mindestmaß hinaus bestehende Fähigkeiten und Erfahrungen müssen auch eingesetzt werden); *Kropff*, in: FS K. Schmidt, 2009, S. 1023, 1038 f.; *Lieder*, NZG 2005, 569, 574 (mit Übernahme besonderer Funktion gesteigerte Sorgfaltspflichten); *Bröcker/Mosel*, GWR 2009, 132, 133 für den unabhängigen Finanzexperten.

[48] *Kropff*, in: FS K. Schmidt, 2009, S. 1023, 1039; *Schiessl*, ZHR 167 (2003), 235, 249; früher bereits etwa *Bernhardt*, ZHR 159 (1995), 310, 315.

a) Schwierigkeiten der Umsetzung von Professionalisierungskonzepten

Zunächst einmal wäre eine Besetzung des Aufsichtsrats mit einer Reihe von hauptamtlich tätigen Experten nur schwer mit dem geltenden Mitbestimmungsrecht zu vereinbaren. Sie würde zu einer grundsätzlichen Rollendifferenzierung zwischen hauptamtlichen Anteilseignervertretern und Arbeitnehmervertretern führen, die ihre Tätigkeit nach wie vor als Nebenamt wahrnehmen. Der Einfluss der Anteilseignerseite im Aufsichtsrat würde damit faktisch erheblich steigen.[49] Theoretisch könnte man zwar daran denken, eine Reihe von hauptamtlichen Aufsichtsratspositionen auch mit Vertretern der Arbeitnehmerseite zu besetzen. Für die meisten Aufgaben dürfte es hier aber an einem ausreichend großen Pool qualifizierter Experten fehlen.[50] Der Vorschlag, die Mitwirkung der Arbeitnehmerseite in einem informellen Konsultationsrat anzusiedeln, der vor jeder Aufsichtsratssitzung über die anstehenden Tagesordnungspunkte zu informieren und anzuhören wäre,[51] dürfte politisch kaum Aussicht auf Umsetzung haben.

Hinzu kommt, dass zunehmend nicht nur die fachliche Qualifikation der Aufsichtsratsmitglieder ausschlaggebend sein soll, sondern darüber hinaus eine Reihe von Nebenbedingungen wie Unabhängigkeit und „Diversity" eingeführt wird. Unabhängigkeit ist im vorliegenden Zusammenhang vor allem insoweit von Interesse, als es um den Wechsel vom Vorstand in den Aufsichtsrat geht. Es gibt sicherlich gute Gründe dafür, einem solchen Wechsel skeptisch gegenüber zu stehen. Man muss sich aber darüber im Klaren sein, dass man mit einem so verstandenen Unabhängigkeitspostulat dem Aufsichtsrat die Expertise der besten Kenner des Unternehmens vorenthält.[52] Auch für die stärkere Einbeziehung bisher unterrepräsentierter Gruppen – in der Sache geht es trotz der Verwendung des neutralen Begriffs „Vielfalt (Diversity)" in Ziff.5.4.1 Abs. 1 Satz 1 vor allem um die „angemessene Beteiligung von Frauen", wie Ziff.5.4.1 Abs. 1 Satz 2 DCGK jetzt klarstellt[53] – mögen gute Gründe sprechen. Versteht man aber die Empfehlung des Kodex nicht in dem sehr engen Sinne, dass Frauen bei besserer Eignung nicht wegen ihres Geschlechtes benachteiligt werden sollen, was sich auch ohne die Empfehlung bereits aus der Maßgeblichkeit des Unternehmensinteresses ergibt, sondern im Sinne einer *affirmative action*, besteht

[49] Vgl. dazu *Säcker*, AG 2004, 180, 185f.

[50] *Säcker*, AG 2004, 180, 185.

[51] *Säcker*, AG 2004, 180, 185f.

[52] *Hüffer*, AktG (Fn.20), §100 Rn.7a; *ders.*, ZIP 2006, 637, 642f.; *Hohenstatt*, ZIP 2009, 1349, 1355; *Krieger*, in: FS Hüffer, 2010, S.521f.; verfassungsrechtliche Bedenken bei *Sünner*, AG 2010, 111, 114ff.; positiv dagegen die Einschätzung der Karenzfrist bei *Lieder*, NZG 2005, 569, 572f.; *Möllers/Christ*, ZIP 2009, 2278f.; unentschieden *Schiessl*, AG 2002, 593, 598; *Wirth*, ZGR 2005, 327, 342.

[53] Vgl. auch Grünbuch „Europäischer Corporate Governance-Rahmen" (Fn.43), Ziff.1.1.3.

zwischen der Empfehlung und dem Anliegen einer Professionalisierung des Aufsichtsrats ein Spannungsverhältnis.

b) Mögliche Nachteile einer Professionalisierung

Selbst wenn man aber diese Schwierigkeiten außer Betracht lässt, bleiben erhebliche Zweifel daran, ob eine solche Professionalisierung des Aufsichtsrats wünschenswert wäre. Zum einen lässt sich die Gefahr nicht von der Hand weisen, dass Spezialisten sich jeweils nur für den Bereich der eigenen Expertise verantwortlich fühlen und sich im Übrigen auf die anderen Spezialisten im Aufsichtsrat verlassen werden. Spezialisierung und Expertise könnten bei einem solchen Rollenverständnis im Übrigen dazu führen, dass ein Vorteil, den das gegenwärtige Anforderungsprofil bieten kann, nämlich die Chance, von der Warte außerhalb des Tagesgeschehens stehender Überwacher mit ganz unterschiedlichem Hintergrund einen unbefangenen Blick auf die Geschäftsführung zu richten, verloren geht und durch Diskussionen zwischen Spezialisten abgelöst wird, die dazu neigen können, sich im Detail zu verlieren, statt das Ganze im Auge zu behalten. Zudem würde der Informationsbedarf des Aufsichtsrats oder des aus Experten bestehenden Teilgremiums so erheblich steigen, dass der Vorstand einen nicht unwesentlichen Teil seiner Zeit damit verbringen würde, den Aufsichtsrat auf dem Laufenden zu halten und mit ihm zu beraten, statt seiner Leitungsaufgabe nachzugehen. Vor allem aber besteht die Gefahr, dass ein Gremium aus hauptberuflich im Aufsichtsrat tätigen Spezialisten sich zu einem Obervorstand entwickelt, der die Leitung der Gesellschaft lieber gleich selbst übernimmt. Versierten Spezialisten, die das Unternehmen und die Branche kennen und über eigene unternehmerische Erfahrung verfügen, dürfte es jedenfalls nicht leicht fallen, Entscheidungen des Vorstands zu akzeptieren, die zwar nicht unvertretbar sein mögen, die sie selbst aber anders treffen würden. Eine Gewähr dafür, dass gerade im Aufsichtsrat die besseren Unternehmer sitzen als im Vorstand, hat man aber nicht – die Vermutung sollte an sich für die gegenteilige Annahme sprechen, anderenfalls wäre es besser, gleich die Aufsichtsratsmitglieder in den Vorstand zu wählen.

Insgesamt legt die Professionalisierungsdebatte daher die Frage nahe, ob die Erwartungen, die in den Aufsichtsrat und in die Überwachung gesetzt werden, nicht überzogen sind. Die Vorstellung, die auch in der ausufernden Compliance-Diskussion und in der Erfindung immer neuer Compliance-Pflichten Ausdruck findet, wenn man nur genügend überwache, könne in Unternehmen nichts mehr schief gehen, ist nicht nur unrealistisch, sondern auch gefährlich. Sie kann zu einer Lähmung der unternehmerischen Initiative und zu einer übermäßigen Formalisierung der Entscheidungsprozesse führen, bei der einer Einhaltung haftungsvermeidender Prozeduren mehr Aufmerksamkeit gewidmet wird als den eigentlichen unternehmerischen Fragen, denn während man bei unternehmerischen Fehlschlägen den Schutz der business judgment rule in Anspruch nehmen kann, birgt die Nichteinhaltung vorgeschriebener Verfahren erhebliche Haftungsrisiken.

Gegenwärtig dürfte noch immer gelten, dass Anteilseignervertreter im Aufsichtsrat nicht nur nach ihren Qualitäten für die Überwachung, sondern auch nach anderweitiger Nützlichkeit für das Unternehmen, insbesondere im Hinblick auf die Pflege von Beziehungen zu anderen Unternehmen ausgewählt werden.[54] Die Aufsichtsratsbesetzung wird also auch als machtstrategisches Instrument eingesetzt.[55] Im Gesetz steht nichts darüber, dass es Aufgabe des Aufsichtsrats wäre, Beziehungen zu anderen Unternehmen zu pflegen und Vertrauen innerhalb von Geschäftsbeziehungen zu schaffen und zu erhalten.[56] Dennoch kann man sich fragen, ob eine solche Funktion des Aufsichtsrats, die ein Gremium von professionellen Aufsehern nicht in gleicher Weise erfüllen könnte, nicht auch ihre positiven Seiten hat.

Schließlich könnte es sein, dass eine Umgestaltung des Aufsichtsrats in ein professionelles Überwachungsgremium durch parallele Entwicklungen im Bereich der Aktionärsbeteiligung überholt würde. In Ziff. 2.3 des Grünbuchs 2011 der Kommission deutet sich an, dass eine stärkere Beaufsichtigung der Unternehmensleitung insbesondere durch institutionelle Investoren angestrebt wird und Hindernisse für eine solche Beaufsichtigung beseitigt werden sollen. In der Tat verfügen gerade derartige Aktionäre sowohl über hinreichendes eigenes Interesse an einer Überwachung der Geschäftsführung als auch über qualifiziertes Personal mit eigenen unternehmerischen Vorstellungen, das dem Vorstand als gleichwertiger Gesprächspartner gegenübertreten könnte. Auch ohne formelle Aufsichtsbefugnisse könnte ein solcher Aktionärseinfluss vieles von dem ausgleichen, was an der Überwachung durch den Aufsichtsrat bemängelt wird.

VI. Fazit und Ausblick

Gemessen an den hohen Anforderungen, die die Rechtsprechung und das juristische Schrifttum an Qualifikation und Aufgabenwahrnehmung der Aufsichtsratsmitglieder stellen, scheint erheblicher Bedarf für eine Professionalisierung der Aufsichtsratstätigkeit zu bestehen. Tatsächlich dürften indessen die Erwartungen, die in die Überwachung der Geschäftsführung durch den Aufsichtsrat gesetzt werden, überzogen sein. Zudem brächte die Fortentwicklung des Aufsichtsrats zu einem Gremium professioneller Überwacher eine Reihe von Nachteilen mit sich, die die vermeintlichen Vorteile aufwiegen dürfte. Eine professi-

---

54 *Roth/Wörle*, ZGR 2004, 565, 594.

55 *Roth/Wörle*, ZGR 2004, 565, 601 ff.; vgl. auch *Peltzer*, NZG 2009, 1041, 1042 f.

56 *Roth/Wörle*, ZGR 2004, 565, 607 f.

onelle Überwachung der Geschäftsführung ließe sich daher möglicherweise besser im Vorstand selbst ansiedeln, indem ein oder mehrere Vorstandsmitglied(er) ausschließlich mit Überwachungsaufgaben betraut würde(n). Der Vorstand hat für die Rechtmäßigkeit, Ordnungsmäßigkeit und Zweckmäßigkeit der Organisation und der Entscheidungsprozesse innerhalb der Gesellschaft zu sorgen.[57] Dazu gehört nicht nur die Überwachung des eigenen Ressorts, sondern auch die Pflicht, den Geschäftsbetrieb insgesamt zu beobachten und Missstände auch in anderen Ressorts zur Kenntnis des Gesamtvorstands zu bringen.[58] Bereits das geltende Recht trägt damit dem Umstand Rechnung, dass effektive Überwachung ständige Präsenz im Unternehmen und die Unterstützung durch einen Stab von Mitarbeitern erfordert. Die Betrauung einzelner Vorstandsmitglieder mit hauptamtlichen Überwachungsaufgaben würde die aus diesen Gründen dem Vorstand ohnehin obliegende Aufsicht ausbauen, dem Aufsichtsrat einen auf Überwachung spezialisierten Ansprechpartner im Vorstand zur Verfügung stellen und auf diese Weise dazu beitragen, die Überwachungsaufgabe des Aufsichtsrats auf ein im Nebenamt realistischerweise zu bewältigendes Maß zurückzuführen.

---

[57] *Mertens/Cahn*, in: Kölner Komm AktG (Fn. 16), § 93 Rn. 67 ff.

[58] *Mertens/Cahn*, in: Kölner Komm AktG (Fn. 16), § 77 Rn. 26.

Professionalisierung des Aufsichtsrats

*RAin Daniela Weber-Rey**

Inhaltsübersicht

I. Corporate Governance in Europa

Corporate Governance-Themen werden zwar nicht als Auslöser der Finanzmarktkrise gewertet, lückenhafte Corporate Governance-Systeme und insbesondere die fehlende Umsetzung vorhandener Corporate Governance-Grundsätze sowie mangelhafte Kontrollmechanismen sollen jedoch einen Beitrag zur Finanzmarktkrise geleistet haben. Von daher ist es nicht verwunderlich, dass einige der in diesem Zusammenhang vorgelegten Untersuchungen einen neuen Blick auf das Thema Corporate Governance in Europa verlangt haben und die Europäische Kommission nach zwei Empfehlungen zum Thema Vergütung[1] in

---

* Die Autorin ist Partnerin der Sozietät *Clifford Chance* in Frankfurt a. M. und Mitglied der Regierungskommission Deutscher Corporate Governance Kodex. Die in diesem Beitrag vertretenen Ansichten sind die persönlichen Ansichten der Autorin und nicht die Ansichten der Regierungskommission Deutscher Corporate Governance Kodex.

[1] Empfehlung 2009/385/EG der Kommission vom 30. 4. 2009 zur Regelung der Vergütung

2009 mittlerweile zwei Grünbücher vorgelegt hat, die sich ausschließlich mit dem Thema Corporate Governance befassen – das erste im Jahr 2010 betreffend die Corporate Governance der Finanzinstitute[2] (Grünbuch 2010) und das zweite im Jahr 2011, das sich mit der Corporate Governance für börsennotierte Unternehmen befasst[3] (Grünbuch 2011) und darüber hinaus erwägt, in Anbetracht der wirtschaftlichen Bedeutung großer, jedoch nicht börsennotierter Unternehmen, auch für diese Corporate Governance-Regeln einzuführen.[4]

II. Professionalisierung des Aufsichtsrats – Qualifikation und Diversität

Beide Grünbücher beschäftigen sich mit der Professionalisierung des Aufsichtsrats, doch wie soll der Aufsichtsrat nun konkret zu besserer Leistung veranlasst werden?

Nach Auffassung der Europäischen Kommission sind hinsichtlich der Steigerung der Leistungsfähigkeit des Aufsichtsrats drei Hauptthemenkomplexe zu beachten: Die richtige Zusammensetzung des Aufsichtsrats in seiner Gesamtheit, die fachliche Kompetenz des einzelnen Aufsichtsratsmitglieds und vor allem auch dessen persönliche Kompetenz.

Das Grünbuch 2011 greift die bereits im Grünbuch 2010 angestoßene Debatte über die Zusammensetzung und Professionalisierung des Aufsichtsrats zwar erneut und vertieft auf, es bringt jedoch keine wesentlichen neuen Erkenntnisse und setzt insbesondere den Rahmen für Aufsichtsräte außerhalb des Finanzsektors nicht enger. Das Grünbuch 2011 konkretisiert aber vor allem zwei Themen, und zwar einerseits die Zusammensetzung des Aufsichtsrats im Hinblick auf berufliche, internationale und geschlechterspezifische Diversität insgesamt und andererseits die Qualifikation einzelner Aufsichtsratsmitglieder im Hinblick auf sogenannte *soft skills*. Ein breites Spektrum an Kriterien wie Berufsqualifikation und Erfahrung, aber auch persönliche Merkmale wie Unabhängigkeit und die Freiheit von Interessenkonflikten, Internationalität oder schlicht das

von Mitgliedern der Unternehmensleitung börsennotierter Gesellschaften, abrufbar unter: http://eur-lex.europa.eu/LexUriServ/LexUriServ.do?uri=OJ:L:2009:120:0028:0031:DE:PDF (Abruf vom 6. 8. 2012) und Empfehlung 2009/384/EG der Kommission vom 30. 4. 2009 zur Vergütungspolitik im Finanzdienstleistungssektor, abrufbar unter: http://eur-lex.europa.eu/LexUriServ/LexUriServ.do?uri=OJ:L:2009:120:0022:0027:DE:PDF (Abruf vom 6. 8. 2012).

[2] Grünbuch „Corporate Governance in Finanzinstituten und Vergütungspolitik", KOM(2010) 284 endg. vom 2. 6. 2010 (Grünbuch 2010), abrufbar unter: http://ec.europa.eu/internal_market/company/docs/modern/com2010_284_de.pdf (Abruf vom 6. 8. 2012).

[3] Grünbuch „Europäischer Corporate Governance-Rahmen", KOM(2011) 164/3 vom 5. April 2011 (Grünbuch 2011), abrufbar unter: http://ec.europa.eu/internal_market/company/docs/modern/com2011-164_de.pdf (Abruf vom 6. 8. 2012).

[4] Vgl. Grünbuch 2011 (Fn. 3), S. 4 f.

Geschlecht sollen bei der Auswahl künftiger Aufsichtsratsmitglieder berücksichtigt werden.[5] Die Europäische Kommission unterstreicht mit ihrem Grünbuch 2011 deutlich, wie ausschlaggebend die Vielfalt bei der Zusammensetzung des Aufsichtsrats ist.[6]

Aus deutscher Sicht gelten die folgenden wesentlichen Grundsätze zur Förderung der Professionalisierung des Aufsichtsrats:

Oberstes Prinzip für das Handeln des Aufsichtsrats und insbesondere auch für die Besetzung des Aufsichtsrats ist nach § 116 i.V.m. § 93 AktG das Unternehmensinteresse. Der Aufsichtsrat ist diesem ebenso verpflichtet wie der Vorstand. Die Wahrung des Unternehmensinteresses ist dabei Ausfluss seiner Sorgfaltspflicht. Die richtige Zusammensetzung des Aufsichtsrats und die Vielfalt der im Kreis der Mitglieder zur Verfügung stehenden Qualifikationen kann nur vor dem Hintergrund des Unternehmensinteresses beurteilt werden.[7]

1. Rolle des Aufsichtsratsvorsitzenden

Hinsichtlich der Funktionsweise des Aufsichtsrats und seiner damit verbundenen richtigen Zusammensetzung, insbesondere vor dem Hintergrund der stetig steigenden Qualifikationsanforderungen an die einzelnen Mitglieder, fällt dem Aufsichtsratsvorsitzenden in der Praxis eine ganz besondere Rolle zu. Die Erwartungen an ihn entsprechen nicht immer seinen rechtlichen Möglichkeiten. Vereinzelt wird vorgeschlagen, die Tätigkeit des Aufsichtsratsvorsitzenden durch weitere Vorschriften im Aktiengesetz oder auch im deutschen Corporate Governance Kodex (Kodex)[8] zu stärken und so die vielfachen Aufgaben in der Praxis besser miteinander in Einklang zu bringen, und zwar im Interesse des besseren Funktionierens des Aufsichtsrats, aber eben auch zur besseren Absicherung des Vorsitzenden selbst.[9] Wollte man allerdings hier für Abhilfe sorgen und die Rechte und Pflichten konkretisieren, dann stünde dies im Konflikt mit der insbesondere seit der Untersuchung der Finanzmarktkrise in Europa wie auch in Deutschland immer wieder betonten Gesamtverantwortung des Aufsichtsrats und der Rolle des Plenums. Es ist daher fraglich, ob sich die Europä-

---

[5] Vgl. Grünbuch 2011 (Fn. 3), Ziff. 1.1, S. 6.

[6] Siehe hierzu bereits *Weber-Rey*, FAZ, 11. 4. 2011, 19 *Weber-Rey* BOARD 2/2011, 70ff.

[7] Auch die wirtschaftsrechtliche Abteilung des 69. Deutschen Juristentags in München beschäftigte sich im Rahmen der Diskussion zu staatlichen und halbstaatlichen Eingriffen in die Unternehmensführung mit der Zusammensetzung des Aufsichtsrats, siehe hierzu *Weber-Rey*, Professionalisierung des Aufsichtsrats, insbesondere Qualifikation seiner Mitglieder, Referatsbeitrag zum 69. DJT 2012 (im Erscheinen).

[8] Deutscher Corporate Governance Kodex in der Fassung vom 26. 5. 2012, wie veröffentlicht am 15. 6. 2012 (Kodex oder DCGK).

[9] Zur deutschen Diskussion vgl. *v. Schenck*, AG 2010, 649ff. m.w.N. und zuletzt *Weber-Rey*, Skriptum Corporate Governance in Europa: die Initiativen der EU-Kommission, Heft Nr. 193/2012. Vortrag am 21. 11. 2011 am Zentrum für Europäisches Wirtschaftsrecht der Universität Bonn.

ische Kommission und/oder der deutsche Gesetzgeber zu einer Konkretisierung der Rechte (und Pflichten) des Aufsichtsratsvorsitzenden durchringen werden.

2. Anforderungen an die einzelnen Aufsichtsratsmitglieder

Zu den Qualitätsmerkmalen für die Mitglieder des Aufsichtsrats hatte bereits vor der Finanzmarktkrise die Empfehlung der Europäischen Kommission von 2005[10] folgende Kriterien festgehalten:

Der Aufsichtsrat solle unter Berücksichtigung der Struktur und des Geschäftsfelds des Unternehmens seine Idealbesetzung festlegen und diese einer regelmäßigen Prüfung unterziehen, um ein ausgewogenes Verhältnis fachlicher Kompetenzen gewährleisten zu können. Die Mitglieder des Aufsichtsrats sollten dabei insgesamt über die erforderlichen Kenntnisse, Fähigkeiten und individuellen Erfahrungen verfügen, um der ihnen obliegenden Verantwortung gegenüber dem Unternehmen gerecht werden zu können. Jedes Aufsichtsratsmitglied solle darüber hinaus ausreichend Zeit und Aufmerksamkeit aufbringen können, um die ordnungsgemäße Wahrnehmung der ihm übertragenen Aufgaben zu gewährleisten, wobei anderweitige berufliche Verpflichtungen und insbesondere die Wahrnehmung von Mandaten in anderen Gesellschaften entsprechend zu begrenzen seien. Um Interessenkonflikten entgegenzuwirken und ein objektives Beurteilungsvermögen sicherzustellen, solle dem Aufsichtsrat ferner eine angemessene Anzahl unabhängiger Mitglieder angehören.[11]

Das deutsche Aktienrecht enthält nur wenig Konkretes hierzu und befasst sich vor allem mit einer Beschränkung der Mandate und der zeitlichen Verfügbarkeit. Demnach kann Mitglied des Aufsichtsrats nicht sein, wer bereits Mitglied in zehn Handelsgesellschaften mit obligatorischem Aufsichtsrat ist, wobei auf die Höchstzahl bis zu fünf konzerninterne Aufsichtsratsmandate nicht anzurechnen sind, Vorsitzmandate dafür aber doppelt zählen (vgl. § 100 Abs. 2 Nr. 1 und § 100 Abs. 2 S. 2 AktG). Konkrete Anforderungen z. B. an die fachliche Eignung oder ein ausreichendes Zeitbudget[12] sieht das Aktiengesetz nicht vor,[13] werden jedoch deutschen Aufsichtsräten unausgesprochen abver-

---

[10] Empfehlung 2005/162/EG der Kommission vom 15. 02. 2005 zu den Aufgaben von nicht geschäftsführenden Direktoren/Aufsichtsratsmitgliedern/börsennotierter Gesellschaften sowie zu den Ausschüssen des Verwaltungs-/Aufsichtsrats, abrufbar unter: http://eur-lex.europa.eu/LexUriServ/LexUriServ.do?uri=OJ:L:2005:052:0051:0063:DE:PDF (Abruf vom 6. 8. 2012).

[11] Vgl. Empfehlung 2005/162/EG (Fn. 10), Abschnitt III zum Profil der Aufsichtsratsmitglieder.

[12] Siehe hierzu *Weber-Rey*, Referatsbeitrag zum 69. DJT 2012, a.a.O. (Fn. 7), dort insb. These 5.

[13] Kritisch hierzu *Hommelhoff*, Gesellschaftsrecht in der Diskussion 2011, Corporate Governance – Entwicklungen im Unionsrecht, S. 183, der eine stärkere Regulierung durch den Gesetzgeber für notwendig erachtet.

langt.[14] Schon lange gilt, dass jedes Aufsichtsratsmitglied „diejenigen Mindestkenntnisse und -fähigkeiten besitzen oder sich aneignen muss, die es braucht, um alle normalerweise anfallenden Geschäftsvorgänge auch ohne fremde Hilfe verstehen und sachgerecht beurteilen zu können"[15] (Hertie-Urteil aus 1982).

III. Grünbuch 2011 – Konkretisierung der Anforderungen

Seit der Finanzmarktkrise sind nun insbesondere durch das Grünbuch 2011 die Kriterien und Anforderungen an Aufsichtsratsmitglieder konkretisiert worden. Einmal mehr wird betont, dass es „leistungsfähiger, wirksamer Verwaltungsräte,[16] die der jeweiligen Geschäftsführung Paroli bieten können"[17] bedarf, da insbesondere die Aufsichtsräte „beim Aufbau verantwortungsvoller Unternehmen eine ausschlaggebende Rolle"[18] spielen.

Es kommt also auf persönliche und fachliche Anforderungen an, auf eine angemessene Vertretung unabhängiger Mitglieder und den richtigen Umgang mit Interessenkonflikten, auf die zeitliche Verfügbarkeit und angemessene Mandatsbegrenzungen, das richtige Verständnis von und Eintreten für die Risikokultur des Unternehmens (Risiko-Governance und Risikokohärenz), die vertrauensvolle Zusammenarbeit innerhalb des Gremiums und mit dem Vorstand, Durchsetzungsvermögen und Widerspruchsbereitschaft[19] sowie berufliche, internationale und geschlechterspezifische Vielfalt. Dreh- und Angelpunkt ist dabei stets die richtige Mischung der genannten Merkmale und Kriterien. Eine allzu heterogene Zusammensetzung des Aufsichtsrats aus völlig unterschiedlichen Persönlichkeiten, sei es aufgrund ihrer Herkunft, ihrer Bildung und Erfahrung oder möglicherweise ihrer Sprache, kann einer breitgetragenen Plenumsentscheidung unter Umständen eher im Weg stehen.[20]

1. Gleichgewicht zwischen Unabhängigkeit und Kompetenz

Einige dieser Kriterien, die sowohl an die Qualifikation eines einzelnen Aufsichtsratsmitglieds als auch an die Zusammensetzung des Gremiums insgesamt geknüpft werden, stehen in einem Spannungsverhältnis zueinander. So ist z.B. insbesondere zwischen der angemessenen Vertretung unabhängiger Mitglieder und der erforderlichen Kompetenz für den Aufsichtsrat insgesamt ein Gleich-

[14] Vgl. *Bachmann*, WM 2011, 1301, 1303; zur Professionalisierung der Aufsichtsratstätigkeit vgl. *Ehren/Gros*, Der Konzern 2011, 277.
[15] BGH v. 15. 11. 1982 – II ZR 27/82, BGHZ 85, 293, 295f. (*Hertie*).
[16] Gemeint sind hier die Aufsichtsräte, vgl. hierzu Grünbuch 2011 (Fn. 3), Ziff. 1, S. 5.
[17] Grünbuch 2011 (Fn. 3), S. 3.
[18] Grünbuch 2011 (Fn. 3), Ziff. 1, S. 5.
[19] Siehe hierzu bereits *Weber-Rey*, Börsen-Zeitung, 19. 1. 2011, S. 2.
[20] Vgl. *Peltzer*, NZG 2011, 961, 962.

gewicht zu finden. Die Sorge vor immanenten Interessenkonflikten ist ebenso verständlich wie die Sorge, Unabhängigkeitskriterien nicht gerecht zu werden. Gleichzeitig bedingen sich aber fehlende Unabhängigkeit und mangelnde einschlägige Branchenkompetenz häufig gegenseitig. Je unabhängiger die Mitglieder des Aufsichtsrats sind, desto größer ist die Wahrscheinlichkeit fehlender einschlägiger fachlicher Kompetenz. Dies ist auch eine der Lehren der Finanzmarktkrise.[21] Kompetenz ist allerdings im Aufsichtsrat gänzlich unverzichtbar. Im Falle fehlender Unabhängigkeit und sogar bei Vorliegen tatsächlicher Interessenkonflikte sind im Einzelfall jedoch akzeptable Lösungen denkbar. Es wäre deshalb ein Fehler, die Unabhängigkeit auf Kosten der Kompetenz überzubewerten.[22]

Vor diesem Hintergrund ist es besonders wichtig, dass das Unternehmen und auch der Aufsichtsrat selbst dafür sorgen, dass sie die Kriterien für die richtige Zusammensetzung des Aufsichtsrats und die Qualifikation seiner Mitglieder durch geeignete Maßnahmen fördern. Hierbei ist es hilfreich, die unternehmenseigene Kompetenz (insbesondere auch von Frauen) zu erhalten und auszubauen. So gibt es in vielen Unternehmen bereits besondere Förderprogramme für weibliche Führungskräfte, um die Vereinbarkeit von Familie und Karriere zu verbessern.[23]

Unter diesem Aspekt ist die vom Gesetzgeber im Jahr 2009 eingeführte generelle Karenzzeit ein unnötiges, teils sogar schädliches Hindernis. Bei allem Verständnis für die berechtigte Sorge um Interessenkonflikte im Fall eines Wechsels vom Vorstandsvorsitz in den Aufsichtsratsvorsitz liegt doch in dem absoluten *cooling off* ein zu großes Opfer unternehmenseigener und auch noch aktueller Kompetenz im Aufsichtsrat. Eine Karenzzeit nur hinsichtlich eines Wechsels in den Aufsichtsratsvorsitz oder in den Vorsitz des Prüfungsausschusses hätte völlig genügt.[24]

2. Qualitätssteigerung und Zielprofile

Des Weiteren ist es erforderlich, den Kandidatenpool für den Aufsichtsrat zu erweitern, also auch außerhalb der hergebrachten Kreise zu suchen. Aufgrund der in den letzten Jahren stetig gestiegenen Anforderungen beispielsweise in Bezug auf die Qualifikation der Aufsichtsratsmitglieder oder aber die Begren-

---

[21] Vgl. Studie „Bank Boards after the Flood – The changing governance of the 25 largest European banks" von Nestor Advisors Ltd. von Oktober 2010, S. 60ff., abrufbar unter: http://www.nestoradvisors.com/wp-content/uploads/2011/10/ExecSum2010.pdf (Abruf vom 6. 8. 2012).

[22] Siehe hierzu *Weber-Rey*, Referatsbeitrag zum 69. DJT 2012, a.a.O. (Fn. 7).

[23] Vgl. Stellungnahme des BDI zum Grünbuch 2011 (Fn. 3) vom 21. 7. 2011, S. 5, abrufbar unter: www.bdi.eu/download_content/RechtundOeffentlichesAuftragswesen/StN_GB_CG-Rahmen.pdf (Abruf vom 6. 8. 2012).

[24] Siehe hierzu *Weber-Rey*, Referatsbeitrag zum 69. DJT 2012, a.a.O. (Fn. 7).

zung der Anzahl der Mandate und die generelle Forderung nach einem erhöhten zeitlichen Engagement, hat sich der bisherige Kandidatenpool notwendigerweise verkleinert. Die Forderung nach einer insgesamt heterogeneren Zusammensetzung des Aufsichtsrats[25] führt konsequenterweise dazu, dass der bisher männlich dominierte Kandidatenpool nun unter Berücksichtigung einer verstärkten Betonung der Vielfalt erweitert wird und insbesondere weibliche und jüngere Kandidaten sowie Kandidaten mit internationalem Hintergrund bei der Besetzung offener Aufsichtsratspositionen größere Beachtung finden.[26]

Im Hinblick auf die Besetzung eines Aufsichtsrats scheint insbesondere „ein breites Spektrum an Sachverstand"[27] eine Schlüsselrolle zu spielen. Umso wichtiger ist es, bei der Auswahl von Aufsichtsratsmitgliedern im Rahmen der Personalpolitik Profile festzulegen, die individuell auf das jeweilige Unternehmen zugeschnitten sind. Diese Profile dürfen jedoch nicht zu eng gefasst werden und vor allem nicht starr sein.[28] Zu enge Zielprofile bergen die Gefahr zu großer Spezialisierung. Das Zielprofil ist nicht nur bei Wechseln im Aufsichtsrat, sondern auch ohne personellen Wechsel, schlicht bei Änderung der Anforderungen im Umfeld des Unternehmens oder in Reaktion z. B. auf Krisen, notwendigerweise ständigen Änderungen unterworfen und muss flexibel den aktuellen Gegebenheiten angepasst werden (können).[29] Gesetzlich definierte Profile, die konkrete Vorgaben zur Eignung des einzelnen Aufsichtsratsmitglieds oder zur Vielfalt beispielsweise in Form einer gesetzlichen Quote vorsehen, sind vor diesem Hintergrund weder auf nationaler, noch gar auf europäischer Ebene empfehlenswert oder praktikabel und könnten den landes-, unternehmens- bzw. branchenspezifischen Besonderheiten der einzelnen Unternehmen kaum gerecht werden.[30] Im schlechtesten Fall würden sie der angestrebten Professionalisierung des Aufsichtsrats eher entgegenstehen als diese zu fördern.[31] Unternehmensbezogenen Zielen, wie sie vom Kodex in Ziffern 5.1.2 und 5.4.1 vorgesehen sind, insbesondere hinsichtlich der Konkretisierung für den Aufsichtsrat

---

[25] Vgl. Grünbuch 2011 (Fn. 3), Ziff. 1.1, S. 6.

[26] Siehe hierzu bereits *Weber-Rey*, Deutscher AnwaltSpiegel, 9. 3. 2011, 17 f.

[27] Vgl. Grünbuch 2011 (Fn. 3), Ziff. 1.1.1, S. 6.

[28] In diese Richtung etwa *Ringleb/Kremer/Lutter/v. Werder*, NZG 2010, 1161, 1165; *Lutter*, DB 2009, 775, in der Tendenz wohl auch *Langenbucher*, ZGR 2012, 314, 340, „Strategieaussagen zu [...] Kernprofilen, bestimmte Zahl [...] spezifisch qualifizierter [...] Aufsichtsratsmitgleider".

[29] Auch die teils parallele, teils sich überschneidende Entwicklung von *hard law* und *soft law* sowie die Vernetzung unterschiedlicher Jurisdiktionen und europäischer Gesetzgebung stellen die Mitglieder des Aufsichtsrats vor immer neue Herausforderungen; siehe hierzu grundlegend *Weber-Rey*, ZGR 2010, 543, 554 ff.

[30] Siehe hierzu *Weber-Rey*, Referatsbeitrag zum 69. DJT 2012, a.a.O. (Fn. 7); *dies.*, NJW 2012, (im Erscheinen).

[31] Vgl. Stellungnahme des BDI zum Grünbuch 2011 (Fn. 3), (Fn. 23), S. 6 f.; vgl. ferner Stellungnahme des Deutschen Anwaltsvereins zum Grünbuch 2011 (Fn.3) von Juli 2011, S. 7, abrufbar unter: http://anwaltverein.de/downloads/stellungnahmen/DAV-Stellungnahme-Corporate-GovernanceNr-42-2011.pdf (Abruf vom 6. 8. 2012).

und der geforderten Transparenz mit Gruppendruck, ist in jedem Fall der Vorzug zu geben, da einerseits auf die individuellen Bedürfnisse des Unternehmens eingegangen werden kann, andererseits aber auch die Herausforderung gegenüber konkreten eigenen Zielen gemeistert werden muss, wodurch dem Unternehmensinteresse und dem Interesse an Diversität eher nachgekommen werden kann.[32]

Vielfalt ist gezielt hinsichtlich Bildungs- und Berufshintergrund, sozialer und kultureller Herkunft und Geschlecht zu erreichen[33] – wobei zumindest in großen international tätigen Unternehmen grundsätzlich auch der Einsatz externer Expertise zur Identifikation geeigneter Kandidaten für den Aufsichtsrat in Erwägung gezogen werden sollte.

Auch Berufsaufsichtsräte sind zu berücksichtigen, können jedoch nur einen kleineren Teil des Gesamtaufsichtsrats ausmachen. Es hat ein ausgewogenes Verhältnis zu herrschen zwischen einerseits aktiven Vorständen und anderen Führungspersönlichkeiten, die zwar fachliche Kompetenz, aber vielleicht auch größeren Zeitdruck mit sich tragen, und andererseits Berufsaufsichtsräten, die sich ganz auf diese Tätigkeit, auch hinsichtlich ihrer zeitlichen Verfügbarkeit, konzentrieren, aber doch häufig nicht über die gleiche einschlägige, zumindest nicht derart aktuelle Kompetenz verfügen können.

3. Die richtige Mischung als Schlüssel für einen funktionierenden Aufsichtsrat

Zu guter Letzt kommt es natürlich sehr auf die richtige Mischung von Persönlichkeiten und Kompetenz an. Auch wenn es eine zutreffende Erkenntnis aus der Finanzmarktkrise ist, dass einem Gruppendenken entgegengewirkt werden muss und Durchsetzungsvermögen und Widerspruchsbereitschaft[34] wichtig sind – wozu auch gehört, sich zu trauen, vermeintlich dumme Fragen zu stellen –, so darf doch nicht vergessen werden, dass der Aufsichtsrat zwingend ein vertrauensvoll zusammenarbeitendes Gremium sein muss. Auch im Verhältnis zwischen diesen weichen Kriterien und dem Wirken des Aufsichtsrats ist die richtige Balance zu finden.

Selbstverständlich sind Qualität und ein Mindestmaß an zeitlicher Verfügbarkeit[35] unabdingbar. Im Verhältnis hierzu sind alle anderen Herausforde-

[32] Vgl. Deutscher Corporate Governance Kodex in der Fassung vom 26. Mai 2012, im elektronischen Bundesanzeiger am 15. 6. 2012 bekannt gemacht (DCGK), Ziff. 5.1.2 und Ziff. 5.4.1.

[33] Vgl. Grünbuch 2011 (Fn. 3) Ziff. 1.1.1, S. 6, Ziff. 1.1.2, S. 7 und Ziff. 1.1.3, S. 7f.

[34] Siehe hierzu bereits *Weber-Rey*, Börsen-Zeitung, 19. 1. 2011, S. 2.

[35] Der Walker Review vom 26. 11. 2009, abrufbar unter: http://webarchive.nationalarchives.gov.uk/+/http://www.hm-treasury.gov.uk/d/walker_review_261109.pdf (Abruf vom 6. 8. 2012), empfiehlt in Ziff. 3.23, S. 49 in diesem Zusammenhang ein zeitliches Engagement von mindestens 30 bis 36 Tagen, was in einigen Fällen mit einer Begrenzung der Mandate einherginge – *„For several NEDs, a minimum expected time commitment of 30 to 36 days (...) will in some cases limit the capacity of an individual NED to retain or assume board responsibilities elsewhere."*.

rungen an die Zusammensetzung des Aufsichtsrats und die Qualifikation seiner Mitglieder von nachrangiger Bedeutung.

Auch bei erweitertem Kandidatenpool sind Kenntnisse und Fähigkeiten gleichermaßen zu verlangen – natürlich auch bei Frauen. In Deutschland wird allerdings die erforderliche Erfahrung, als eines der Kodex-Kriterien,[36] zu eng definiert. Kenntnisse und Erfahrungen sind unterschiedliche Anforderungen. So können erforderliche Kenntnisse und einschlägige, für das Unternehmen relevante Erfahrungen auf unterschiedlichem Wege gewonnen werden. Es ist nicht ersichtlich, warum nur die Erfahrung als Vorstand in einem börsennotierten Unternehmen oder gar nur aus dem Kreis der DAX-Unternehmen für die Besetzung des Aufsichtsrats eines solchen akzeptabel sein soll. Auch hier kommt es auf die richtige Mischung aus Erfahrung in einem vergleichbaren Umfeld und für das Unternehmen relevante Erfahrung aus anderen Bereichen an.

4. Optimierung durch stetige Aus- und Fortbildung der Aufsichtsratsmitglieder

Aus- und Fortbildungsmaßnahmen sind für alle Mitglieder des Aufsichtsrats wichtig, auch für solche mit langjähriger Erfahrung.[37] Zu sehr hat sich die Rolle des Aufsichtsrats in den vergangenen 14 Jahren seit dem Gesetz zur Kontrolle und Transparenz im Unternehmensbereich (KonTraG) gewandelt, zu sehr hat sich auch das wirtschaftliche Umfeld gewandelt – und dies auch unabhängig von der Finanzmarktkrise.[38] In Deutschland gibt es allerdings keine breit anerkannte Aufsichtsratsplattform, die auch Aus- und Fortbildungsmaßnahmen anbietet. Es haben sich in den vergangenen Jahren einige Anbieter mit sehr interessanten Ansätzen in den Markt begeben, so dass abhängig von der betroffenen Region so manches Angebot genutzt werden kann. Keiner dieser Anbieter hat sich jedoch wirklich durchgesetzt, hat wirklich genug Teilnehmer und diese auf dem erforderlichen hohen Niveau, um wirklich regelmäßige Angebote vorstellen zu können.[39] Vor diesem Hintergrund hat die Regierungskommission Deut-

---

[36] Vgl. DCGK (Fn. 32), Ziff. 5.4.1.

[37] *Kremer*, in: Ringleb/Kremer/Lutter/v. Werder, Komm. z. DCGK, 4. Auflage 2010, Rn. 1017a; *Lutter*, DB 2009, 775, 779; vgl. auch Pressemitteilung der Regierungskommission Deutscher Corporate Governance Kodex vom 10. 2. 2010. „Qualifizierung von Aufsichtsräten".

[38] Zur Ausweitung der Pflichten des Aufsichtsrats siehe *Lutter*, DB 2009, 775; vgl. auch DCGK (Fn. 32), Ziff. 5.1.2 und Ziff. 5.4.1.

[39] Lediglich einer dieser Anbieter scheint bisher Mitglied im Europäischen Dachverband der Aufsichtsratsorganisationen (*The European Confederation of Directors' Associations*, kurz ecoDa), vertreten zu sein, eröffnet sich damit über ecoDa auch Zugang zu Informationen über die Corporate Governance-relevanten Entwicklungen in Brüssel und nutzt auf diesem Weg deren Einflussmöglichkeiten.

scher Corporate Governance Kodex (Regierungskommission) im Sommer 2009 die Aus- und Fortbildung besonders unterstrichen.[40]

Einige Anbieter, aber auch Dienstleister wie Anwaltsbüros und Wirtschaftsprüfer ermöglichen die gezielte Inhouse-Schulung in Unternehmen[41] – ein Angebot, das mittlerweile einige Unternehmen nutzen.

Von ausschlaggebender Bedeutung ist für jedes Aufsichtsratsmitglied auch die Vertrautheit mit dem Unternehmen. Jedes neue Mitglied hat eine intensive Einführungsphase zu durchlaufen, in der es sich durch Zurverfügungstellung relevanter Dokumentationen zur Einarbeitung, Kontakt mit maßgeblichen Vertretern des Unternehmens, insbesondere Aufsichtsratskollegen und Vorstandsmitgliedern sowie dann fortlaufend durch Kontakt mit Unternehmensvertretern und den Besuch des einen oder anderen Standorts mit dem Unternehmen vertraut macht. Das Unternehmen selbst, also der Vorstand, aber auch der Aufsichtsratsvorsitzende haben hierfür Sorge zu tragen.[42]

5. Mitbestimmung

Für alle aktuellen Themen der Corporate Governance – die richtige Zusammensetzung und Vielfalt, Unabhängigkeit, vertrauensvolle Kommunikation und Diskussionskultur sowie Aus- und Weiterbildung – stellt sich die Frage nach der Rolle der Mitbestimmung. Sie erschwert die Umsetzung guter Corporate Governance in Deutschland, auch wenn sie insgesamt Vorteile mit sich bringen kann. Zu bedauern sind die Tabuisierung dieses Themas und das völlige Fehlen einer offenen Diskussion darüber, wie unter Aufrechterhaltung der Vorteile einer Mitbestimmung die bisher gelebte Mitbestimmung in Deutschland angepasst werden kann, um deutsche Unternehmen, die der Mitbestimmung, insbesondere der paritätischen Mitbestimmung, unterliegen, bei der Umsetzung der neuen Erkenntnisse und damit einhergehender Regeln guter Corporate Governance zu unterstützen. Immer wieder wird gemahnt, die Regierungskommission habe sich um dieses Thema zu kümmern.[43] Ihr sind jedoch schon von ihrem ursprünglichen Auftrag her, aber auch durch stete Wiederholung der Einschränkung des Auftrags durch Vertreter der Bundesregierung, insbesondere des Justizministeriums, die Hände gebunden.

---

[40] Vgl. DCGK (Fn. 32), Ziff. 5.4.1., siehe hierzu auch *Weber-Rey*, Referatsbeitrag zum 69. DJT 2012, (Fn. 7) dort insb. These 2.

[41] Siehe hierzu *Weber-Rey*, AG-Report 19/2011, R337f.

[42] Vgl. *Weber-Rey*, AG-Report 19/2011, R337f.

[43] Vgl. *Peltzer* m. w. N., der am konsequentesten die Notwendigkeit der Berücksichtigung der Mitbestimmung verlangt in: NZG 2011, 281 und NZG 2009, 1041.

6. Repräsentanz von Frauen

Die Professionalisierung des Aufsichtsrats verlangt eine angemessene Berücksichtigung von Frauen,[44] gerade auch in Führungspositionen, um den Nachwuchs für Organpositionen zu sichern. Wirtschaft, Regierung und Interessenverbände sind mittlerweile alle daran interessiert, mehr Frauen in Führungspositionen zu sehen und hierfür ihren Beitrag zu leisten.

In Bezug auf die Erhöhung der Frauenrepräsentanz in Führungspositionen, insbesondere im Aufsichtsrat, sollten sich die Unternehmen individuelle Zielquoten und einen angemessenen Zeithorizont zur Umsetzung auferlegen, um sowohl den Anregungen des Grünbuchs 2011 als auch den Empfehlungen der Regierungskommission und deren Dreistufenplan nachzukommen.[45] Dieser sieht einerseits die Erhöhung der Frauenrepräsentanz in Führungspositionen, Vorstand und Aufsichtsrat und andererseits die Festlegung unternehmenseigener Zielquoten mit Zeithorizont, die Schaffung von Transparenz und die Berichtspflicht in Bezug auf den Erreichungsgrad der selbstgesetzten Ziele hinsichtlich der Zusammensetzung des Aufsichtsrats vor.[46] Hierin liegt eine Bemühenspflicht, der sich niemand entziehen sollte.[47] Es ist nicht nachvollziehbar, warum sich einzelne Unternehmen nicht in der Lage sehen, der Empfehlung für eine solche Bemühenspflicht zu folgen. Es liegt gerade keine Erfolgsgarantie in dem Ansatz der Empfehlung der Regierungskommission. Die Transparenz ist allerdings Grundlage für den notwendigen Wettbewerbsdruck, der erforderlich ist, um Deutschland eine Chance zu geben, mit anderen europäischen Mitgliedstaaten gleichzuziehen, die im Hinblick auf Frauenrepräsentanz in Führungspositionen, insbesondere im Aufsichtsgremium, zum Teil schon sehr viel weiter fortgeschritten sind.

Sollte jedoch die Forderung einer gesetzlichen Regelung politisch weiterhin bestehen bleiben, käme die in der Höhe selbstverpflichtende Flexi-Quote von Bundesfamilienministerin Kristina Schröder dem Konzept des Kodex am nächsten.[48] Den spezifischen Gegebenheiten der Unternehmen könnte durch die flexible Quote Rechnung getragen und gleichzeitig für eine höhere Frauenre-

[44] Vgl. Grünbuch 2011 (Fn. 3), Ziff. 1.1.3, S. 7f.

[45] Vgl. Grünbuch 2011 (Fn. 3), Ziff. 1.1.3, S. 8; Bericht der Regierungskommission, Deutscher Corporate Governance Kodex an die Bundesregierung vom November 2010, S. 30ff. abrufbar unter: http://www.corporate-governance-code.de/ger/download/16122010/Governance_Bericht_Nov_2010.pdf, Ziff. 3.1, S. 40; siehe hierzu auch *Weber-Rey*, Börsen-Zeitung, 19. 1. 2011, S. 2.

[46] Vgl. DCGK (Fn. 32), Ziff. 4.1.5, Ziff. 5.1.2, und Ziff. 5.4.1 f.

[47] Siehe hierzu ausführlich: *Weber-Rey/Handt*, NZG 2011, 1.

[48] Siehe Details unter www.flexi-quote.de; zur Frauenquote vgl. *Weber-Rey*, Handelsblatt vom 8. 2. 2011, S. 10; *dies.*, ZRP 2011, 127; *dies.*, NJW 2012 (im Erscheinen); gegen eine Frauenquote auch *Habersack*, Gutachten E zum 69. DJT 2012, E 34f.; starre gesetzliche Quoten ablehnend, eine flexible Quote, wie sie der DCGK in Ziffer 5.4.1 Abs. 2 bereits empfiehlt, befürwortend zuletzt *Roth*, NZG 2012, 881, 885.

präsentanz im Aufsichtsrat gesorgt werden. Eine starre Quote, wie sie derzeit auch auf europäischer Ebene EU-Kommissarin Viviane Reding plant,[49] kann diesem Anliegen nicht gerecht werden, greift unnötig in die Aktionärsrechte ein und beschränkt die unternehmerische Freiheit, ohne dass dem Unternehmensinteresse Vorrang eingeräumt wird.

7. Unabhängigkeit / Freiheit von Interessenkonflikten

Auch wenn die Thematik der Frauenquote in den Medien weiterhin Priorität genießt und insoweit auch von Bemühungen der Europäischen Kommission unterstützt wird, werden doch das Thema der Unabhängigkeit und auch die Freiheit von Interessenkonflikten als Folge der Finanzmarktkrise weiter diskutiert werden müssen. Richtigerweise bedeutet mangelnde Unabhängigkeit in erster Stufe eine abstrakte Gefährdung, ein Interessenkonflikt hingegen in zweiter Stufe eine konkrete Gefährdung und kann nur ein tatsächlicher Sorgfaltspflichtverstoß in dritter Stufe zu einer Verletzung des Unternehmenswohls führen.[50] Gerade weil es ein solches Stufenverhältnis gibt, kann einem Vertreter des Großaktionärs zwar die Unabhängigkeit fehlen, muss er aber nicht sogleich einem dauernden Interessenkonflikt unterliegen. Nach Ziffer 5.4.2 des Kodex ist ein Aufsichtsratsmitglied insbesondere dann nicht als unabhängig anzusehen, „wenn es in einer persönlichen oder geschäftlichen Beziehung zu der Gesellschaft, deren Organen, einem kontrollierenden Aktionär oder einem mit diesem verbundenen Unternehmen steht, die einen wesentlichen und nicht nur vorübergehenden Interessenkonflikt begründen kann". Statt starre Vorgaben zu machen, geht es vielmehr um das Aufdecken von Abhängigkeitsverhältnissen,[51] um das Bewusstsein für mögliche Interessenkonflikte und eventuelle Stimmenthaltungen zu schärfen. Auch die jüngst in Ziffer 5.4.1 Abs. 4 des Kodex aufgenommene Empfehlung, wonach „die persönlichen und geschäftlichen Beziehungen eines jeden Kandidaten zum Unternehmen, den Organen der Gesellschaft und einem wesentlich an der Gesellschaft beteiligten Aktionär" in

---

[49] Ein entsprechender Gesetzesentwurf des Bundesrats liegt seit dem 21. 9. 2012 vor. Danach wären Unternehmen verpflichtet, bei der Zusammensetzung des Aufsichtsrats beide Geschlechter gerecht zu berücksichtigen. Diese „gerechte" Berücksichtigung würde dazu führen, dass 20% eines Aufsichtsrats mit mindestens neun Mitgliedern weiblich sein müssten. Bis 2023 müssten es 40% sein. Bei kleineren Aufsichtsräten könnte die Quote sogar deutlich höher ausfallen; vgl. BR-Drucksache 330/12, vom 21. 9. 2012, abrufbar unter: http://www.bundesrat.de/cln_227/nn_8396/SharedDocs/Drucksachen/2012/0301-400/330-12_28B_29,templateId=raw,property=publicationFile.pdf/330-12(B).pdf.

[50] Vgl. *Scholderer*, NZG 2012, 168.

[51] So auch *Habersack*, Gutachten E zum 69. DJT 2012, E 72ff. (noch zur Fassung des Kodex vom 26. 5. 2010), der sich für den jetzt in Ziffer 5.4.2 S. 1 DCGK enthaltenen Ansatz ausspricht, da nur ein solcher den individuellen Verhältnissen und dem Charakter der jeweiligen Gesellschaft Rechnung tragen kann.

dem Wahlvorschlag an die Hauptversammlung offenzulegen sind, trägt der Forderung nach gesteigerter Transparenz Rechnung.[52]

8. Effizienzprüfung

Vergessen wird dabei immer wieder, dass auch Verschwiegenheit eine der Funktionsbedingungen des Aufsichtsratssystems deutscher Prägung ist. Gleiches gilt für die vertrauensvolle Zusammenarbeit im Aufsichtsrat. Besonders förderlich für die Verbesserung der Effizienz der Zusammenarbeit ist auch eine Effizienzprüfung, die in aller Regel intern, d.h. ohne externe Berater stattfindet. Dennoch sollte jeder Aufsichtsrat erwägen, in periodischen Abständen, z.B. alle drei Jahre, auch eine externe Effizienzprüfung vorzunehmen,[53] dies zumindest im Falle von größeren Unternehmen. Der offene und kritische Blick auf das Funktionieren eines Miteinanders, eben auch eines Aufsichtsrats, kann von einem guten externen Berater immer besser geleistet werden, als allein aufgrund von Fragebögen und interner Diskussion; dies wird auch im Grünbuch 2011 betont.[54] Klar ist, dass Wahrung der Vertraulichkeit Grundvoraussetzung erfolgreicher externer Effizienzprüfung ist.[55] In diesem Beraterfeld werden sich jedoch noch mehr Angebot und Qualität herausbilden müssen, um den Aufsichtsräten und insbesondere den Aufsichtsratsvorsitzenden das Vertrauen zu geben, hier für einen vertretbaren Preis auch die erforderliche Qualität zu erhalten.

---

[52] Zum Regelungsziel dieser Empfehlung, den Aktionären durch mehr Transparenz eine bessere Entscheidungsgrundlage bei der Wahl der Aufsichtsratsmitglieder zu verschaffen, *Weber-Rey*, BB 2012, Die Erste Seite.

[53] So auch die EU-Empfehlung 2005, (Fn. 10) und das Grünbuch 2011, (Fn. 3), Ziff. 1.3, S. 8ff.; vgl. auch *Organisation für wirtschaftliche Zusammenarbeit und Entwicklung* (OECD), in: Corporate Governance and the Financial Crisis von Februar 2010, Rn. 52; zurückhaltend dagegen die Stellungnahme der *Bundesregierung* von September 2010 zum Grünbuch 2010, S. 7: „Es sollte vielmehr den Unternehmen überlassen bleiben, entsprechend ihrer Größe und Komplexität, die sich auch in der Größe und Zusammenarbeit des Verwaltungsrats widerspiegelt, einen individuell zugeschnittenen Prozess zu entwickeln, mit dem die Effektivität des Kontrollorgans insgesamt und die Qualifikation der einzelnen Mitglieder überprüft werden soll"; auch der *Arbeitskreis Externe und Interne Überwachung der Unternehmung* der Schmalenbach-Gesellschaft für Betriebswirtschaft e.V., DB 2006, 1625, 1632, These 15, spricht sich lediglich für eine objektivierte Selbsteinschätzung des Aufsichtsrats mithilfe eines „externen Moderators" aus; ebenso *Wollmert*, DB 2011, 1437.

[54] Vgl. Grünbuch 2011 (Fn. 3), Ziff. 1.3, S. 9f.

[55] Siehe hierzu bereits *Weber-Rey*, Referatsbeitrag zum 69. DJT 2012, (Fn. 7).

IV. Fazit

Zusammenfassend bleibt daher hervorzuheben, dass Persönlichkeiten mit breiter Kompetenz, die einem Gruppendenken entgegenwirken können und sich der Plenumsverantwortung stellen, im Aufsichtsrat gewünscht sind.

Und zu guter Letzt noch der Hinweis, dass bei aller Bedeutung der Corporate Governance-Themen für die Professionalisierung des Aufsichtsrats doch beachtet werden muss, dass gerade das Zusammenwirken im Aufsichtsrat unter zu starren Regeln nicht besser wird, sondern Gefahr läuft, auch dieses Feld vor allem Checklisten zu unterwerfen, die in der Regel nicht einer Verbesserung der Leistung und des Zusammenwirkens eines Gremiums dienen. Gewarnt sei daher vor zu großer Regelungsdichte, sei es aus Deutschland heraus oder aufgrund europäischer Vorgaben auf dem Feld der Corporate Governance.[56]

---

[56] Diese Tendenz zeigt zuletzt der Entwurf für eine geänderte Kapitaladäquanzrichtlinie (*Capital Requirements Directive*, CRD IV) vom 20.7.2011, in dem unter anderem Vorgaben zur zeitlichen Verfügbarkeit der Aufsichtsratsmitglieder und Diversität im Bezug auf das Alter im Aufsichtsrat vorgesehen sind.

Workshop 3: Professionalisierung des Aufsichtsrats Diskussionsbericht 5. Hamburger Forum

*Prof. Dr. Dr. Dr. h.c. mult. Klaus J. Hopt**

Die internationale Diskussion,[1] der die deutsche häufig erst folgt, hatte in den letzten Jahren vor allem die Unabhängigkeit des board bzw. Aufsichtsrats betont und die Maßstäbe dafür verschärft, wie auch aus der Empfehlung der Europäischen Kommission vom 15. 2. 2005[2] ersichtlich. Spätestens seit der Finanzkrise hat sich das Blatt gewendet und die Sachkunde gilt als mindestens genauso wichtig, wenn nicht als wichtiger.[3] Die Professionalisierung des Aufsichtsrats wird damit zum zentralen Thema für die Unternehmenspraxis, die Wissenschaft und letztlich die Gerichte. Das hat auch der Workshop „Professionalisierung des Aufsichtsrats" auf dem Fünften Hamburger Forum am 17. 6. 2011 an der Bucerius Law School gezeigt. Auf der Grundlage zweier Vorträge von *Cahn* (Institute for Law and Finance, Frankfurt) und *Weber-Rey* (Clifford Chance, Frankfurt) diskutierten mehr als zwei Dutzend Teilnehmer engagiert und zum Teil recht kontrovers. Abgestimmt über formelle Empfehlungen wie beim Deutschen Juristentag wurde zwar nicht, aber es zeichneten sich doch eine ganze Reihe von Meinungstrends ab, die sich zu fünf Fragenkreisen bündeln lassen: 1. Relevanz des Aufsichtsrats, 2. Zusammensetzung des Aufsichtsrats, 3. Anforderung an das Profil der Aufsichtsratsmitglieder, 4. Struktur und Organisation des Aufsichtsrats und 5. Was ist zu tun?

1. Der Aufsichtsrat hat tatsächlich an Bedeutung und rechtlich an Einfluss zugenommen. Das zeigt sich unter anderem an den Zustimmungsvorbehalten[4]

---

* Max Planck Institut für ausländisches und internationales Privatrecht, Hamburg.

[1] Vgl. *Hopt*, ZHR 175 (2011), S. 444 ff.

[2] ABlEG L 52/51, Empfehlung der Kommission vom 15. Februar 2005 zu den Aufgaben von nicht geschäftsführenden Direktoren/Aufsichtsratsmitgliedern/börsennotierter Gesellschaften sowie zu den Ausschüssen des Verwaltungs-/Aufsichtsrats, abrufbar unter: http://eur-lex.europa.eu/LexUriServ/LexUriServ.do?uri=OJ:L:2005:052:0051:0063:DE:PDF (Abruf vom 6. 8. 2012); dazu *Hopt*, ZIP 2005, 461, 467 f., m. w. N.

[3] Treffend ein britischer Beobachter: „If the corporate governance buzzword of the 2000s was „independence", then it may be surmised that the new buzzword for the 2010s will be „expertise"". *Moore*, J. Corp. L. Stud. 10 (2010), 279, 307.

[4] §§ 111 IV 2, 308 III AktG; unterschiedliche Meinungen gab es dazu, ob Zustimmung zu

und seit dem VorstAG 2009 an der Plenarzuständigkeit in Vorstandsvergütungsfragen. Auch die Rolle des Aufsichtsrats bei der Prüfung[5] und künftig bei Risikoprofil und Risikokohärenz der Gesellschaft wurden genannt. Der deutsche Widerstand zu den Brüsseler Überlegungen, den Aufsichtsrat zum Letzteren mehr in die Pflicht zu nehmen, dürfte schon deswegen wenig Chancen haben, weil die meisten Staaten kein zweistufiges System, sondern cinen Board haben.

2. Zur Zusammensetzung weist der deutsche Aufsichtsrat im internationalen Vergleich drei Besonderheiten („Pfadabhängigkeiten") auf: das auf das Unternehmensinteresse ausgerichtete Unternehmensziel, das zweistufige System und die (quasi-)paritätische Mitbestimmung. Die deutsche Unternehmenszielbestimmung, die nicht wie etwa in den USA nur auf shareholder value abzielt, erscheint vorzugswürdig und ist auch international im Vormarsch (UK: enlightened shareholder value). Eine Überlegenheit des einoder auch des zweistufigen Systems ist nicht zu erkennen, vielmehr ergibt sich in der praktischen Ausgestaltung ein Zug zur Konvergenz und rechtlich ein Trend zu Einräumung eines Wahlrechts zwischen beiden oder sogar noch mehr Systemen. Die deutsche Mitbestimmung wird, wie nicht anders zu erwarten, unterschiedlich beurteilt. Unbestreitbar ist jedenfalls, dass ihre Bedeutung seit der Rechtsprechung des EuGH zur Mobilität von Gesellschaften in der EU langsam erodiert, aber auch dass sie für die Professionalisierung des Aufsichtsrats, aber auch für die Fortentwicklung des europäischen Gesellschaftsrechts ein Hindernis darstellt (zuletzt besonders deutlich bei der SPE). Unterschiedliche Akzente gab es auch zur Frauenquote. Einig war man sich nur allgemein zur Wichtigkeit der Diversität und spezieller zu der Forderung: mehr Frauen in den Aufsichtsrat, mehr Frauen in die Vorstände, mehr Frauen in Führungspositionen! Kontrovers war nur die Reihenfolge bei dieser Forderung.

3. Welche Anforderungen an das Profil der Aufsichtsräte gestellt werden sollten, impliziert eine ganze Reihe weiterer Fragen:
   - Wie lassen sich die Desiderate Unabhängigkeit und Sachkunde gleichzeitig verwirklichen? Die zwingende Karenzzeit für den Übertritt vom Vorstand in den Aufsichtsrat führt, darüber war man sich einig, zum Verlust an wichtiger Sachkunde. Ein solches Erfordernis im Gesetz ist verfehlt, sie wäre Sache des Kodex mit flexiblen Lösungen.
   - Welche Qualitätsanforderungen sind an den Aufsichtsrat insgesamt zu stellen? Genügt Sachverstand auf den Gebieten Rechnungslegung oder Abschlussprüfung bei mindestens einem unabhängigen Mitglied des Auf-

allen wesentlichen Unternehmensfragen vorgeschrieben ist bzw. inwieweit der Aufsichtsrat noch ein Ermessen dazu hat.

[5] Die Rede war vom Prüfungsausschuss, § 107 III AktG, und von der Prüfung durch den Aufsichtsrat, § 171 AktG.

sichtsrats kapitalmarktorientierter Gesellschaften (§ 100 Abs. 4 AktG)? Nur bei diesen Gesellschaften? Ist der Trend zu Berufsaufsichtsräten zu begrüßen oder schadet das letztlich der Diversität?

- Welchen Mindestanforderungen muss jedes einzelne Aufsichtsratsmitglied genügen? Auch Arbeitnehmervertreter? Aber besteht nicht de facto ein Zweiklassensystem? Was passiert, wenn die Gerichte mit der Gleichheit aller Aufsichtsratsmitglieder auch bei der Haftung ernst machen? Sollten Qualifikationsanforderungen zwar aufgestellt werden, aber nur im Kodex? Wenn das so schwierig ist, wie läßt sich der Kandidatenpool vergrößern? Warum findet das jüngste Angebot der Aufsichtsratsfortbildung so wenig Anklang? Welche zeitlichen Anforderungen stellen sich? Vor Jahren war noch von 12 Tagen die Rede (6 Sitzungstage, je ein Tag Vorbereitung). Aus England wurde berichtet, dass man dort für die NEDs (non-executive directors) je nachdem an zwischen 30 und 60 Tage denkt.

4. Zur Organisation und zu den Abläufen im Aufsichtsrat wurden drei Fragen herausgegriffen. Über die zentrale Wichtigkeit des Informationsflusses war man sich rasch einig. Gute Unternehmensführung und gute Unternehmenskontrolle, beides hängt an der Information.[6] Dem zweistufigen System ist das Informationsgefälle zwischen Vorstand und Aufsichtsrat immanent (im einstufigen System jedenfalls zwischen den Officers und dem Board, aber bis zu einem gewissen Grad auch innerhalb des Board hin zu den NEDs). Sind direkte reporting lines etwa vom Chief Compliance Officer zum Aufsichtsratsvorsitzenden zu installieren? Gibt es in umgekehrter Richtung eine vorstandsunabhängige Informationsbeschaffung durch den Aufsichtsrat?[7] Die Information des Aufsichtsrats und der einzelnen Mitglieder ist zwar über die Jahre tatsächlich und rechtlich verbessert worden. Aber mehr wäre möglich, jedoch qualitativ, nicht quantitativ.

Auf den Aufsichtsrat kommen mehr Aufgaben und mehr Verantwortung zu. Damit nicht auch hier eine Erwartungslücke auftaucht, brauchen die Aufsichtsräte Unterstützung. Das könnte für einen company secretary oder sogar ein eigenes Aufsichtsratsbüro sprechen. Auch an einen lead director nach englischem Vorbild, das mittlerweile auch in der Schweiz und in Frankreich Anklang gefunden hat, könnte man denken. Ein solcher hat aber größere Bedeutung in einem zweistufigen System. Zentral ist die Rolle des Aufsichtsratsvorsitzenden. Er ist das Bindeglied zwischen Vorstand und Aufsichtsrat, darf sich aber nicht zum „Obervorstand" entwickeln.

---

[6] *Leyens*, Information des Aufsichtsrats, Ökonomisch-funktionale Analyse und Rechtsvergleich zum englischen Board, Tübingen 2006.

[7] Bejahend *Roth*, AG 2004, 1, 7; *Hopt/Roth*, in: GroßKomm AktG, 4. Aufl. 2005, § 111 Rn. 504 ff.; *Leyens* (Fn. 6), S. 158 ff., 174; anders die ü.L., z. B. *Hoffmann-Becking*, ZGR 2011, 136, 145 ff., m. w. N.

Zur Wichtigkeit der Evaluation des Aufsichtsrats war man sich zwar schnell einig. Aber taugt Eigenevaluation im Rundgespräch oder braucht man nicht doch externe Unterstützung oder sogar, jedenfalls bei bestimmten Gesellschaftsklassen und in gewissen Abständen (so in UK), eine externe Evaluation, so auch eine deutliche Meinung im Workshop.

5. Was ist zu tun? Das ist schwierig zu beantworten. Einigkeit bestand, dass die Aufsichtsräte auch nicht überfordert werden dürfen und dass die Tendenz zu immer mehr Spezialistentum für die Corporate Governance nicht förderlich ist. Den gestiegenen Anforderungen an Profil, Aufgaben und Zeit muss auch die Vergütung entsprechen. Auch dürfte eine Differenzierung, was die Haftung angeht, auf Dauer nicht ausbleiben. Letztlich kommt es wie immer auf die Personen und ihren Umgang mit einander an: also constructive challenge mit Diskussionskultur und vertrauensvoller Zusammenarbeit.

Aus dem Workshopplenum kamen abschließend folgende Wünsche: Der Kodex sollte seine wichtige Rolle behalten, aber systematischer werden. Wenn derzeit schon keine Deregulierung in Gesetz und Kodex erreicht werden kann, sollte jedenfalls der Trend zu immer mehr Regeln gestoppt werden. Wenn Regeln, dann sollte den Besonderheiten der Börsengesellschaften, der anderen Aktiengesellschaften und der kleinen und mittleren Unternehmen Rechnung getragen werden.[8]

[8] Zwischenzeitlich hat der 69. Deutsche Juristentag München 2012 in seiner Abteilung Wirtschaftsrecht „Staatliche und halbstaatliche Eingriffe in die Unternehmensführung" rund 50 Beschlüsse mit Empfehlungen an den deutschen und europäischen Gesetzgeber und an die Regierungskommission Deutscher Corporate Governance Kodex gefasst, unter anderem zur Frauenquote, zum Kodex, zur Kodexkommission, zur Evaluation, zur Revision des § 100 Abs. 2 Satz 1 Nr. 4 AktG und zum Wahlrecht zwischen der dualistischen und der monistischen Verfassung (bejaht). Vgl. dazu auch *Hopt*, Der Deutsche Corporate Governance Kodex: Grundlagen und Praxisfragen, in: Festschrift für Hoffmann-Becking (im Druck).

Schriften zum Unternehmens- und Kapitalmarktrecht

Herausgegeben von den Direktoren
des Instituts für Unternehmens- und Kapitalmarktrecht
der Bucerius Law School in Hamburg

Jörn Axel Kämmerer, Karsten Schmidt und Rüdiger Veil

Das Unternehmens- und Kapitalmarktrecht wird in besonderer Weise von der internationalen Wirtschaftspraxis und Erkenntnissen anderer Disziplinen, insbesondere der Wirtschaftswissenschaften beeinflusst. Die Globalität der Finanzmärkte spiegelt sich in einem hohen Grad internationaler Rechtsvereinheitlichung wider. Bei der Fortbildung des Rechts sind Gesetzgeber und Gerichte auf Erkenntnisse der Rechtsvergleichung angewiesen. Die *Schriften zum Unternehmens- und Kapitalmarktrecht* verfolgen das Ziel, zur Diskussion über grundlegende Themen dieser Rechtsgebiete, insbesondere an der Schnittstelle zu anderen Gebieten des Wirtschaftsrechts oder des Verfassungs- und Europarechts, beizutragen.

Die Reihe ist offen für Habilitationsschriften, herausragende Dissertationen und vergleichbare Monographien sowie die Forschungsergebnisse des Instituts für Unternehmens- und Kapitalmarktrecht (IUKR) der Bucerius Law School. Es werden auch Arbeiten aufgenommen, die nicht am IUKR betreut wurden.

Die lieferbaren Bände:

1 *Wundenberg, Malte:* Compliance und die prinzipiengeleitete Aufsicht über Bankengruppen. 2012. XVIII, 255 Seiten. Leinen.

2 *Köhler, Christian:* Die Zulässigkeit derivativer Finanzinstrumente in Unternehmen, Banken und Kommunen. Eine ökonomische und rechtliche Analyse. 2012. XXI, 437 Seiten. Fadengeheftete Broschur.

3 *Tasma, Martin:* Leveraged Buyout und Gläubigerschutz. 2012. XVI, 478 Seiten. Leinen.

4 *Kahnert, Tobias:* Rechtsetzung im Europäischen Gesellschaftsrecht. Harmonisierung, Wettbewerb, Modellgesetze. 2012. XV, 360 Seiten. Leinen.

5 *Bochmann, Christian:* Covenants und die Verfassung der Aktiengesellschaft. Aktienrechtliche Legitimationsbedürftigkeit und Legitimationsfähigkeit von Kreditsicherungsklauseln mit korporativen Bezügen. 2012. XXI, 268 Seiten. Leinen.

6 *Fuchs, Florian:* Close-out Netting, Collateral und systemisches Risiko. Rechtsansätze zur Minderung der Systemgefahr im außerbörslichen Derivatehandel. 2013. XXVI, 437 Seiten. Leinen.

7 *Preisser, Maximilian M.:* Sovereign Wealth Funds. Entwicklung eines umfassenden Konzepts für die Regulierung von Staatsfonds. 2013. XXVII, 463 Seiten. Leinen.

8 Unternehmensrecht in der Reformdiskussion. Herausgegeben von *Rüdiger Veil.* 2013. VIII, 178 Seiten. Fadengeheftete Broschur.